KB118501

교육·상담을 위한

# 비블리오드라마의
# 이론과 실제

한국비블리오드라마협회 편
김현희 · 고원석 · 김윤주 · 김희영 · 손성현 · 이동희
이미숙 · 이봉섭 · 이영미 · 최금례 · 황헌영 공저

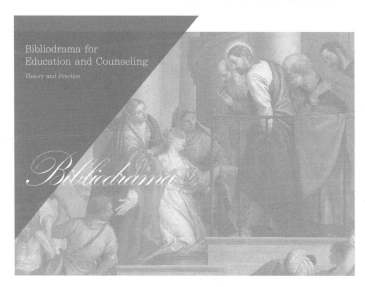

Bibliodrama for
Education and Counseling
Theory and Practice

*Bibliodrama*

학지사

# 머리말

"희한하게도 나는 깨어 있고 싶다. 삶의 어느 한 순간도 놓치고 싶지 않으며, 반복할 수도 없는 그 특별한 순간을 결코 놓치고 싶지 않다. 하지만 실제로는 유달리 기이한 수면에 빠져들 가능성이 크다. 어떤 꿈을 꾸게 될지는 나도 모른다."
-샐리 티스데일(Sallie Tisdale)의 『인생의 마지막 순간에서』 중에서-

비블리오드라마(bibliodrama)는 그리스어 biblion(←biblios)과 drama(←dran)가 합해진 단어에서 알 수 있듯이 텍스트를 몸으로 행위화하는 것이다. 처음에는 성경을 역동적으로 재미있게 배울 수 있도록 비블리오드라마를 사용했으나, 최근에는 성경과 일반 텍스트를 활용하여 자신을 알아 가며 성장과 치유 효과를 보기도 한다.

2018년 한국비블리오드라마협회를 발족하기 전, 산발적으로 이루어지던 비블리오드라마를 이론적으로 체계화하고 응집력 있는 활동을 하기 위해 매월 평균 10명 정도의 학자가 모였다. 2년에 가까운 시간 동안 소그룹 연구모임을 가진 후 만들어진 협회에서 두 번의 학술대회를 개최하고 공신력을 가진 민간 자격증도 발급하였다. 비블리오드라마를 소개하는 책이 우리나라에 몇 권 출간되어 있으나, 협회 차원에서 비블리오드라마를 재정립하기 위한 작업이 필요하다고 생각되어 이 책을 집필하게 되었다. 이 책을 토대로 교회에서의 일반 성경교육과 상담 현장에서 비블리오드라마가 정착되며 더욱 확장해 나갈 수 있기를 기대한다.

우리나라에서 비블리오드라마는 크게 세 가지 측면에서 확장해 가고 있다.

첫째는 성경을 역동적으로 배울 수 있는 기독교교육과 성경 교수법의 측면, 둘째는 성경을 통하여 성장과 치유를 돕는 기독상담의 측면, 마지막으로 독서치료 등 다양한 예술치료와 접목하는 예술 치유 및 상담을 목표로 하는 측면이다. 이 책에서는 세 측면을 모두 포함하여 이론과 실제 사례를 다루고 있다.

이 책은 크게 4부 12장으로 구성되었다. 제1부 '이론'의 제1장에서는 비블리오드라마의 개념을 규정하고, 현재까지 비블리오드라마 영역에서 선구적 역할을 한 네 학자(윙크, 마르틴, 슈람, 핏젤)를 살펴봄으로써 비블리오드라마가 가지고 있는 근본적 성격을 삼중 구조적 차원으로 설명한다. 제2장에서는 비블리오드라마 접근을 위한 액션메소드 기법을 소개한다. 즉, 역할놀이, 독백, 빈 의자 기법, 대면, 메아리, 시각기법, 사회 원자, 집단측정을 위한 기법으로 스펙트로그램, 로코그램, 어깨 위에 손 얹기, 스텝인 소시오메트리 등을 다루고 있다. 제3장에서는 비블리오드라마 진행 과정을 5단계, 즉 웜업, 접촉과 대면, 자기 동일시, 현재화하기, 전체 요약으로 설명한다. '웜업-연기-성찰'로 이어지는 진행 과정은 확고한 규칙이 아니라 유연하고 유동적인 울타리와도 같다. 세 과정의 앞뒤로, 사이사이에 창조적인 '과정'이 마련될 여지는 얼마든지 있다. 그 모든 과정을 두루 꿰고 묶는 줄은 '접촉의 해석학'이다.

제2부 '영역'은 비블리오드라마의 영역별 내용을 다룬다. 제4장은 비블리오드라마와 성서교육의 관계를 고찰한다. 먼저, 지난 2000년 동안 요청된 성서교육의 변화를 고찰함으로써 비블리오드라마의 시대적 의미를 이끌어 내고 있으며, 피터 핏젤(Peter Pitzele)의 미드라쉬적 비블리오드라마 이론을 중심으로 비블리오드라마의 성서교수학적 의미를 설명한다. 제5장은 시대가 요구하는 기독상담의 새롭고 통합적인 모형으로 비블리오드라마를 소개한다. 특히 신체로 표현되는 성경 이야기가 드라마로 옮겨질 때 어떻게 개인과 공동체의 내면 및 외부 세계의 갈등을 풀어 가는지 살피며, 이를 위한 기독상담의 발전 역사를 되새긴다. 제6장에서는 'biblion'이라는 공통 어원을 가지고 있는 비블리오드라마와 상호작용적 독서치료가 텍스트를 가지고 어떻게 상호작용하고 활동을 하는지의 공통점과 차이점을 밝히고 있다. 서로의 접점을 활용하여 상호작용을 강조하면서

비블리오드라마에서의 텍스트의 확장과 상호작용적 독서치료에서 극화활동의 보완을 다루어 시너지 효과를 낼 수 있게 하는 방법을 모색하고 있다.

　제3부 '실제'는 비블리오드라마의 실제로서, 제7장에서는 비블리오드라마의 놀이와 웜업을 다룬다. 놀이는 현실 세계에서 성경의 세계로, 성경의 세계에서 현실로 두 세계를 넘나들며 끊임없이 자신을 새롭게 창조해 가는 움직임이 된다. 나와 다른 타인, 성경, 이 모두가 춤을 추듯 역동적이고 상호관계적인 교제를 나눌 수 있도록 세계 간의 연결 작업을 준비하는 과정이 비블리오드라마의 웜업이다. 제8장에서는 성경교육이 정보를 전달하고 신앙의 정답만을 전달하는 인지적인 방법의 한계를 극복하여 성경이 가지고 있는 거룩한 경험을 실제로 체험하는 방법임을 소개한다. 연기는 '지금-여기'에서 하나님의 임재를 몸으로 경험하는 비블리오드라마 기법이다. 연기의 기법을 통해 참여자는 성경 본문 속 인물의 감정과 생각, 그들이 하나님의 임재 현장에서 경험한 경이로움을 공동체 안에서 안전하게 경험할 수 있다. 이를 통해 공동체는 하나님의 임재의 경험을 공유하고 공동체와 개인을 향한 하나님의 신비에 더 가까이 다가설 수 있다. 제9장에서는 성찰이 역할을 벗는 종결의 시간임과 동시에 집단과의 상호작용을 통해 자신과 자신이 속한 집단, 그리고 성서를 새롭게 이해하기 시작하는 시간임을 보여 준다. 이 시간을 통해 참여자들은 성서와 집단으로부터 위로와 지지를 경험하고 말씀과 삶이 통합되는 자기 변화의 동기를 부여받을 수 있다.

　제4부 '사례'는 비블리오드라마 실제 사례를 다루는 부분이다. 제10장에서는 청소년의 대인관계 향상을 위한 비블리오드라마 프로그램을 소개한다. 몸을 활용하여 경험적이고 표현적인 방법으로 적절한 상호작용을 하게 하는 비블리오드라마를 통해 긍정적인 관계를 유지할 수 있도록 돕는 청소년 프로그램을 설명하고 있다. 제11장은 성인 개인 놀이상담을 통한 비블리오드라마 사례이다. 성인 I-me 모래놀이상담 내담자는 상징을 매개로 하여 주관적 자아와 객관적 자아가 상호작용하는 가운데 거울 자아, 이중 자아로 몰입과 관조를 하는 연기과정을 겪는다. 이 장에서는 이를 통해 정서적 해소와 역할의 확장을 경험하고 자아 성찰이 일어나는 과정을 그리고 있다. 성경의 본문을 자신의 삶과 연결하고

해석하는 잉여현실의 전인적 체험을 소개한다. 제12장은 노인 대상 독서치료에서의 비블리오드라마 적용 사례를 소개한다. 노인 내담자는 경험의 서사적 표현인 자신의 경험을 회상하기, 설화의 서사로 글쓰기, 표현하는 삶의 문학 등의 3단계를 통하여 집단 안에서의 치유과정을 경험한다.

지금까지 척박한 토양에서 비블리오드라마에 대한 관심을 같이하며 한국비블리오드라마협회의 창립과 발전을 위해 헌신적인 노력을 아끼지 않은 집필자 분들의 노고에 진심으로 감사드린다. 특히 책이 나오기까지 끝없는 격려를 아끼지 않으신 황헌영 회장님, 열정과 지성의 힘으로 원고의 내용을 검토해 주신 고원석 교수와 이동희 박사, 집필자의 의견을 원활하게 조정하고 정리해 주신 이봉섭 사무국장께도 감사드린다. 오늘이 있기까지 이 길을 인도해 주신 하나님께 찬양과 경배를 올린다. 낯선 분야일 수 있는 책을 출간하도록 기꺼이 허락해 주시고 격려해 주신 김진환 사장님과 최임배 부사장님, 그리고 출판 과정에서 수고해 주신 황미나 선생님 외 편집부 관계자께도 고마움을 전하고 싶다.

2020년 8월
집필자를 대표하여
김현희

## 일러두기

이 책에서 인용된 성경 본문은 각 장 저자에 따라
그리고 문장의 흐름을 고려하여
개정개역, 새번역, 공동번역을 사용하였다.

# 차례

# 제3부 실제

# 제4부 사례

# 제1부

# 이론

# 비블리오드라마의 개념과 성격*

고원석

## 1. 비블리오드라마의 개념

비블리오드라마(bibliodrama)는 '성서/책'을 뜻하는 'biblos/biblion'과 '행위'를 뜻하는 'drama'의 합성어이다. 문자적 의미로만 본다면, 비블리오드라마는 성서(책)의 이야기를 역할극 형태로 재연(enactment)하는 것이다.[1] 하지만 비블리오드라마는 기존의 '성극' 또는 '성서극'과는 차이가 있다. 성극(성서극)은 정해진 극본(시나리오)을 가지고 연기자들이 연습과 훈련을 통해 공연하는 것을 목적으로 하지만, 비블리오드라마는 정해진 극본도 없고 공연을 목적으로 하지도 않는다. 연기자들은 어떤 내용을 연기하되, 연습과 훈련을 통해서 하기보다는 자발적인 참여를 통해 즉흥적으로 상황을 표현하고 그 연기 과정에서 관찰했거나 느꼈던 점을 성찰하는 것이 주목적이다.[2]

비블리오드라마라는 이름을 처음 붙였던 독일의 신학자 마르틴(G. Martin)은

---

\* 이 장의 내용은 "고원석(2020). 비블리오드라마의 개념, 선구자들, 그리고 근본성격. 기독교교육논총, 62, 101-133"에 수록된 것이다.

비블리오드라마를 "한 명 혹은 다수의 비블리오드라마 디렉터의 안내를 받아, 12~18명의 참여자와 성서 본문 사이에 상호작용이 일어나는 열린 프로그램"이라고 정의한다.[3] 비블리오드라마는 여러 명의 참여자가 디렉터의 안내를 따라 극적 행위를 시도함으로써 집단 참여자들 간의 역동적인 상호작용을 일으키는 것을 목적으로 하며, 어떤 정해진 결말을 연기하는 것보다는 상호작용의 과정을 더 중요시하는 열린 프로그램이기도 하다. 미국의 대표적인 비블리오드라마 전문가 핏젤(P. Pitzele)은 비블리오드라마를 "성서에 나오는 인물을 연기하는 역할극", 더 나아가 "드라마 형태를 띤 해석학"이라고 정의하면서,[4] 성서 본문을 연기함으로써 성서에 대한 이해를 확장시키고 심화시키는 성서해석의 한 형태로 여기고 있다. 또한 독일의 크렐러(H. Kreller)는 비블리오드라마를 "성서의 진리와 영혼의 진리를 (드라마적) 행위를 통해 구현하려는 노력"이라고 정의한다.[5] 비블리오드라마는 드라마적 행위를 통해 성서 인물들의 경험과 현대인들의 경험을 만나게 하고 화해시킴으로써 새로운 진리(인식)에 이르고자 한다. 한편, 마르틴은 비블리오드라마의 영역을 넓혀서 "종교적 또는 서사적 텍스트를 해석해 가는 학문적 성찰 방법"이라고 말하면서, 비블리오드라마는 문학과 종교와 동반자(파트너) 관계에 있다고 보았다.[6] 비블리오드라마가 성서 본문에만 제한되는 활동이 아니라 종교 및 문학 작품을 이해하고 해석해 가는 폭넓은 해석작업의 방법론으로 확장될 수 있다고 본 것이다.

독일의 목회자이자 기독교교육학자인 알데베르트(H. Aldebert)는 지금까지 소개된 비블리오드라마에 대한 이해를 종합하여, 비블리오드라마를 "성서 본문과 참여자들의 개인사(個人史) 간에 전인적인 만남과 상호개방(발견)을 목적으로 하여 참여집단을 통해 성서 본문을 극화한 과정 중심의 학습방식"이라고 정의한다.[7] 알데베르트의 정의는 비블리오드라마라는 활동의 핵심적 측면을 가장 적절히 나타낸다고 여겨지기에 그의 정의를 중심으로 비블리오드라마의 개념을 살펴보고자 한다.

첫째, 비블리오드라마는 성서 본문을 극화한 형태이다. 비블리오드라마는 성서 본문을 내용으로 삼아 일종의 역할극 형식으로 구현하는 것이다. 하지만 비블리오드라마는 성서 본문의 내용 전달보다는 성서 본문을 극적 방식으로 재연하는 과정에서 성서의 이야기를 입체적으로 체험하는 것을 목적으로 한다. 기존의 연극이나 성극이 분명한 테마나 시나리오를 바탕으로 연기자들이 정해진 역할과 대사를 연기해 나가는 것과 달리, 비블리오드라마는 성서 본문을 연기하되 자발적이면서도 자유롭게 본문을 연기하려고 시도한다. 따라서 하나의 통일된 비블리오드라마란 존재하지 않는다. 비블리오드라마 디렉터나 연구자에 따라 서로 다른 형태의 비블리오드라마가 존재하게 된다.

둘째, 비블리오드라마는 집단 속에서 이루어지는 공동체 행위이다. 비블리오드라마는 어느 한 사람의 주도적인 의지와 의견을 통해서 이루어지기보다는 집단으로 모인 한 사람 한 사람의 고유한 생각과 느낌을 중요시하고 존중함으로써 개인과 공동체 간의 역동적인 상호작용을 수행함으로써 이루어진다. 그런 점에서 비블리오드라마 활동에서는 연극처럼 연기자와 연기를 바라보는 관객이 명확하게 구분되지 않는다. 모든 참여자는 상황에 따라 관객에서 연기자로, 연기자에서 관객으로 변신한다. 여기서 상호역동성이 발생한다. 비블리오드라마의 디렉터조차도 자신의 판단과 해석을 강요하거나 전달하려고 하기보다는 디렉터의 생각을 매개로 집단 참여자들의 고유한 생각을 자극하고 창의적 행위를 불러일으키고자 노력한다. 비블리오드라마는 전문가 한 사람을 통해서가 아니라 참여자들의 공동체적 행위를 통해 좀 더 완전하고 전체적인 인식에 이를 수 있다는 기본적 확신을 가지고 있다.

셋째, 비블리오드라마는 과정 중심의 행위이다. 비블리오드라마는 연기 행위를 통해 어떤 완성된 결과물을 도출해 내려고 하지 않는다. 기존 연극이나 성극이 완성된 결과물을 청중 앞에서 재연하는 것을 목적으로 한다면, 비블리오드라마는 텍스트를 바탕으로 작은 역할극을 시도하는 과정에서 일어날 수 있는 모든 행위 그리고 그 행위들에 대한 상호 느낌과 체험에 주목한다. 과정을 중시하다 보니 비블리오드라마는 개방적일 수밖에 없다. 비블리오드라마는 정해진 목표점을 향해 참여자들을 이끌어 가기보다는 행위 과정 중에 느끼고 경험했던 것들을 참여자들이 서로 공유하고 인정하고 수용하는 열린 결말로 인도한다.

넷째, 비블리오드라마는 텍스트(성서)와 비블리오드라마 참여자들의 개인사를 서로 대면하게 하여 상호융합을 추구한다. 텍스트에 거리를 두고 비평적으로 관찰하는 해석방식과 달리, 비블리오드라마는 참여자가 자신의 입장과 태도를 가지고 텍스트의 세계와 장면 속으로 뛰어듦으로써 본문의 사건과 자기 모습을 대면하게 된다. 텍스트의 사건이 내 삶의 사건이 되고, 주어진 문제 상황에서 텍스트의 인물처럼 고민하며 그 문제에 인격적인 응답을 하게 하는 것이 비블리오드라마의 주된 목적이다.

다섯째, 비블리오드라마는 성서의 문제가 내 삶을, 내 삶의 이야기가 성서의 의미를 개방시키고 새롭게 바라보도록 한다. 즉, 비블리오드라마는 성서와 참여자의 대면을 통해 서로 인격적인 만남과 성찰을 일으킴으로써 서로를 새로운 모습으로 발견하는 기회(상호개방)를 제공한다. 그리하여 비블리오드라마는 성서의 내용을 바르게 이해하고 인식하는 데 그치는 것이 아니라 그 이해와 인식을 바탕으로 참여자의 삶에 도전하고 새로운 관점으로 참여자 자신의 삶을 돌아보게 함으로써 새로운 정체성 형성을 도모한다.[8]

## 2. 비블리오드라마의 선구자들

비블리오드라마가 시작된 것은 20세기 후반에 들어서이다. 비블리오드라마라는 표현이 1979년에 등장했다는 것을 감안할 때, 비블리오드라마는 이제 겨우 40년의 역사를 지나왔다고 해야겠다. 지난 40년의 비블리오드라마 역사 가운데 비블리오드라마를 선구적으로 이끌었던 네 명의 학자가 있었다.

### 1) 월터 윙크: 비블리오드라마의 토대

(1) 윙크의 생애
비블리오드라마는 소위 역사비평적 성서해석에 대한 비판이 거세게 일던 시기와 함께 등장하였다. 역사비평학은 근대 해석학의 등장 이래 성서해석학의 근간이 되었다. 역사비평학은 텍스트의 이해 기준을 텍스트를 둘러싸고 있는 맥락, 즉 주변 세계의 역사적 관련성에서 찾고자 한다. 전통과 교리에 근거하여 텍스트의 의미를 제한하는 대신, 역사비평학은 텍스트를 둘러싼 주변 세계를 기술(description)하고 그 관련성을 검토한다. 이를 통해 텍스트의 저작 시기와 독자의 상황을 확증하고 텍스트가 출현하게 되는 주변 세계를 역사적으로 재구성(reconstruction)한다. 그리고 이러한 맥락의 기준을 통해 텍스트의 의미를 연구하고자 한다.[9] 그러나 역사비평학이 그동안 보여 준 성서해석학의 학문적 성과에도 불구하고, 당시 역사비평학은 성서해석의 자리를 교회의 신앙 영역에서 역사의 영역으로 옮겨 놓았다는 거센 비판을 받고 있었다. 그래서 그리스도인들이 일상적인 신앙의 현장에서 성서를 관찰하고 바라볼 수 있는 가능성을 오히려 차단시켰다는 지적이 일기 시작했다.

신약성서학자 월터 윙크(W. Wink)는 바로 이러한 성서비평학의 한계와 문제를 솔직히 인정하고 신랄하게 비판하며 새로운 성서해석의 길을 모색하려고 했던 학자이다. 윙크는 1935년에 텍사스에서 태어나 남감리교 대학교에서 역사학을 전공했다. 그 후 뉴욕 유니온 신학교에서 신학과 철학을 공부했고, 1968년에 철저하게 역사비평학에 근거하여 연구한 논문「복음전승과정 속의 세례요한(John The Baptist in the Gospel Tradition)」으로 박사학위를 취득하였다. 1962~1967년에 텍사스주에서 목회를 한 뒤, 1967년부터 뉴욕 유니온 신학교의 초빙을 받아 신약학 교수로 재직하게 되었다. 1971년에 윙크는 심리학 연구모임과 함께 예술 행위를 통해 성경과 문학을 표현하는 포 스프링스(four springs) 세미나에 참여하며 몸과 마음, 영혼과 신체의 통합적 변화와 의미를 발견하는 계기를 갖게 되었다. 그때의 경험은 성서를 바라보는 그의 시각에 커다란 전환을 가져다주었다.

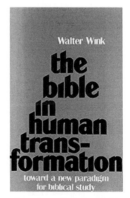

[그림 1-1] 『인간변형을 위한 성서』(1973)

유니온 신학교에서 신약학 교수로 주가를 한창 올

리고 있던 윙크는 1973년에 문제작 『인간변형을 위한 성서: 성서연구의 새로운 패러다임을 향하여(The Bible in Human Transformation: Toward a New Paradigm for Biblical Studies)』를 저술한다([그림 1-1] 참조).[10] 이 책에서 윙크는 역사비평적 성서연구방법론의 '파산'을 선고하였다. 전체 90페이지밖에 되지 않는 작은 책이 성서학계는 물론, 기독교 사회에 그렇게 큰 반향을 일으킬 줄은 아무도 상상하지 못했다. 이 책은 세간의 뜨거운 주목을 받았다. 그러나 정작 신약성서학계에서는 신약성서연구의 주된 연구방법론을 정면으로 반박한 윙크에 대한 비판이 빗발쳤고, 결국 윙크는 그해 유니온 신학교 교수직을 그만두어야만 했다. 1980년에 어번 신학교 교수로 초빙된 윙크는 인간을 변화시키는 새로운 성서해석 연구에 몰두하였고, 그러한 그의 연구는 비블리오드라마의 태동에도 적지 않은 영향을 미쳤다. 윙크는 2012년에 매사추세츠에서 76세의 일기로 생을 마감했다.[11]

### (2) 성서연구의 새 패러다임 모색

윙크는 『인간변형을 위한 성서』에서 성서비평학의 '파산'을 선고하였다. 그 이유는 다음과 같다.

첫째, 성서비평학이 추구하는 바가 성서 본래의 의도와 부합하지 않는다.
둘째, 성서비평학은 '객관주의 이데올로기'에 사로잡혀 있다.
셋째, 성서비평학은 기술지상주의의 환상에 사로잡혀 있다.
넷째, 성서비평학은 교회 공동체의 현실 및 삶을 철저하게 외면해 버렸다.
다섯째, 성서비평학이 발전했던 시대는 이미 지나가 버렸다.[12]

윙크가 보기에 서구신학의 성서비평학은 잘못된 방법에 근거하고 있으며, 잘못된 객관주의를 표방함으로써, 스스로를 제어할 수 없는 기술주의적 사고에 내어 맡기게 되었고, 생동적인 교회공동체로부터 분리되었으며, 오늘의 관점에서 그 유용성은 희박하게 되었다.[13] 이러한 문제점을 극복하기 위한 성서연구의

새 패러다임을 윙크는 5단계의 '변증법적 해석학' 모델로 제시했다.[14]

- 1단계-병합(fusion): 병합이란 전통과의 병합을 의미하며, 해석 과정에서 해석자가 무의식적으로 취하는 행동을 말한다. 이것은 해석자의 자연스러운 태도이지만 극복해야 할 문제이기도 하다.

- 2단계-부정 1(병합의 부정): 해석자가 쉽게 범하는 병합의 습관을 멈추는 단계이다. 전통에 대해 의심을 가짐으로써 새로운 생각을 시작하게 된다. 무의식적으로 취하게 되는 전통에 대해 의심을 가짐으로써 새로운 해석의 필요성이 시작된다.

- 3단계-거리 두기(distance): 거리 두기는 전통을 객관화하여 비판적으로 성찰하는 단계이다. 윙크는 이 거리 두기의 단계를 자신이 비판했던 성서비평학의 긍정적 역할로 보았다. 하지만 성서비평학의 거리 두기가 지나치게 될 때, 정신적 거리감으로 이어지고 성서의 말씀에 대한 무관심을 야기시킨다고 보았다. 다시 말해서, 해석자가 '소외된 의식'에 빠져들게 된다고 지적했다.

- 4단계-부정 2(부정의 부정): 그래서 윙크는 두 번째 부정을 수행하자고 말했다. 이것은 성서비평학이 가지고 있던 객관적 확신을 부정하는 것이다. 성서 본문이 분석의 대상이 되는 현실을 부정하고, 해석의 대상인 성서가 오히려 해석자에 대하여 능동적인 주체로 활동할 수 있도록 허용하는 단계이다. 윙크는 이 단계에서 정신분석학을 비롯한 심리학의 연구 결과에 크게 의존했다. 그는 이 단계를 통해 '제2의 소박성[리쾨르(Ricoeur)]'에 이르고자 했다.

- 5단계-융합(communion): 마지막 5단계는 융합의 단계이다. 주체와 객체의 분열이 극복되고 상호변증법적 대화와 관계 형성이 이루어지는 단계이다. 윙크는 이 단계에서 성서와 신체 움직임을 통합하는 방법론을 시도하였다. 윙크는 신체 움직임과 성서이해의 관계를 이렇게 말한다.

신체 움직임은 성경을 깊이 이해하기 위한 도구가 아니다. 그것은 복음이 선포되어 지금 예수님을 통해 세상 속에 퍼지고 있는 삶의 새로운 가능성을 우리의 몸속에서 실현하는 방법이다. 우리는 단순히 성경이 무슨 말씀인지 이해하려는 것이 아니라, 성경이 말씀하는 사람이 되기 위해 노력한다. 성경을 아는 데 그치지 않고, 하나님의 화신이신 예수님을 통해 볼 수 있는 하나님의 모습에 육신을 부여하려는 것이다. 우리는 단순히 성령의 가르침에 대해 고찰하는 수준을 넘어, 우리의 몸을 내 안에 거하시는 성령의 성전이 되도록 개방해야 한다.[15]

윙크의 고민은 신학이 대(對)사회적으로, 대(對)교회적으로 어떤 기능을 수행해야 하는가 하는 문제였고, 지나친 지식 위주의 신학을 넘어 전인적인 신앙을 발전시킬 수 있는 신학의 길을 모색하는 것이었다. 그는 '변증법적 해석학'의 과정에서 정신분석학적 비평을 과감하게 수용함으로써 텍스트를 객관화하는 해석학을 넘어 성서 본문과 해석자가 서로 능동적인 주체로 참여할 수 있는 해석학을 모색하였다. 이러한 그의 노력은 성서와 신체 움직임을 결합시키는 비블리오드라마를 성서해석학적으로 가능하게 하는 근본적인 토대를 신학적으로 마련하였다.

## 2) 게르하르트 마르틴: 비블리오드라마의 명명

### (1) 마르틴의 생애

독일의 신학자 게르하르트 마르틴(G. Martin)은 비블리오드라마를 처음으로 명명한 비블리오드라마의 실질적인 선구자이다. 1942년에 독일 뒤셀도르프에서 태어난 마르틴은 신학과 철학을 대학에서 전공하고, 1973년에 조직신학자 몰트만(J. Moltmann)의 지도 아래 학위논문 「루돌프 불트만 신학의 결단주의?—결단에 관한 신학적 진술의 신학적, 인간학적, 논리적 문제(Dezisionismus in der Theologie Rudolf Bultmanns?—Theologische, anthropologische und logische

Probleme der theologischen Rede von Entscheidung)」로 신학박사학위를 취득하였다. 박사학위 취득 후 마르틴은 1973~1974년에 미국 뉴욕 유니온 신학교에서 교수로서 사역을 시작하였다. 그 시기는 (앞서 언급했듯이) 윙크가 역사비평적 신학의 '파산'을 선고하며 신학적 논쟁이 한창이었던 시기였다. 그곳에서 마르틴은 윙크의 신학적 고민을 진지하게 수용하였고, 어떻게 현실적인 대안을 제시할 것인가를 숙고하게 되었다.

마르틴에게 비블리오드라마에 대한 근본적인 관심과 신학적 깨우침을 제공한 결정적인 계기가 이곳에서 일어났다. 마르틴은 뉴욕 신학교에서 머무는 기간에 무용안무가인 카트야 델라코바(K. Delakova)를 만나게 되었고, 델라코바로부터 영향을 받아 신체활동에 근거한 성경 연구에 집중하게 되었다. 그 과정에서 마르틴은 델라코바로부터 '생동적인 회심'을 경험했다. 마르틴은 "나는 델라코바를 통해서 내 몸을 철저히 새롭게 경험했다. 나는 이것을 아무 거리낌 없이 '몸의 거듭남'이라고 부른다."라고 말한다. 델라코바는 마르틴의 신학에 신체 중심의 영역을 각인시켰고, 델라코바의 영향으로 유럽으로 돌아와 비블리오드라마가 태동하는 데 결정적인 영향을 미쳤다. 독일로 돌아와 1976년에 목사 안수를 받은 후, 마르틴은 개신교 아카데미 아놀즈하인(Arnoldshain)의 연구책임자로 있으면서 전통적인 학문적 입장에만 머물지 않고 실질적인 현장에서 신학을 적용할 수 있는 가능성을 모색하며 신학과 몸의 활동을 연결시키는 작업을 시도하고 정착시켰다. 마르틴은 1979년에 드디어 자신의 작업을 '비블리오드라마'로 명명하였다. 1982년에 마르부르크 대학교의 실천신학 교수로 임용되어 은퇴하기까지 거기서 가르쳤다. 그의 연구의 중심은 실천적 성서해석, 설교와 비블리오드라마였다. 그는 성서에 대한 학문적 연구와 가르침에 머무르지 않고 실제 현장에서 비블리오드라마를 인도하며 신앙교사의 역할까지 수행했던 명실상부한 비블리오드라마의 아버지라 할 수 있다. 또한 은퇴 후에는 한국을 여러 번 오가며 한국에서 비블리오드라마가 확산되는 데 크게 기여하였다.[16]

### (2) 비블리오드라마: 몸으로 읽는 성서

마르틴은 비블리오드라마가 등장하게 된 시대적 요인을 세 가지로 분석한다. 첫째, 신학의 분위기가 지나치게 이성적·학문적 측면으로 발전해 가고 있었다. 둘째, 그런 가운데 신학과 교회 안에 창의성에 대한 요청이 두드러지기 시작했다. 셋째, 창의성의 한 형태로 신학과 심층심리학 사이의 대화가 활발하게 진행되었다. 바로 이러한 분위기에서 등장하게 된 것이 비블리오드라마이다.[17]

### ① 비블리오드라마의 성서적 관심: 그물망으로서 성서

[그림 1-2] 『몸으로 읽는 성서』(2010)

1995년에 저술한 저서인 『몸으로 읽는 성서: 비블리오 드라마(Sachbuch Bibliodrama: Praxis und Theorie)』([그림 1-2] 참조)는 비블리오드라마에 대한 최초의 체계적인 이론서이다. 이 책에서 마르틴은 롤랑 바르트(R. Barthes)의 구조주의적 텍스트 이론의 도움을 받아 성서 본문을 일종의 '직물(textile)' '그물망'으로 이해하였다. 즉, "텍스트는 직물(織物)이며 별이 가득한 밤하늘"(R. Barthes)이다. 따라서 텍스트는 다양한 해석의 여지, 의미의 여백을 지니고 있다.

하나의 덩어리로서 본문은 하늘과 비교해 볼 만하다. 평평하고 매끄럽지만 큰 깊이가 있고 그 가장자리나 경계선을 알 수 없는 그러한 거대한 덩어리이다. 이는 마치 마술사가 새들이 날아가는 공간을 향하여 지팡이의 끝으로 어떤 상상의 직사각형을 그릴 때 영역이 생기는 것처럼, 주석가들이 어떤 특정한 원칙을 가지고 본문의 한 부분을 독서의 한 영역으로 지정함에 따라 우리는 그 안에서 의미의 이동과 코드의 노출을 목도하며 인용할 구절들을 발견하게 된다.[18]

바르트를 통해 마르틴이 이해한 본문은 수많은 별을 담고 있는 하늘과 같다. 하늘은 얼핏 보기에 평평한 판자와 같지만 끝없이 드넓은 공간이며, 그 속에 있는 별들은 또 다른 별들과 연계되어 새로운 세계를 구성하고 있다. 하늘은 수많은 세계를 우리에게 투사시키고 있는 요술매체이다. 우리는 하늘을 통해 새로운 세계를 발견하고 경험할 수 있다. 마찬가지로 성서 본문은 단순히 평면의 종이 위에 새겨진 글씨 덩어리가 아니다. 그 글자와 글자 간의 공간을 통해 깊이 있고 무한한 새로운 세계가 전개된다. 마치 하늘처럼 우리에게 새로운 세계를 개방시키고 인도하는 공간적 매체인 것이다. 결국 성서 본문은 배우고 익혀야 할 학습내용이 아니라 새로운 세계로 참여자들이 자기를 개방하고 표현할 수 있게 하는 매체이다. 따라서 비블리오드라마를 통해 마르틴이 추구하고자 했던 목적은 성서 본문의 한 가지 의미를 찾는 것이 아니라 성서 본문의 다양하고 부수적인 의미요소를 발견하고 면밀하게 살펴봄으로써 성서의 새로운 세계를 경험하는 것이다.[19]

### ② 비블리오드라마의 신체에 대한 관심

마르틴은 뉴욕에서 델라코바로부터 경험했던 '움직임의 예술'에 큰 감명을 받았고, 그 깨달음을 성서연구에 적용한 것이 비블리오드라마이다. 마르틴은 비블리오드라마 과정에서 신체 움직임이 주는 유용성을 네 가지로 밝히고 있다.

- 초점의 변화: 신체 움직임에 주목함으로써 일상적인 삶의 시각에 변화를 줄 수 있다. 우리의 삶은 늘 일정한 패턴을 갖기 마련인데, 일상의 삶 속에서는 그것에 주목하지 않는다. 서로의 신체 움직임에 주목함으로써 의식하지 못했던 자신의 패턴을 깨닫게 되고, 그 오랜 패턴에서 벗어날 수 있는 새로운 가능성의 세계로 들어서게 된다.
- 상호교류(소통)의 발생: 신체 움직임에는 순서와 속도가 있게 마련이다. 다른 사람의 움직임에 보조를 맞추거나 반응할 때 또는 서로의 움직임을 성찰하고 교정해 줄 때, 참여자들은 구체적인 차원에서 상호교류를 경험한다.
- 창조적 의미의 통로: 동일한 언어표현을 신체 움직임으로 표현할 때, 참여

자들의 다양한 이미지와 의미를 불러일으킬 수 있다. 예를 들어, 마태복음 4장에서 악마가 예수를 시험하여 절을 하라고 할 때, 그 절의 움직임이 무엇이었는지 신체로 표현함으로써 '절'의 창조적 의미가 도출된다.

- 자발성(자유함)의 경험: 비블리오드라마의 움직임은 강요에 의한 움직임이 아니라 자발적인 행위이기 때문에 저항을 일으키지 않는다. 강요(규범)와 그에 대한 저항의 스트레스 속에 살고 있는 현대인들에게 자발적인 움직임은 자유로움의 존재경험을 부여한다.[20]

따라서 마르틴에게 있어서 비블리오드라마는 자기 자신에 대한 진지한 숙고와 인격적 대면을 통해 진리인식에 도달하고자 하기 때문에, 비블리오드라마의 과정 속에서 참여자들은 성서 본문과의 드라마적 대결과 갈등의 상황(무대)으로 초대된다. 이러한 드라마적 상황에서 연기자(참여자)는 주변 사람들의 의견이나 선입견에서 벗어나 자신의 전 인격과 고유한 자기 경험과 감성을 가지고 연기에 몰입하게 된다. 개개인의 판단은 서로 다른 관점에서 비롯된 것으로, 다른 이들의 판단은 나의 입장에 새롭게 의문을 제기한다. 나의 개인적 입장과 다른 이들의 입장 사이의 긴장은 내 고유한 입장을 가지고 대립되는 논쟁 속으로 뛰어들도록 자극하고 동기를 부여한다. 서로 모순되는 삶과 경험들이 어우러진 확신과 입장들 사이에서 하나의 놀이공간이 형성된다. 이 과정 속에서 역할 부여와 수행 그리고 역할 바꾸기의 과정은 참여자들의 심층적이고 다차원적인 지각을 불러일으킨다.

## 3) 팀 슈람: 상호작용적 성서해석의 방법론

### (1) 슈람의 배경

슈람(T. Schramm)은 1940년에 독일 함부르크에서 태어났다. 함부르크 대학교와 튀빙겐 대학교에서 신학과 고전어를 전공하고 1966년에 함부르크 대학교에서 「누가복음의 마가자료: 문헌비평적-편집비평적 연구(Der Markus-

Stoff bei Lukas. Eine literarkritische und redaktionsgeschichtliche Untersuchung)」로 박사학위를 받았다. 박사학위 취득 후 슈람은 대학 조교로 그리고 중·고등학교 종교교사로 일하였는데, 이 시기에 그는 독일을 방문한 루스 코헨(R. Cohen)의 '테마 중심의 상호작용(Theme-Centerd

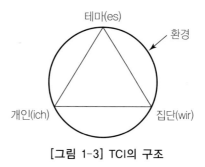

**[그림 1-3] TCI의 구조**

Interaction: TCI)' 워크숍*에 참여하게 되었다. TCI는 '비판단적 태도' '상호존중' '개방성의 증대' 등의 가치를 중심으로 한 새로운 집단문화 학습운동이다. TCI는 '창의적'이고 '생동적인 학습(living learning)'을 테마(es), 개인(ich), 집단(wir), 환경(globe)의 상호작용을 통해 몸과 영혼, 지성과 감성, 전체와 부분의 역동적 조화를 이루고자 했다([그림 1-3] 참조). TCI의 경험은 슈람의 성서 해석 및 연구에 새로운 지평을 열어 주었다. 슈람은 1972년에 함부르크 대학교 신약학 교수로 부임하여 2005년에 은퇴하기까지 후학을 가르쳤다. 함부르크 대학교 교수로 부임하던 해에 슈람은 코헨의 집단학습을 소개하고 교회실천에 적용할 수 있는 가능성을 모색하는 논문을 발표했다.[21] 또 1975년에 「거리 두기와 밀착(Distanz und Nähe)」이라는 논문에서 그는 윙크의 『인간변형을 위한 성서』에 나타난 상호작용의 해석학(변증법적 해석학)을 고찰하였다.[22] TCI에 대한 관심과 윙크의 성서해석에 대한 새로운 패러다임 제안을 통해 슈람은 점차적으로 비블리오드라마에 관심을 기울이게 되었다. 슈람에게 있어서 비블리오드라마는 TCI의 상호작용과 성서해석의 새로운 패러다임을 구현할 수 있는 최적의 방법론이었기 때

---

\* TCI는 포괄적이고 총체적인 행위이론으로, 인간이 상호작용하며 일하고 생활하고 함께 학습하는 과정에서 서로를 인간적이라고 경험하게 되는 상황을 만들어 가고자 한다. TCI는 집단, 팀 및 조직의 조치를 취하는 데 중점을 둔다. TCI는 상황을 관찰하고 통제하며 사회적 과정에 동참할 수 있는 차별화된 방법을 제공한다. 여기에는 계획, 지도, 중재, 성찰, 분석 및 진단과 같은 작업이 포함된다. TCI의 궁극적 목표는 공통의 목표, 다양한 당사자 간의 상호작용, 개인의 관심사 및 환경을 반영하는 최적의 결과를 산출할 수 있는 전문적인 학습 과정을 창출해 내는 것이다(Schneider-Landolf, Spielmann, & Zitterbarth, 2017: 14-15).

문이다. 신약성서학자로서 슈람은 비블리오드라마와 성서주석 사이의 논쟁 가운데서 알맞게 자리매김하여 둘을 화해시키려고 노력했다.[23]

### (2) 치료를 대신하는 예술로서 비블리오드라마

슈람은 자신이 비블리오드라마를 찾아간 것이 아니라 비블리오드라마가 자신의 삶 가운데 출현했다고 말한다.[24] 슈람은 종교교사로서 학교현장에서 가르쳤던 경험, 그리고 TCI로부터 배웠던 상호작용에 대한 깨달음에 근거하여 전통적인 가치를 유지하면서도 역동적인 성서교육, 참여자 중심의 기독교교육의 가능성을 모색하였다. 그러던 그에게 비블리오드라마는 자신의 교수학적 관심을 실질적으로 구현하는 최고의 통로 역할을 제공하였다.

슈람은 비블리오드라마의 등장을 성서 연구 및 본문 적용을 위한 커다란 성과의 꽃으로 평가한다. 슈람은 성극, 역할극, 심리극 등의 연극 분야와 명상, 무용, 놀이 등의 신체운동 분야, 여기에 신학, 교육학, 게슈탈트 심리학 등의 학문 분야들이 비블리오드라마 탄생에 중요한 영향을 끼쳤다고 보았다. 이렇게 다양한 영역의 요소가 결합하여 새로운 성서해석의 방법을 발전시켰고, 성서에 대한 전체적인 시각과 실존적 만남을 가능하게 하였다. 비블리오드라마는 성서를 전문적으로 연구하는 학자들뿐만 아니라 일반 그리스도인들에게도 성서가 말하고자 하는 의미를 묻고 경험할 수 있는 기회를 제공함으로써 몸과 영혼, 감성과 지성을 동반하는 성서이해의 길을 제공하였다. 그런 점에서 슈람은 비블리오드라마를 다양한 접근 이론과 방법을 포용하는 새로운 유형의 성경공부이자 치유운동이라고 부른다.[25]

특히 슈람은 비블리오드라마가 성서연구 및 성경공부를 삶의 차원에까지 영향을 미쳐 개인의 내적 성장과 치유를 이끌어 낼 수 있다는 점에 주목한다. 슈람은 비블리오드라마의 '동일시' 기법이 성서 본문을 참여자의 삶으로 확장시킴으로써 성서와 자신의 삶의 연관성을 깊이 있게 해 주고, 자발적인 연기 행위와 더불어 신체 움직임이 성서이해에 대한 지식적 한계를 넘어 구체적인 삶의 현장으로 확대되게 한다고 보았다. 그럴 수 있는 이유는 비블리오드라마가 머리와 가습이 함께 어우러지는 학습 환경을 제공하기 때문이다. 성서의 본문을 머리만이 아니라 신체의 언어로 고민하며 해석해 나갈 때 성서이해가 전인적인 과정으로 확대된다. 성서 본문 중 치유의 이야기가 많이 등장하듯이, 성서 본문이 제대로 활동할 수 있도록 우리 자신을 본문의 연기 상황에 맡길 때, 그 맡기는 만큼의 치유 효과를 누릴 수 있다. 그런 점에서 슈람은 TCI의 창시자 코헨의 말을 빌려 "참여를 통하여 치료를 대신하는 예술"이라고 부른다.[26]

성서의 본문들은 지금까지 너무 자주 분석되어 왔다. 비블리오드라마의 극활동을 통해, 우리는 성서 본문의 이야기를 반복하고 재연하여 실존적 차원에서 그 이야기들을 만나고 경험한다. 분석하는 일에 우리 자신을 제한한다면, 성서해석은 거기서 멈출 것이다. 그러나 드라마를 통한 성서 경험은 우리 삶 속에 장대하고 끝없는 경험과 변화를 경험하게 한다. 극활동을 통하여 우리는 경계를 뛰어넘는다. 우리는 판단하지 않으며 단지 드라마를 통해 우리가 목격한 것을 표현하면 된다. 종종 이러한 대화는 우리 자신을 이해할 수 있는 새로운 길을 열어 주며 또한 상담과 치유의 과정으로 이끌어 줄 수 있다. 우리가 성서 본문을 우리의 삶 속으로 적용해 나갈 때 비로소 우리에게 진정한 배움과 성장의 기회가 열리며, 그것은 치유의 계기가 된다.[27]

## 4) 피터 핏젤: 미드라쉬적 비블리오드라마

### (1) 핏젤의 배경

비블리오드라마의 네 번째 선구자는 '비블리오로그(bibliolog)'라는 형태의 비블리오드라마를 선보이고 있는 미국의 피터 핏젤이다. 1941년에 유대인 가정에서 태어난 핏젤은 유대의 성서해석 전통인 미드라쉬적 해석원칙을 현대적으로 재해석하여 현장에 적용하고 있는 인물이다. 주목할 만한 사실은 피터 핏젤의 아버지가 심리극의 창시자 야콥 모레노(Jacob Levy Moreno, 1892~1974)의 미망인 젤카 모레노(Zerka Moreno)와 20년 이상 심리극 활동을 함께했다는 점이다. 핏젤은 미국 하버드 대학교에서 영문학으로 박사학위를 받은 후, 영문학 교사로

학교에서 오랫동안 근무했다. 아버지의 영향으로 일찍부터 심리극에 친숙했던 핏젤은 점차 심리극과 즉흥극 훈련을 받고 심리극 치료사로 활동하게 되었다.

1984년에 핏젤의 사역에 새로운 장이 열리게 되었다. 유대 신학교의 목회심리학 교수로 있던 친구 클락스브룬(S. Klagsbrun)의 초청으로 신학생들의 수업을 인도하게 된 것이다. 리더십 수업에서 핏젤은 성서의 모세 이야기와 심리극의 기법을 결합시켜 지도자로서 모세가 고난 가운데 느꼈을 어려움에 초점을 맞추어 학생들이 이야기하게끔 이끌었다. 학생들은 성서의 리더를 인간적인 관점에서 바라보고, 그의 갈등과 고뇌를 탐색하는 경험에 놀라며 매우 흥미로운 반응을 보였다. 이것이 계기가 되어 핏젤은 역할극을 이용해서 성서의 이야기를 다양한 차원에서 탐색해 나갔고, 성서를 이용한 해석학적 놀이에 빠져들게 되었다. 이러한 과정에서 자연스레 유럽을 중심으로 활발하게 진행되고 있던 비블리오드라마에 관심을 가지며 자신의 활동 영역을 전환하게 되었다.

핏젤은 점차 자신만의 고유한 비블리오드라마 형식을 만들어 가기 시작했다. 그는 2000년 9월에 독일의 세계베르크에서 열린 국제 비블리오드라마대회에서 '미드라쉬로서 비블리오드라마'라는 제목의 발표를 진행하면서 자신의 비블리오드라마를 '비블리오로그'라고 불렀다. '로그(log)'는 말씀을 의미하는 그리스어 '로고스(Logos)'에서 온 것으로, 구성원들이 함께 참여하여 신체 움직임보다는 주로 대화와 언어표현을 중심으로 이루어지는 비블리오드라마의 형태라고 할 수 있다.[28] 이것은 유대인으로서 어릴 적부터 가정에서 배웠던 유대 전통의 성서이해와 심리극 활동의 경험이 어우러진 결과였다. 핏젤은 성공회 그리스도인이자 심리극 치료사인 부인 수잔 핏젤(S. Pitzele)을 동역자로 삼아 현재까지 비블리오드라마 사역에 매진하고 있다.[29]

### (2) 핏젤의 미드라쉬적 비블리오드라마

핏젤은 1988년에 자신의 비블리오드라마 활동을 집대성한 『비블리오드라마로의 초대: 성경을 여는 창(Scripture Windows: Toward a Practice of Bibliodrama)』을 저술하였다([그림 1-4] 참조).[30] 이 책은 비블리오드라마의 전 과정을 구체적

인 지침과 사례를 제시하며 소개하고 있는 비블리오드
라마 실천서이자 비블리오드라마 디렉터를 위한 지침
서이다. 비블리오드라마 활동을 위한 본문 선택의 단계
부터 웜업, 연기, 종결과 성찰에 이르는 과정을 전문가
다운 시각에서 생생하게 묘사하며 실제적인 지침을 제
공하고 있다.

[그림 1-4] 『비블리오드
라마로의 초대』(2016)

핏젤에게 있어서 비블리오드라마는 성경에 등장하
거나 추측할 수 있는 존재들의 목소리와 행동을 구체화
함으로써 오늘의 현실 속에 그 인물을 되살리는 작업
이다.

　　드라마에서 연기할 인물은 성경에 직접 등장하는 경우(아담 또는 하와)도 있
　고, 이야기를 읽으면서 상상력을 동원하여 그 존재를 추측할 수 있는 경우(노아
　의 아내 또는 아브라함의 어머니)도 있다. 비블리오드라마에서 사람들은 목소
　리나 행동으로 구체화할 수 있는 특정 대상이나 이미지(에덴동산의 뱀이나 모
　세의 지팡이)를 연기하기도 한다. 또 특정한 공간(요단강이나 시내산)이나 영적
　인 존재(천사, 하나님, 사탄)가 말을 하거나, …… 다양한 관점에서 작업하기 위
　해 역사상의 인물들(필로, 아우구스티누스)을 등장시키기도 한다. 우리는 역할
　극을 통해 이들의 존재와 생각을 상상하고, 생명을 불어넣을 수 있을 것이다.[31]

　그런데 이러한 작업은 아주 새로운 작업이 아니라 오랜 성서해석의 역사 속
에서 이미 존재했고 전통을 통해 이어져 온 방법이다. 핏젤은 자신의 비블리오
드라마를 유대 성서해석 전통의 하나인 미드라쉬의 현대적 형태라고 말한다.
핏젤이 비블리오드라마를 현대적 형태의 미드라쉬라고 부르는 이유는 성서를
일상적인 의미(주해)로, 현대인의 삶의 지평(예언)으로, 아울러 문자 너머에 있
는 깊은 의미(비유)로 확장시켜 현대인들의 성서이해와 교육을 풍성하게 하기
때문이다(미드라쉬와 관련된 내용은 제4장 참조).

미드라쉬는 고대 말기 랍비들의 성서해석 작업과 밀접한 관계를 맺고 있는, 하나의 산물인 동시에 과정을 지칭하는 단어이다. 랍비들은 성서 읽기 활동을 강화시켜 주는 재담이나 비유, 익살을 통해 성서를 해석하고자 하였다. 미드라쉬는 '탐색하고 연구하다'라는 히브리 어원에서 유래한다. 미드라쉬는 기록된 문서(text)의 의미와 그 안에 담긴 통찰을 살펴봄으로써 우리의 이해를 풍성하게 하고, 성서와 깊은 관계를 맺도록 돕는다. 하지만 더 넓은 의미에서 미드라쉬는 그 이후의 시대, 그리고 우리가 살고 있는 시대까지 확장된다.[32]

핏젤이 미드라쉬에서 발견한 놀라운 점은 미드라쉬의 전통 속에서는 성서해석의 학문 작업이 놀이행위처럼 전개되고, 역사적 탐구가 문학적 상상력과 조우한다는 것이다. 즉, 진지함에 재치(익살)가 동참하고 이성과 감성이 융합된다는 점이다. 핏젤은 신앙이 끊임없이 위협받고 무시되고 있는 오늘의 현실 속에서 가장 절실하게 요구되고 있는 성서교육의 실마리를 바로 미드라쉬에서 찾을 수 있다고 확신한다. 그리고 이러한 미드라쉬적 비블리오드라마가 추구하는 교사(모범)의 모습을 다음과 같이 역설한다.

성서는 공격받고 있다기보다는 아예 무시되고 있다. 사람들은 성서에 아무런 관심이 없고, 성서를 봐야 하는 이유를 알려고 하지 않는다. 결과적으로 성서는 어느 때보다 교사를 더 기다리고 있다. …… 앞으로 성서는 해박하면서도 열정적인, 허구적이면서도 재치가 있는, 그리고 책과 현실 모두에서 지혜를 얻는 교사를 필요로 할 것이다. 성서를 격하시키지 않으면서 우리에게 현실감을 불러일으키고 잠에서 깨움으로써 성서를 생명력 있는 이야기로 만들 수 있는, 그래서 우리를 압도할 수 있는 교사를 원할 것이다. 성서를 사랑하는 사람들은 새로운 방식을 배우고, 새로운 언어를 터득하고, 새로운 발걸음을 내디뎌야 한다.[33]

핏젤은 비블리오드라마를 새로운 차원으로 고양시킨 사람이다. 기존의 비블리오드라마가 강조했던 신체 움직임에 대한 강조의 폭을 줄이고 언어와 대화 중심으로 이끌어 감으로써 비블리오드라마 참여자들의 행위연기에 대한 부담을 완화시켰고, 소규모로만 진행되어야 한다는 선입견에서 벗어나 좀 더 확대된 규모의 비블리오드라마 활동이 이루어질 수 있도록 하였다. 또한 비블리오드라마의 근거를 유대 해석전승에 둠으로써 비블리오드라마를 심리극의 일종으로 바라보는 비판적 시각에 맞서 비블리오드라마의 성서해석학적 기반을 더 견고하게 제시하였을 뿐만 아니라 비블리오드라마가 좀 더 성서 텍스트에 기반한 활동으로 진행될 수 있는 이론적 틀을 마련하였다(핏젤의 비블리오드라마 이론에 대한 논의는 이 책의 제4장 참조).

# 3. 비블리오드라마의 성격[34]

지금까지 비블리오드라마의 선구적 역할을 했던 네 명의 학자를 고찰하였다. 이들은 모두 기존 신학의 한계성을 느끼고 신학의 영역을 심층심리학, 신체 움직임, 상호작용, 미드라쉬 등과 결합시킴으로써 변화하는 시대와 역동적으로 소통할 수 있는 가능성을 모색하였다. 이제 이들의 생각을 종합하여 비블리오드라마가 가지고 있는 근본 성격을 정리해 보고자 한다.

## 1) 신체성: 창의성과 자발성

비블리오드라마는 참여자들의 적극적이고 자발적인 참여를 통해 이루어지는 과정 중심의 학습 행위이다. 비블리오드라마는 성서의 사건 상황을 무대 위에 펼쳐 놓고 학습자들을 그 상황 안에 자발적으로 참여하게 한다. 마르틴이 강조하고 있듯이, 이때 참여자들은 자신의 몸(신체)을 동반하여 그 상황에 참여한다. 텍스트에 거리를 두고 주지적으로 관찰하는 것이 아니고 구체적인 몸의 활동으로 참여하기에 전인적인 학습이 이루어진다. 논리적 사고를 통해 참여할 뿐만 아니라 감정과 의지를 동반한 몸으로 참여하는 가운데 참여자는 역할인물이 되어 그 인물의 모습(몸)으로 자유롭게 감정을 표현하거나 행동한다. 객관적 대상이었던 성서(텍스트)가 참여자 자신의 사건으로 등장하게 되고 참여자는 거기서 고민하며 행동함으로써 자기 자신의 '변형'을 이끌어 낼 수 있다. 비블리오드라마는 참여자들의 신체성에서 일어나는 소통과 경험의 과정을, 그리고 깨달음과 느낌의 순간을 소중하게 생각한다.[35]

비블리오드라마의 관점에서 볼 때, 인간의 몸은 하나님의 창조성에 근거한다. 비록 그 몸은 나약하고 실수투성이지만, 몸을 가진 인간 전체가 하나님과의 관계 대상이다. 그리고 기독교의 창조신앙에 근거한 인간의 능력, 즉 하나님의 창조성에 참여할 수 있는 인간의 능력이 창의성과 자발성이다. 창의성의 존재인 인간은 전통적인 모습을 답습하는 것이 아니라 하나님이 만드신 세계를 긍정적인 방향으로 새롭게 변화시키고 이끌어 갈 수 있는 능력을 가진다. 자발성은 창의성을 구현해 나가는 과정에 스스로 참여하는 능력이다. 늘 같은 것을 답습하는 것을 그만둠으로써, 창의성과 자발성은 인간을 예측할 수 없고 계획할 수 없는 것에 주목하도록 만든다. 비블리오드라마의 신체성에서 도출되는 창의성과 자발성은 그리스도인들에게 잘 알려진 성서의 이야기를 늘 똑같이 반복하는 것에서 벗어나 살아 있는 이야기, 생명력 있는 말씀으로 전환시킨다. 그리고 더 나은 삶과 세계를 만들 수 있는 역동성을 발휘하게 한다.[36]

## 2) 상호작용

비블리오드라마는 극적 방식을 통해 이루어진다. 비블리오드라마의 극적 상황은 우리를 일상적인 삶에서 분리시킨다. 이것은 일종의 해방의 사건이다. 극적 상황은 일상적인 삶 속에서 나를 제한하고 규정했던 모든 관계로부터 나를 자유롭게 하기 때문이다. 참여자들은 전혀 새로운 삶의 구조 속에 있는 자기 자신을 발견한다. 그 자신은 순수한 '나', 순수 가능성의 자신이다. 그리고 텍스트의 세계 속에서 전혀 새로운 삶의 문제와 조우함으로써 '나'에 관해서 본질적으로 진지하게 고민할 수 있다. 베버(H. Weber)는 비블리오드라마 과정에서 성서(텍스트)와 참여자 간에 일어나는 상호작용을 다음과 같이 설명한다.

극화된 성서 이야기는 연기하는 참여자들의 삶의 이야기와 연관되어 있다. 그들의 삶의 현재 경험은 성서를 해석하는 데 도움을 주고, 성서해석이 현재의 삶에 도움을 주기도 한다. 극화된 성서 구절은 비블리오드라마에서 연기하는 사람들의 근본적인 인간적 물음과 삶의 정황에 새로운 빛을 비춰 준다.[37]

슈람(2008)과 마르틴(2010)은 비블리오드라마의 극적 장치를 통해서 성서 이야기와 참여자 간에 진지한 상호소통과 깊이 있는 상호작용이 일어난다고 보았다. 슈람이 강조했듯이, 비블리오드라마는 TCI가 목적으로 하는 상호작용을 가장 탁월하게 구현할 수 있는 환경을 구성한다. 비블리오드라마의 극적 환경은 TCI의 '개인-집단-테마'의 상호작용을 역동적으로 극대화할 수 있다.

전통적으로 교회는 성서를 인간의 영역을 초월한 하나님의 말씀으로 이해하고 가르쳤다. 성서는 그리스도인들을 향한 선포의 대상이며, 그리스도인들은 그 말씀을 귀 기울여 수용하고 따라야 하는 권위의 대상으로 이해했다. 그렇다 보니 전통적인 입장에서 성서는 그리스도인들에게 일방적인 것에 그치고 말았다. 하지만 성서의 하나님은 언제나 관계의 하나님, 함께하시는 하나님으로서 자기 백성과 소통하고 반응하시는 분이다. 비블리오드라마는 성서 및 기독교 신앙이 가지고 있는 상호소통의 측면, 상호작용의 차원에 깊은 관심을 기울인다.[38] 비블리오드라마를 통해 성서는 나와 동일한 인간들의 삶과 경험이 투영된 생동감 있는 이야기로 다가온다. 이와 관련하여 크렐러는 "성서 이야기의 주인공에게 감정이입이 일어나고 그 과정에서 성서의 한 문장이 나의 감정을 건드리는 것도 경험한다. 나와 본문 사이에 공명(共鳴)이 일어난다. 성서 전통과 나 사이에 활발한 의사소통이 일어난다."[39]라고 하였다.

## 3) 성서의 빈 공간: 느림의 미학

핏젤은 성서(텍스트)를 검은 불꽃의 날실과 흰 불꽃의 씨실로 엮인 의미공간으로 보았다. 특히 전통적인 해석학이 검은 불꽃(문자)에만 주목한 것에 비해,

미드라쉬적 전통은 흰 불꽃(여백)에도 주목한다.[40] 흰 불꽃, 즉 텍스트의 빈 공간까지 염두하며 성서를 읽어 나가기 위해서는 읽는 속도를 줄여 '천천히' 읽어 나가야 한다. 빈 공간을 채울 수 있는 다양한 생각과 방법을 상상하며 읽어 나가야 하기 때문이다.

현대인들은 급변하는 사회를 따라가기 위해 '빠름'의 문화를 추구한다. 그리스도인들의 삶과 신앙도 크게 다르지 않다. 현대 그리스도인들은 자신들에게 익숙한 성서 본문을 읽을 때, 본문에 대한 특별한 의문이나 고민 없이 쉽게 스쳐 지나가곤 한다. 본문에 대해 익히 알고 있는 의미를 확인할 뿐 그 본문을 다시 성찰하여 새로운 의미를 얻으려고 하지 않는다. 이러한 빠름의 분위기 속에서 우리는 성서를 곱씹어서 이해하려는 의지를 포기하고 성서에 대한 표면적 이해에 만족하곤 한다.

비블리오드라마는 이러한 빠름의 분위기에 반대하여 '느림'의 미학을 지향한다. 표면적 이해를 넘어 깊이 있는 이해로 나아가기 위해 성서를 천천히 읽어 나간다. 비블리오드라마는 등장인물의 감정을 표현하거나 신체 움직임을 연기함으로써 성서 본문을 세밀하게 관찰해 나간다. 자기 몸으로 본문을 표현하는 과정 속에서 그리고 다른 사람의 표현을 집중해서 관찰하는 과정 속에서 우리는 필연적으로 본문을 천천히 곱씹어 읽게 된다.[41] 예를 들어, 누가복음 15장의 '탕자의 비유'는 이렇게 시작된다.

> 어떤 사람에게 아들이 둘 있는데 작은아들이 아버지에게 말하기를 "아버지, 재산 가운데서 내게 돌아올 몫을 내게 주십시오." 하였다. 그래서 아버지는 살림을 두 아들에게 나누어 주었다(누가복음 15:11-12, 새번역).

12절을 가만히 살펴보면 간단하게 진행될 수 없는 요소들이 존재하고 있음을 알게 된다. 왜 작은아들은 아버지에게 재산을 요구하고 있을까? 작은아들의 요구를 들은 아버지는 아들에게 어떤 표정을 지었을까? 그리고 아버지는 작은아들과 어떤 대화를 나누었을까? 그리고 어떤 생각에 아버지는 작은아들이 요구하는 대로 재산을 나누어 준 것일까? 비블리오드라마는 가능한 한 모든 감각과 감정을 가지고 집중하여 본문을 슬로우 모션(slow motion)과 같이 읽어 나가고, 우리에게 익숙한 본문을 감정이입과 몸을 통해 표현해 봄으로써 다시 한번 '천천히' 읽어 나간다. 그 과정 속에서 이미 익숙한 본문에 대한 새로운 이해와 깨달음을 추구한다.[42]

## 4. 비블리오드라마의 삼중 구조

이상에서 비블리오드라마의 세 가지 근본 성격을 신체성, 상호작용, 성서의 빈 공간으로 살펴보았다. 이 세 가지 성격은 교육의 행위자(교사와 학습자), 교육의 내용, 교육의 방식을 의미하기도 한다. 신체성이란 비블리오드라마에 참여하는 학습자들의 성격을 말한다. 그들은 수동적인 참여자가 아니라 자발적이며 적극적으로 참여하는 교육행위의 주체이다. 상호작용은 비블리오드라마의 극적 방식을 통해 구현된다. 비블리오드라마는 일방적인 지식 전달의 교육을 지양하고 드라마의 극적 상황 속에서 상호소통과 상호작용이 일어나는 역동적 교육과정을 지향한다. 비블리오드라마가 주목하는 성서의 빈 공간은 성서가 왜 고정된 말씀이 아니라 오늘날까지도 새롭게 들려오는 살아 있는 말씀인지를 이해시킨다. 비블리오드라마는 교육의 내용에 해당하는 성서이해를 위해 성

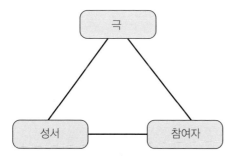

[그림 1-5] 비블리오드라마의 삼중 구조

서의 여백에 주목하여 천천히 읽어 나감으로써 문자적으로 고정되어 있는 텍스트를 해방시키고 살아 움직이게 한다. 성서의 빈 공간은 성서의 내용과 의미를 더욱 풍성하게 하는 성서해석의 열쇠이다. 정리하면, '성서(빈 공간)-극(극적 방식)-참여자(신체성)'는 비블리오드라마를 구성하는 핵심 요소들이며, 삼중 구조로 이루어진다. 결론적으로 우리는 비블리오드라마란 "① 신체성(감정과 몸)을 동반한 참여자가, ② 빈 공간인 성서 이야기 속에서, ③ 상호작용을 구현하는 극적 방식을 통해 전인적 해석과 체험, 치유를 지향하는 공동체적 학습"이라고 정리할 수 있다.

## 미주

[1] Krondorfer, 2008: 14.

[2] 고원석, 2016: 4-5.

[3] Martin, 2010: 21.

[4] Pitzele, 2016: 25.

[5] Kreller, 2013: 68.

[6] Martin, 2013: 509.

[7] Aldebert, 2001: 24.

[8] Aldebert, 2001: 24-27.

[9] Weidemann, 2013: 458-459.

[10] Wink, 1973.

[11] Lehnen, 2006: 61; Wink, 2008: 255-260; Art. "Walter Wink", Wikipedia.

[12] 양금희, 2006: 245-271; Wink, 1973: 1-10.

[13] Wink, 1973: 17.

[14] 양금희, 2006: 96-117; Wink, 1973: 20-75; Wink, 2008: 260-262.

[15] Wink, 2008: 265.

[16] Lehnen, 2006: 123; Kreller, 2013: 73-74; Art. "Gerhard Marcel Martin", Wikipedia.

**[17]** Martin, 2008: 190-192.

**[18]** Barthes, 2015: Martin, 2008: 210에서 재인용.

**[19]** Martin, 2008: 210-211.

**[20]** Martin, 2008: 199-201.

**[21]** Schramm & Vopel, 1972: 308-317.

**[22]** Schramm, 1975: 372-387.

**[23]** Aldebert, 2001: 209-210; Lehnen, 2006: 92-94; Schramm, 2008: 138-139.

**[24]** Schramm, 2005: 9.

**[25]** Schramm, 2008: 137.

**[26]** Schramm, 2008: 140-145, 183-184.

**[27]** Schramm, 2008: 176, 184.

**[28]** Pohl-Patalong, 2009: 9.

**[29]** Lehnen, 2006: 138.

**[30]** Pitzele, 2016.

**[31]** Pitzele, 2016: 25.

**[32]** Pitzele, 2016: 26.

**[33]** Neusner, 1987: 28.

**[34]** 이 부분의 내용은 고원석(2016: 10-13)의 내용을 수정·보완한 것임.

**[35]** Kreller, 2013: 39-41; Wink, 1973.

**[36]** Kreller, 2013: 12.

**[37]** Weber, 2006: 98.

**[38]** Zimmermann & Zimmermann, 2013: 54-55.

**[39]** 고원석, 2018: 434; 손성현, 2010: 444.

**[40]** Pitzele, 2016: 39-43.

**[41]** 손성현, 2010: 440-441.

**[42]** 고원석, 2018: 435-436; Kreller, 2013: 15.

## 참고문헌

고원석(2016). 기독교교육의 새로운 접근: 비블리오드라마. 기독교교육정보, 48, 1-31.

고원석(2018). 현대 기독교교육 방법론. 서울: 장로회신학대학교출판부.

고원석(2020). 비블리오드라마의 개념, 선구자들, 그리고 근본성격. 기독교교육논총, 62, 101-133.

손성현(2010). 비블리오드라마의 교육적 가능성에 대한 고찰. 기독교교육정보, 27, 429-456.

양금희(2006). 윙크의 변증법적 성경공부 방법의 해석학적 의미. 한국신학의 지평: 무극 한숭홍 교수 정년퇴임기념 논문집(pp. 245-271). 서울: 선학사.

양금희(2007). 해석과 교육. 서울: 장로회신학대학교출판부.

조철수(2007)(역주). 잠언 미드라쉬. 서울: 성서와함께.


Aldebert, H. (2001). *Spielend Gott kennenlernen. Biblodrama in religionspädagogischer Perspektive.* Hamburg: EB-Verlag.

Kreller, H. (2013). *Bibliodrama.* Erlangen: Books on Demand.

Krondorfer, B. (Ed.). (2008). 비블리오드라마 (*Body and Bible: Interpreting and experiencing biblical narratives*). (황헌영, 김세준 공역). 서울: 창지사. (원저는 1992년에 출판).

Lehnen, J. (2006). *Interaktionale Bibelauslegung im Religionsunterricht.* Stuttgart: Kohlhammer.

Martin, G. M. (2008). 비블리오드라마의 기원과 성경본문. B. Krondorfer (Ed.). 비블리오드라마 (*Body and Bible: Interpreting and experiencing biblical narratives,* pp. 187-215). (황헌영, 김세준 공역). 서울: 창지사. (원저는 1992년에 출판).

Martin, G. M. (2010). 몸으로 읽는 성서: 비블리오 드라마 (*Sachbuch Bibliodrama: Praxis und Theorie*) (손성현 역). 서울: 라피스. (원저는 1995년에 출판).

Martin, G. (2013). Bibliodrama. In M. Zimmermann & R. Zimmermann (Eds.), *Handbuch Bibeldidaktik* (pp. 509-515). Tübingen: Mohr Siebeck.

Neusner, J. (1987). *What is Midrash?.* Philadelpia: Fortress.

Pitzele, P. (2016). 비블리오드라마로의 초대: 성경을 여는 창 (*Scripture windows: Towards a practice of bibliodrama*). (고원석 역). 서울: 한국장로교출판사. (원저는 1998년에 출판).

Pohl-Patalong, U. (2009). *Bibliolog.* Stuttgart: Kohlhammer.

Schneider-Landolf, M., Spielmann, J., & Zitterbarth, W. (Eds.). (2017). *Handbook of themecentered interaction*. Translated by J. Smith. Göttingen: Vandenhoeck & Ruprecht.

Schramm, T. (1975). Distanz und Nähe. Erfahrungen im Umgang mit Biblischen Texten. *Wissenschaft und Praxis in Kirche und Gesellschaft, 64*, 372-387.

Schramm, T. (2005/3). Bibliodrama im Raum Hamburg. *Textraum: Bibliodrama Information, 13*, 9-12.

Schramm, T. (2008). 비블리오드라마의 행위화: 신약 치유이야기의 재연. B. Krondorfer (Ed.). 비블리오드라마 (*Body and Bible: Interpreting and experiencing biblical narratives,* pp. 135-185). (황헌영, 김세준 공역). 서울: 창지사. (원저는 1992년에 출판).

Schramm, T., & Vopel, K. (1972). Ruth C. Cohens Mehtode der Gruppenarbeit. Darstellung und mogliche Anwendung in kirchlicher Praxis. *Wissenschaft und Praxis in Kirche und Gesellschaft, 61*, 308-317.

Stemberger, G. (2008). 미드라쉬 입문 (*Midrasch: vom Umgang der Rabbinen mit der Bibel*). (이수민 역). 서울: 바오로딸. (원저는 1989년에 출판).

Weidemann, H.-U. (2013). Historisch-kritische Bibelauslegung. In M. Zimmermann & R. Zimmermann (Hrg.), *Handbuch Bibeldidaktik* (pp. 457-462). Tübingen: Mohr Siebeck.

Wink, W. (1973). *The bible in human transformation: Toward a new paradigm for biblical studies*. Philadelphia: Fortress Press.

Wink, W. (2008). 인간의 변화를 위한 성경공부와 신체동작. B. Krondorfer (Ed.). 비블리오드라마 (*Body and Bible: Interpreting and experiencing biblical narratives,* pp. 251-272). (황헌영, 김세준 공역). 서울: 창지사. (원저는 1992년에 출판).

Zimmermann, M., & Zimmermann, R. (Hrg.). (2013). *Handbuch Bibeldidaktik*. Tübingen: Mohr Siebeck.


Art. "Gerhard Marcel Martin." Wikipedia. https://de.wikipedia.org/wiki/Gerhard_Marcel_Martin (2020. 3. 30. 검색)

Art. "Walter Wink." Wikipedia. https://de.wikipedia.org/wiki/Walter_Wink (2020. 3. 30. 검색)

# 제2장

# 비블리오드라마의 기법:
# 액션메소드

이영미

현대에 들어와서 인간에 대한 이해와 교육 방법은 상호적으로 발전되어 왔다. 인간을 철학적으로 인식하던 시대와 달리 신경생물학적 발견을 하면서 효과적인 교육 방법을 시도하는 노력이 계속되어 오고 있다. 사고가 우선시되던 시대를 넘어 감정의 역할과 사고와의 관계가 연구되었고, 신체와 뇌의 역할에 대한 세분화된 연구는 계속되고 있다. 정신에 대한 연구도 의식과 무의식의 관계를 넘어 인간의 사고와 행동 사이의 관련 연구도 발전하고 있다.

인간의 삶을 연구하는 인문학 분야에서는 놀이와 정서의 중요성을 강조해 왔다. 인간 해방교육을 주장한 파울로 프레이리(P. Freire), 호모 루덴스라며 인간을 놀이하는 존재로 명명한 하위징아(J. Huizinga), 배움은 즐거움이어야 한다고 한 브레히트(B. Brecht) 등은 교육과 많은 다른 분야에서 인간 성장에 정서와 관계가 미치는 영향을 중요시하였다.

상담 및 심리치료 현장에서도 인간의 무의식을 연구하던 프로이트(S. Freud)와 융(C. Jung)의 노력과 심리치료와 사회문제를 함께 다룬 모레노(Jacob Levy Moreno)와 수 제닝스(Sue Jennings), 아우구스토 보알(Augusto Boal), 데이빗 리드 존슨(David Read Johnson), 로버트 랜디(Robert J. Landy), 티안 데이튼(Tian Dayton) 등 현대 드라마치료 연구자들은 뇌신경학 발견을 자신들의 연구와 연결시키고 있다.[1] 인간은 공교육 형태를 넘어 평생교육이 필요함을 느끼면서 변화되는 사회에 적응하기 위한 교육 방법들을 연구하고 발전시키고 있다. 다양한 분야의 인간 성장 연구들은 서로 영향을 주며 발전해 왔다.

인간 연구의 발전과 더불어 교육 환경도 변화를 추구하고 있다. 그러나 개인의 삶이 다양해지고 환경이 날로 변해도 교육 시스템 안에 교육평가가 수량화되고 기계적 인간 이해의 시각이 존재하는 한, 인간 개개인의 다양성을 훈련하고 교육하기에는 역부족이다. 전 세계적으로 개인들은 자신들이 추구하는 정보를 인터넷을 통해 습득하게 되고 많은 정보와 교육내용을 손쉽게 얻을 수 있는 환경이 되면서 공교육을 외면하고 있다. 가정이 핵가족이 되고 자녀가 줄어들고 학교가 무너지는 가운데 대두되는 주제는 효율적 인간 성장과 교육 시스템이다.

액션메소드는 인간 이해와 교육 방법의 발전 사이에서 등장했다. 심리치료와 사회치료를 연구한 모레노에서 시작한 행위방법은 심리치료와 교육 현장에서 쉽게 사용할 수 있는 액션메소드를 발전시켰다. 수동적이며 인지적이며 지시적인 교육 현장에서 활동과 관계 정서를 발전시키고자 한다면 움직임과 놀이가 필수적임을 다양한 현장에서 인식하고 있다. 현대 교육 실천가들은 교육적 목표를 정하고 수동적인 피교육자를 인지적으로 가르쳤던 전통적 방식에서 탈피하여 집단의 성장과 개인의 성장이 함께 가야 한다고 생각하기 시작했다. 개인의 지적 능력만이 아니라 정서적이고 공동체적인 성향이 공동의 교육적 목표를 이루기에 좋은 자원임을 알게 된 것이다.

# 1. 액션메소드의 개념

## 1) 액션메소드의 정의

액션메소드는 정신분석가이자 심리치료사인 모레노로부터 시작되어 드라마, 연극, 의식으로부터 발전해 왔다. 모레노에 의하면 "액션메소드는 시·공간적으로 정해져 있는 지점에 머무는 것이 아니라 3차원적이고 현재적이며, 꾸며지거나 회고된 이야기이기보다는 진실하고 자발적이며 즉각적인 반응에 기초하고 있다."[2]고 하였다.

액션메소드는 집단 안에서 어려움과 문제들을 발견하거나 집단의 움직임과 자발성을 얻기 위해 사용되는 방법이다. 액션메소드는 '생각하기' '듣기' '말하기' 등과 같이 제시된 것을 행동으로 '하는 것(doing)'으로 표현한다. 우리가 사용하는 액션메소드 기법은 주로 사이코드라마의 기법과 상황에 맞게 사이코드라마에서 차용 또는 응용하여 개발한 기법이다. 즉, 놀이, 상호관계, 몸과 경험 등의 행위방법론을 총칭하여 '액션메소드(action method)'라고 한다. 액션메소드는 신체를 통해 정서와 지각의 변화를 추구하는 접근 방법으로, 연극의 교육적 요소와 심리극, 드라마치료에서 영향을 받은 치료적 요소를 포함한다.

## 2) 액션메소드의 원리

사람들은 다른 사람의 모습을 보거나 연극, 영화, 드라마를 보면서 스스로를 알아 가게 된다. 혼자 생각하는 행위만이 아니라 사람들과 어울려 일을 하거나 놀이를 하면서도 자신을 성장시킨다. 현대인들은 학교에서 배우는 행위만 학습이라고 생각했던 시대보다 더 다양한 배움이 존재한다고 믿고 있다. 액션메소드는 언어, 생각, 행위를 구분하여 표현하지 않는다. 이야기가 담고 있는 메시지와 그 속에 포함되어 있는 것을 언어 이상의 모든 형태로 표현하기 때문에 통합적 이야기가 되게 한다. 그래서 자신이 하는 일상적 행동들, 즉 말, 생각, 행위에 대한 의미를 찾게 하고 다양한 관점으로 자신을 발견하게 한다. 집단에서 집단원들과 함께 작업을 할 때 액션메소드의 효과는 더 크다. 개인과 집단에 적용할 수 있는 액션메소드 도구들을 갖추면 교육적·치료적 목적을 달성하는 데 도움이 된다. 집단은 동일시, 갈등, 긍정적 또는 부정적 전이 감정을 비롯한 다양한 만남을 제공함으로써 치유의 가능성을 제공해 준다. 또한 집단은 리더의 능력을 초월한다. 집단은 단순한 구성원들의 모임이 아닌 그 이상의 존재가 되어 집단 작업을 통해 드러나는 관계 양식을 자신들의 삶 속에서 학습하고 실행하게 된다.[3]

집단이 액션메소드를 통해 배우는 과정은 다양하다. 학교, 기업, 종교시설과 병원, 수용시설, 쉼터 등에서 교육적 목적을 달성한다. 집단이 움직임을 시작한다는 것은 놀이를 시작한다는 뜻이라고 볼 수 있다. 그래서 단언적으로 '액션메소드는 놀이이다.'라고 정의할 수 있다. 놀이를 통해 개인과 집단은 자발성이 올라가며 진취적이 된다. 액션메소드는 자기발견, 의미 찾기, 자기결단을 '놀이 속에서 찾도록 돕는다.'고 말할 수 있다.

배니스터와 헌팅턴(Bannister & Huntington)은 『고통받는 아동·청소년을 위한 액션메소드(Communicating with children and adolescents: Action for change)』에서 액션메소드의 핵심 요소를 다음과 같이 요약하고 있다.[4]

- 액션메소드의 본질은 행동이다.
- 액션메소드는 창조적이고 자발적이며 삶을 긍정하는 '만남'들로 참여자들을 인도한다.
- 사람들이 '그들의 삶에서 자신들의 업적을 나누기 위한 공동체를 형성한다'는 점에서, 이 기법은 '경험적이며 사회적'이다.
- 액션메소드는 '언어적 이야기를 공간과 시간'으로 나타내면서 은폐되거나 의식하지 못했던 관점들을 즉각적이며 생생한 방식으로 드러내는 길을 제공한다.

- 액션메소드는 사람들이 자신의 '생각과 신체, 정신'과 관계된 반응적, 주기적, 전체론적인 새로운 통찰을 수용할 수 있는 기회를 창조할 수 있게끔 함으로써 적극적으로 탐색하고 실험하며 변화를 예행해 보는 것을 가능하게 만든다.
- 액션메소드를 통해 사람들은 '새로운 이야기를 정확하게 표현하거나 과거의 이야기를 변경하고 경험을 재구성'할 수 있는 기회를 제공받는다.
- 느낌과 감정들이 '구체화'를 통해 표현된다. 신체언어와 얼굴 표정은 언어적인 표현으로 간주된다. 액션메소드는 감정, 흥분, 상상, 믿음과 행동을 탐색할 수 있게 한다.

액션메소드는 성인뿐 아니라 아동 · 청소년들에게도 효과가 좋다. 치료 영역과 학업, 기업에서의 인적 관리, 종교시설에서의 교리교육, 예술 분야에서도 응용되고 있다. 집단의 특성과 목적에 따라 액션메소드를 어떻게 활용할지에 대해서는 지금도 많은 영역에서 고민되고 있다.

## 3) 액션메소드와 뇌신경학

'인간의 행위가 인간 연구 분야의 하나인 뇌신경학과 어떤 연관이 있는가?'를 알아보는 뇌신경학 연구는 1980년대 이후 급격한 성장을 이룩해 왔다. 뇌의 부위가 인간 사고와 정서에 어떤 관련이 있는지부터 인간의 신체와 뇌의 관련성까지 다양한 방식의 연구가 이루어졌다. 뇌의 역할을 알 수 없던 시기에는 인간의 뇌와 병리적 문제를 추론할 뿐이었다. 현대 프로이트 학파나 모레노 이후 드라마치료 학파들은 자신의 연구와 뇌신경학을 연결시키며 연구 결과를 내놓고 있다.

최근 뇌신경학 연구를 통해 연구자들은 정서가 실제 뇌에서 일어나는 현상이며 감정의 신경망이 의사소통, 지능, 의사결정에 영향을 미침을 보고하고, 정서와 인지 및 사회성이 총체적으로 상호연결되어 있음을 말하고 있다.[5]

인간은 상호작용을 하면서 신경망이 발전된다. 아이는 부모와 수많은 상호작용을 하면서 심리적·감정적 기반을 형성한다. 이 기반은 일생을 살아가는 동안에 안정적인 삶을 살 수 있게 한다. 이 정서적 부위를 통괄하는 곳이 대뇌변연계이며, 신경망의 중심 역할을 한다.[6] 대뇌변연계는 감정적 자아에 우선권을 부여하는데, 이는 쉽게 변하지 않는다. 감정적 상태는 신체에도 영향을 미치며, 인간은 상호작용을 하면서 성장한다. 변연계의 부분인 편도체는 태어나서부터 형성되어 유아와 아동이 스트레스에 완벽하게 반응하게 되며, 감각신호를 해석하여 위험성 유무를 판단하는 해마는 4~5세에 완성된다. 이성적 사고를 담당하는 전두엽은 11세 전후에 발달하게 된다.[7]

반면, 대뇌 신피질은 객관적 판단을 하게 된다. 대뇌 신피질의 정신활동은 생후의 환경이나 교육의 영향을 받으며 학습이나 훈련에 의해 형성된다. 인간의 정신활동은 대뇌 신피질의 발달에 의해 풍요롭게 이루어진다. 지적 활동과 성장은 신피질의 기능이라 할 수 있다. 대뇌 신피질은 학습과 훈련으로 변할 수 있지만, 변연계는 쉽게 변하지 않는다.

변연계에 문제가 생기면 인지적 노력으로 변화나 치료의 효과를 기대할 수 없다. 어릴 때부터 정서적 문제로 변연계에 문제가 생겼을 경우 언어적·인지적 교육과 치료보다는 정서적이고 행동을 수반한 훈련과 치료가 효과가 있다. 정서의 변화는 오랜 시간과 노력이 필요하다. 많은 심리치료와 교육 방법들이 있지만 하나의 방법이 완벽하다고는 할 수 없다. 어린 시절에 형성된 정서적 문제는 변연계의 지도를 형성하였으며 이 지도를 재구성하기 위한 노력이 곧 치료이자 교육이라 할 수 있다.

신체활동이 기반이 된 액션메소드는 정서와 감각을 살아나게 하고 내면의 모습을 드러내게 한다. 이런 면에서 액션메소드는 현대 신경학과 가장 연관성을 지니고 있으며, 정서적 문제를 가지고 있는 사람들에게 특별히 효과가 있다. 액션메소드의 수많은 기법은 개인과 집단을 위해 계속 발전되고 있다.

## 4) 액션메소드와 치료

캔디스 퍼트(Candice Pert)는 "신체는 무의식적인 마음이다."라고 말하면서, "자신이 감당할 수 없는 감정으로 인해 유발된 억압된 외상은 신체 일부분에 저장되기도 한다."라고 하였다.[8] 그래서 치료를 위해 자신이 경험한 내용을 말해 보라고 하는 것은 별로 효과가 없다. 대신 신체가 진실을 말하도록 유도해야 한다. 그렇게 행위를 통해 드러날 때, 관점이 바뀌고 사건에 새로운 의미를 부여할 수 있을 것이다.

외상이란 정상적으로 처리되지 못하여 인간의 정신에 지속적인 영향을 미치는 감정적 경험이나 충격을 말한다. 외상과 관련된 기억은 우리의 정신과 신체 속에 하나의 감정적 요소로 존재한다. 외상은 정신적이면서 동시에 신체적인 현상인 것이다. 그렇기 때문에 완전한 치유를 위해서는 정신과 신체적 접근이 반드시 필요하다. 외상은 마음이 아닌 신체-마음 사이의 현상이므로 마음과 신체 접근법이 반드시 필요하다. 어린 시절 외상을 겪었던 성인들은 외상사건을 회상하는 데 어려움을 겪는다. 진실을 알기 위해서는 몸이 마음을 이끌어야 한다. 그리고 몸은 말보다는 보여 줌을 통해서 자신의 의사를 전달하고 행위를 통해 진실을 드러내어 과거의 사건에 새로운 의미를 부여한다.

반 콜크(Van Kolk)는 "내담자들이 임상의 도움을 통해 지나치게 흥분하지 않게 되고 그로 인해 신체적으로 자유로워진다면, 그들은 자신의 힘으로 외상을 작업할 수 있을 것이다."라고 하였다.[9] 이 말은 내담자가 자신의 감정에 대해 생각해 보고, 자신의 내면에 일어나는 변화에 호기심을 갖고 몰입하게 함으로써 스스로 외상을 치유하게 한다는 것이다. 액션메소드는 정신과 감정뿐만 아니라 신체까지 몰입시킨다. 그로 인하여 감정과 생각, 언어가 통합되게 하여 흥분 수준을 조절한다. 신체가 솔직하게 드러내고 이야기를 나누어도 된다는 사실을 인식하는 순간, 내담자의 대뇌피질은 정상 상태로 돌아간다. 즉, 신체가 하는 말을 이성적으로 이해할 수 있게 됨으로써 외상을 입은 사람들이 자신의 치유에 대한 주체가 된다.

## 5) 액션메소드와 교육

우리나라에서는 1990년대부터 '교육'과 '연극'을 접목한 '교육연극'이 도입되어 교육에 활용되었으며, 2000년대로 들어오면서 확산된 문화예술교육의 개념 및 가치 인식과 더불어 급속한 관심과 실천적 확산이 이루어졌다. 2015년 「인성교육진흥법」 개정 교육과정[10]의 시행은 체험을 통한 인성 도야와 창의성 개발에 중점을 두고 있으며, 인문학적 소양의 함양을 위하여 '연극교육의 활성화'를 강조하고 있다.[11] 이제 연극교육은 교육의 현장뿐만 아니라 교실과 학교의 벽을 넘어 아동, 청소년, 성인 모두를 아우르는 교육 총체에 활용되는 수단으로서 확산되었다.

이러한 교육의 패러다임 변화의 한 지류 가운데 액션메소드 교육이 자리 잡고 있다. 인지적인 교육자 중심이 아니라 참여하고 경험하는 피교육자 중심으로 진행하는 액션메소드 방법론은 단순히 가르치는 것으로 끝나는 것이 아니며, 지성과 감성을 통한 상호관계와 과정을 통해 자신이 스스로 가야 할 길과 대처 방법을 습득하도록 돕는다.

액션메소드 방법론을 활용한 교육이 계속적으로 변화하는 시대에 끼칠 긍정적 영향을 살펴보고자 한다.

첫째, 오늘날 교육 현상의 하나는 '놀이'이다. '놀이교육' '치유놀이' '놀이연극' '교육연극'의 개념이 등장했다. 놀이는 활용하는 분야에 따라 교육적일 수도 있고, 치료적일 수도 있고, 예술적일 수도 혹은 순전히 오락적일 수도 있다.[12] 교육에서 심리치료에 이르기까지, 아동에서 성인에 이르기까지 놀이는 이제 모든 것을 아우르는 매개체의 역할을 하고 있으며, 교육 현장에서도 전달의 수단으로서 혹은 놀이 자체로서 중요성을 부각시키고 있다.

둘째, 지식의 내용을 알게 하는 인지적 교육의 형태에서 느끼고 경험하게 하는 체험적 교육 또는 체화 학습(embodied learning)[13]으로 전환되고 있다. 교육의 내용을 피교육자에게 전달하는 것의 차원을 넘어 피교육자인 학생이 체험하고 느끼게 함으로써 교육의 내용을 총체적으로 인식하게 만드는 것이다. 이러한 교육은 체험을 통해 정서와 지각의 변화를 꾀하는 인지적 · 정서적 심리치료와도 일맥상통한다. 몸을 배움의 영역에 참여시키므로 머리에 호소하는 시대에서 몸 전체에 호소하는 교육의 시대로 변화한 것이라고 할 수 있다.

셋째, 교육의 주체가 교육자 중심에서 피교육자 중심으로 바뀌고 있다. 2015 개정 교육과정의 성격을 다룬 부분에 "학습자의 자율성과 창의성을 신장하기 위한 학생 중심의 교육과정이다."라고 제시되어 있다. 이제는 피교육자들의 욕구, 동기유발이 제일 중요한 변수로 작용하고 있다.

넷째, 교육의 내용 가운데 선택 훈련이 등장하고 있다. 자신이 무엇을 원하고 원하지 않는지 그 선택에 따른 자신의 지각을 훈련하고 확장하는 이러한 훈련은 더 나아가 공동체를 이루는 능력을 함양하고자 노력하고 있다.

다섯째, 인지 중심의 교육은 같은 연령대별로 모아서 가르칠 수밖에 없었지만, 액션메소드는 몸을 통한 교육이기에 다른 세대와도 함께 할 수 있다.

여섯째, 다양한 분야의 통합 현상이다. 미술과 치료가 만나고 연극과 교육이 만나는 등 여러 가지의 분야가 서로 교차되고 통합되면서 인간을 돕는 기술과 영역의 확장이 이루어지고 있다.

## 2. 비블리오드라마를 위한 액션메소드 기법

독일의 기독교교육학자인 알데베르트(Aldebert)[14]는 비블리오드라마가 "성서 본문과 참여자들의 개인사 간 전인적인 만남과 상호개방을 목적으로, 참여집단을 통해 성서 본문을 극화한 과정 중심의 학습방식"이라고 정의한다. 알데베르트가 정의한 비블리오드라마는 연극의 교육적 요소와 심리극, 드라마치료에서 영향을 받은 치료적 요소를 포함하고 있음을 알 수 있다. 액션메소드는 신체를 통해 정서와 지각의 변화를 추구하는 접근 방법으로 교육적 요소와 치료적 요소를 가지고 있어서 교육과 치료의 현장에서 사용하고 있다. 이러한 액션메소드를 성서교육 방법의 하나인 비블리오드라마에서 사용하는 것은 다음과 같은 유용함이 있다.

첫째, 액션메소드 기법을 통한 행위활동은 성서에 대한 생각을 사실적으로 보게 한다. 둘째, 성서를 '연기'하게 하는 것은 성서에 관하여 말하는 것보다 다양한 관점으로 표현된 생각들을 볼 수 있게 한다. 셋째, 참여 집단원들과의 만남으로 이루어지는 공동체적 행위는 개인의 성장과 공동체의 성장이 함께 이루어지게 한다. 그러므로 액션메소드는 신앙공동체의 교육적 목표를 이루기에 좋은 자원이 된다. 넷째, 액션메소드는 성서의 중요한 장면에서 사용될 수 있는 다양한 기법을 제공한다.

비블리오드라마의 다양한 액션메소드는 사이코드라마, 연극치료, 드라마게임, 플레이백 시어터, 보알의 방법론 등을 포괄적으로 적용하여 사용하고 있다. 그러나 여기에서는 비블리오드라마에서 많이 사용하는 액션메소드 기법을 중심으로 살펴보고자 한다. 먼저, 비블리오드라마와 심리극의 가장 기본이 되는 기법과 비블리오드라마를 진행할 때 사용하는 액션메소드 기법 그리고 비블리오드라마 참여집단을 운영할 때 참여한 집단과 집단 디렉터들이 자신과 집단에 관한 정보를 알 수 있게 하는 집단측정 기법에 대하여 알아본다.

## 1) 기본 기법

기본 기법은 다양한 액션메소드 기법을 이해하기 위한 기초가 되며, 가장 많이 사용하는 기법이다. 기본 기법은 내 감정을 명확히 하는 단계와 내가 어떤 모습을 하고 있는지 알게 되는 단계, 나와 타인을 구분하는 단계, 타인의 감정과 욕구는 무엇인지 아는 단계 순으로 구성되어 있다.

### (1) 이중 자아

모레노가 고안한 기법으로 이중 자아 또는 더블(double) 기법이라고 하는데, 인간 발달의 첫 단계인 정체성 확립을 위한 기법이다. 아동과 청소년 시기의 자기정체성은 부모와 보호자의 안전하고 지지적인 환경에서 형성되는데, 그런 과정을 충분히 경험하지 못한 사람은 성인이 되어도 고통스러운 삶을 살게 된다. 이중 자아는 정서적 억압이나 심리적 문제를 가진 참여자들을 돕기 위한 기법으로 자기표현을 하게 하거나 억압된 대상이나 상황 속에서 자신의 목소리를 내도록 한다. 이중 자아를 또 하나의 자기 혹은 내적인 목소리로 이해할 수 있다.

이중 자아의 주요 기능은 감정을 조절하고 내면세계의 주인공이 되는 것이다. 육체적·감정적 지지는 정확한 이중 자아와 주인공의 몸짓을 똑같이 따라갈 때, 내면의 감정 상태와 사고의 흐름을 잘 나타낼 수 있다. 여기에는 주인공의 역할에 대해 많은 민감성과 공감이 요구되는데, 개인의 삶의 이야기를 '듣고' '완전히 이해해 주는' 누군가를 얻는다는 것은 치료적인 경험에서 가치 있고 필수적인 것이다. 이중 자아 기법은 주인공이 숨겨 왔던 감정과 사고, 비언어적인 의사소통을 표현할 수 있도록 한다.[15]

이중 자아는, 첫째, 주인공이 표현한 내용의 범위 안에서 이중 자아의 역할, 둘째, 주인공에게 힘이나 용기, 도움을 줄 필요가 있을 때 주인공의 편에 서서 지지해 주는 역할, 셋째, 주인공의 반대자로 역설적이며 자극적인 방식으로 주인공의 또 하나의 자기로서 주인공을 일깨워 주는 역할을 한다. 이중 자아의 또 다른 형태로는 한 주인공에 대해서 여러 명의 이중 자아가 등장하는 다중 자아(multiple double), 집단 전체가 이중 자아로 참여하는 집단적 이중 자아(collective double), 양가적 갈등 상황에서 각각의 입장을 대변하는 두 이중 자아를 말하는 양가적 이중 자아(divided double)[16] 등이 있다.

### (2) 거울 기법

모레노는 아동 발달 이론에서 말하기를, 거울(mirroring) 기법을 통해 자신과 타인을 구분할 수 있게 되며 자신을 객관화하기 시작한다고 하였다.[17] 거울 기법은 개인이나 집단의 내면에 간직한 이미지를 거리를 두고 바라보게 만들며, 이를 통해 자신을 억압적 이미지로부터 거리를 두게 하거나 이미지에 자신을 투영시키도록 돕는다. 주인공의 이야기를 통해 참여한 보조 자아가 행동이나 표현방식, 생활방식을 보여 줌으로써 주인공은 주관적 상태에서 빠져나와 자신을 객관적으로 바라볼 수 있게 되어 자신에 대한 이해와 문제의 해결책을 스스로 발견하게 된다.

### (3) 보조 자아

보조(auxiliary) 자아는 타인과의 관계 속에 있는 자신의 정체성을 확인하고 분리 또는 개별화하는 단계이다. 거울 기법에서는 반영 작업을 통해 자신을 타인과 분리된 존재로 인식하지만 감정은 서로 공유하고 있거나, 상상하는 감정이 곧 자신들의 실제 감정이라고 생각한다. 보조 자아 단계를 통해서 자신의 정체성을 분리하기 시작한다.[18]

보조 자아는 드라마에 참여하는 사람으로서, 주인공의 탐험을 돕기도 하고 진행자를 돕는 역할을 한다. 드라마의 장면 안에서는 주인공의 중요한 타인 역할이나 주인공의 내적 목소리, 주인공의 역할이나 역할 특성을 나타낼 수 있다. 그 외에도 사회집단을 대표하는 일반화된 타인, 원형적이거나 신화적인 인물, 꿈, 물체와 같은 이미지 등의 여러 유형이 있다.

### (4) 역할 바꾸기

역할 바꾸기(role reverse)는 자신을 넘어 타인도 자신과 똑같은 욕구를 가진 존재임을 알게 되며 그들의 마음을 헤아릴 수 있는 상태를 말한다. 내가 있는 위치와 상대의 위치를 바꾸어 상대의 감정과 욕구를 탐색할 수 있도록 하는 기법이다. 역할 바꾸기를 할 때, 그 역할, 장소, 문제를 서로 교환하는 것으로 단지 그 사람을 흉내 내는 것이 아니라, 바로 그 사람 자체가 되어야 한다. 역할 바꾸기를 통하여 다른 사람의 입장에서 관찰하거나 말함으로써 비로소 상대방이 되는 것이다. 상대를 이해하고 알고 느끼는 것을 넘어서 가능한 한 완전히 그 대상이 되어 보는 것, 그가 되어서 그처럼 느끼고 사유하고 행위하는 것을 말한다. 그러나 첫 번째 단계와 두 번째 단계의 발달과제에 문제가 생기면 역할 바꾸기 단계도 문제를 갖게 된다.

역할 바꾸기가 필요한 경우에 대하여 최헌진[19]은 다음과 같이 정리하였다.

2. 비블리오드라마를 위한 액션메소드 기법

- 역할에 대한 정보가 꼭 필요한 때, 그 역할을 어떻게 했는지 시범이나 모델 링이 필요한 경우에 역할 바꾸기를 한다.
- 상호작용이 지지부진하고 초점이 없으며, 따라서 상호 역할놀이가 더욱 고 조·강화될 필요가 있을 때 역할 바꾸기를 한다.
- 타인의 욕구를 이해하고 타인의 입장을 수용해야 할 필요가 있을 때 역할 바꾸기를 한다.
- 타인에게 중요한 질문을 할 때 혹은 타인으로부터 꼭 듣고 싶은 말이 있을 때 역할 바꾸기를 한다.
- 상대방의 입장에서 자신을 생각하거나 자신을 바라보아야 할 때 역할 바꾸 기를 한다.
- 저항을 감소시키고 자신에 대한 단서 노출이 더 필요한 경우 역할 바꾸기 를 한다.
- 제3의 시각이 절실히 필요한 때는 디렉터, 집단 혹은 제3의 인물이나 사물 과 역할 바꾸기를 할 수 있다.

## 2) 비블리오드라마 접근을 위한 액션메소드 기법

비블리오드라마는 공연을 위해 특별한 소도구나 장치를 이용하지 않는다. 그 러나 참여자가 드라마에 몰입할 수 있도록 도움을 주기 위해 디렉터가 사용하 는 기법이 있다. 주로 많이 사용하는 기법을 중심으로 살펴보자면, 앞에서 소개 한 바 있는 기본 기법으로 이중 자아, 보조 자아, 거울 기법, 역할 바꾸기와 함께 역할놀이, 빈 의자 기법, 독백, 대면, 메아리, 시각기법, 사회원자 이외에도 많은 기법이 있다.[20]

이와 같은 액션메소드의 기법들은 비블리오드라마의 준비 단계인 웜업과 행 위 단계인 연기 그리고 나누기 단계의 필요에 따라 기초 작업부터 심화 작업에 이르기까지 사용할 수 있다.

## (1) 역할놀이

역할놀이(role play)는 사이코드라마와 비블리오드라마의 토대이다. 비블리오드라마는 역할놀이로 시작해서 역할놀이로 끝난다. 모레노는 역할이란 '자아가 취하는 구체적 형태'라고 하였다. 우리가 수행하는 역할에 따라 느끼고 생각하고 행동하는 것은 달라진다. 역할놀이에서 역할의 중심은 곧 자기 자신이기 때문이다. 주인공뿐만 아니라 디렉터도 보조자도 관객도 모두가 자신을 있는 그대로 드러내는 역할자가 된다.

비블리오드라마에서는 성서에 나타나는 다양한 역할을 경험한다. 다윗이나 요셉과 같은 믿음의 사람들의 역할, 바리새인, 가룟 유다와 같이 거역하고 대적하는 부정적인 역할, 천사나 마귀와 같은 영적인 존재의 역할, 우물, 성벽, 지팡이와 같은 사물의 역할들을 경험한다. 이러한 역할을 맡고 다른 역할들과 교류하는 과정에서 의미를 찾게 되고, 지금 이 순간의 만남으로 새로운 역할을 습득하고 연습하면서 역할을 재구성하여 역할 창조를 하게 된다.

역할놀이는 기본적으로 모든 참여자의 진지함과 성실함을 요구한다. 역할놀이에는 옳고 그름도 없으며, 잘하고 못함보다는 주인공의 세계에 진실하게 동참하려는 순수한 자발성과 열성을 필요로 한다.

수 제닝스[21]는 디렉터가 다양한 극적 구조와 역할 연기를 통해 참여자의 성장을 다음과 같이 도울 수 있다고 하였다.

- 경험의 폭을 확장하고, 예술적이고 심미적인 감각을 자극한다.
- 이롭지 않은 행동으로 몰고 가는 예상 가능한 구조들을 밝히고, 몇 가지 독창적 대안을 찾는다.
- 적합한 역할들이 의식적이지 않고 자연스러워질 때까지 연습과 수정을 통해 재구축한다.
- 역할 레퍼토리, 즉 다양한 상황에 어울리는 역할들을 만들도록 독려한다.
- 이색적이고도 예기치 못한 방식으로 장면 체험을 할 수 있도록 새로운 시도들을 창안한다.

- 내면의 반응을 외부의 행동으로 연결하고 또한 그 반대 방향으로도 연결하는 방식을 찾는다.

## (2) 빈 의자 기법

빈 의자(empty chairs) 기법은 상담 및 심리치료 현장에서 내담자 치료를 위해 사용하는데, 빈 의자를 놓아두고 사람이 있다고 투영시키는 기법이다. 주로 미해결된 감정을 다룰 때나 애도작업을 할 때 그리고 불편한 감정을 느끼는 대상과의 감정을 다룰 때와 외부로 투사된 자신의 욕구나 감정, 가치관을 자각하게 할 때 많이 활용하고 있다.

비블리오드라마에서 빈 의자는 쉽게 구할 수 있고 사용이 용이하여 꾸준히 활용해 온 물리적 도구이다. 빈 의자 기법의 사용은 인물에 집중하게 하고 인물의 내면을 상상하게 하는 데 유익하다. 여러 개의 빈 의자를 놓고 다양한 인물을 탐색하고 인물 간 관계를 보여 줌으로써 상황에 대한 이미지를 구체화시키고 몰입하도록 만든다.

드라마를 진행하는 경우 빈 의자의 활용은 장면을 연출할 때, 등장인물을 초대하여 인터뷰할 때, 역할 바꾸기를 할 때, 인물을 상징하는 색천을 의자 위에 올려놓을 때, 의자 위에 올라서서 권위적인 인물을 표현할 때, 객석과 무대의 공간을 구분할 때, 물건을 대신하여 상징적으로 지칭할 때 주로 이루어진다.

피터 핏젤은 사람들로 하여금 자리에서 일어나 즉흥적으로 감동적인 연기를 하도록 하는 것보다 안전한 관객의 자리에서 일어나 무대의 빈 의자로 나와 앉도록 설득하는 것이 쉽다고 하면서, 빈 의자는 좀 더 역동적인 연기를 불러일으키는 드라마의 출발점이 된다고 하였다.

## (3) 독백

독백(soliloque) 또는 목소리 부여하기는 이야기의 인물이나 대상이 되어 일인칭 관점에서 말하는 행위를 뜻한다. 등장인물 혼자서 자기 자신과 대화를 나누고 자신의 숨겨진 생각, 표현되지 않는 느낌을 표현하는 방법이다. 혼자 걸으면서 말하거나, 장면 밖에 서서 혼자 말하거나, 보조 자아와 대화를 나눈다.

독백이 필요한 경우라고 디렉터가 판단하는 경우는 역할 참여자의 감정 상태가 충분히 표현되지 않을 때, 방금 끝난 장면에 대한 소감을 알고자 할 때, 다음 장면에 대한 느낌, 기대감 또는 생각을 표현하는 것이 단서를 찾는 데 의미가 있다고 판단될 때이다.

디렉터는 참여자가 목소리를 내거나 연기를 하면서 역할에 몰입하도록 도와야 한다.

### (4) 대면

대면(encounter) 또는 만남은 등장인물을 초청하여 현재로 불러온 성서 인물과 참여자들이 대면하고 즉흥적으로 대화를 주고받는 상호작용을 통해 서로의 인식을 새롭게 하는 과정을 말한다. 만남은 서로 다른 목소리를 가지고 있고, 서로 다른 시각으로 마주 보고 있는 두 지점, 곧 한 지점과 반대 지점에서 발생한다. 참여자들은 각자가 이해하고 있는 성서의 인물을 즉흥적으로 연기하여 드라마에 몰입하게 되고, 이 과정을 통해 본문에 대한 새로운 통찰을 이끌어낸다.

대면은 본문을 좀 더 탐색하고자 할 때, 시대적 배경이 다른 별개의 성경의 인물을 함께 모아 놓고 흥미로운 주제에 대해서 대면하여 서로 이야기하도록 할 때, 인간과 하나님 사이의 대면, 자기 자신과의 내적 씨름, 다툼, 갈등을 구체화할 때 사용한다.

### (5) 메아리

메아리(echoing) 또는 반복하기는 연기자가 자신의 역할에 몰입하게 만드는 유용한 도구이다. 디렉터는 메아리 기법을 통해서 연기자의 이야기를 확장시키고 심화시킨다. 그리고 연기자의 말을 보충해 주면서 강화하고 분명하게 해 줄 때 사용한다. 메아리 기법은 메아리를 잘하기 위해서는 연기자가 무엇을 암시하고 있는지를 주의해서 들어야 한다. 그래서 디렉터가 통찰력을 가지고 연기자의 말을 반복함으로써 그의 사고를 창의적으로 확장시켜 주어야 한다. 때로는 부추기는 언어나 미완성 문장을 사용하여 참여자가 직접 완성해 가도록 디렉터가 도와야 한다. 그리고 메아리 기법은 긴 시간이 걸리는 비블리오드라마 진행 초반에 역할에 참여해서 목소리를 내야 한다는 것에 부담감을 느끼는 연기자를 앞에서 이끌어 줄 때 그리고 장면과 장면을 연결할 때 유용하다.

### (6) 시각기법

시각기법은 문자로 된 텍스트를 신체언어로 바꾸어 시각화하도록 돕는다. 성서 이야기를 몸으로 표현하되, 등장인물들 간의 위치와 거리, 그들 사이의 공간, 그리고 그 시점에 어울리는 몸짓으로 즉흥적이면서 조용히 멈춰진 상태로 표현한다. 정지된 상태로 서 있다는 것은 분명한 태도와 감정을 드러내는 자세를 의미한다. 마치 사진이나 조각처럼 눈으로 볼 수 있게 만든 뒤 관객에게 자신이 보는 것에 대해 말하게 하거나 드라마 진행 중 역할을 맡은 이에게 그의 내면을 조각으로 표현하게 하는 것이다.

이를 통해 성서의 본문에 나타나지 않지만 충분히 있을 법한 상황을 보는 눈을 키우는 것이다. 이 과정을 통해 성서 이야기를 읽는 것만으로 볼 수 없었던 것을 보게 된다. 조각상은 의자, 천, 주변의 간단한 사물을 이용하거나 참여자들을 동원하여 만들 수 있다.

### (7) 사회원자

사회원자(social atom)는 우리가 살아가면서 만나는 사람들 개개인을 지칭하는 개념으로 개인의 텔레(tele)가 미치는 범위의 가시적 표현이다. 개인의 내면에 자리 잡은 선택과 거절, 유대와 소외, 살아 있는 사람과 죽고 없는 사람들이 총체적으로 드러나고, 모든 대인관계 구조의 총합이라 할 수 있다. 한 개인을 둘러싸고 있는 환경, 즉 사람 · 동물 · 단체 · 직업 등도 포함한 관계를 도형이나 그림으로 나타낸다.

비블리오드라마에서는 성서 본문에 등장한 인물과 관계 맺고 있는 감정적 대상을 도형이나 그림으로 표현하지 않고 보조 자아로 참여자들을 활용하여 표현한다. 이를 통해 텍스트에 등장한 인물 간의 감정, 욕구, 관계체계를 탐색할 수 있게 한다.

이 외에도 공간을 활용하여 가까이 또는 멀리 띄우면서 심리적인 거리감의 정도를 표현하는 거리 띄우기, 의자나 책상 위에 올라가서 객관적으로 또는 우월감을 가지고 대상을 보게 하여 높이를 활용하는 신체 높이기 기법, 다양한 색상의 천으로 대상을 상징하도록 하여 그에 대한 느낌을 활용하는 색천의 활용기법 등이 사용되고 있다.

## 3) 집단측정을 위한 기법

소시오메트리(sociometry)는 사회과학의 한 분야로, 모레노가 집단연구를 위해서 창시한 것이다. 집단의 무의식적 역동을 의식적으로 알 수 있게 하고, 누군가를 선택하고 또 선택받는 연습을 하며, 새로운 경험을 느낄 수 있는 기회를 제공한다. 그리고 참여자들은 이를 통해 자신의 소외에 맞설 수 있도록 만드는 도구이다. 사회측정 탐구의 기본 목적은 집단과 집단 디렉터들이 자신에 관한 정보를 알 수 있게 하는 일이라고 헬레(Hale)는 말하였다.[22]

집단측정을 통하여 개인마다 특정한 역할에 따라 타인을 수용하고 거부하는 정도를 측정할 수 있고, 집단의 선택과 선호 경향을 확실하게 보여 줌으로써 구체적 형식 속에서 탐색할 수 있게 만들어 준다. 집단측정의 기법으로 개인치료와 집단 환경에 모두 유용하게 이용되는 사회원자와 스펙트로그램, 로코그램, 어깨 위에 손 얹기, 스텝 인 소시오메트리 등이 있다.[23]

### (1) 스펙트로그램

스펙트로그램(spectrogram)은 사회측정학 활동 중 가장 유용하고 다방면에 응용될 수 있다. 이 기법은 가상의 선이 있다고 생각하고 자신의 '위치'를 표현하는 바닥에 그리는 그래프라고 할 수 있다. 스펙트로그램은 종이 위에 선을 그리거나 점을 찍는 대신, 구성원들에게 척도 질문을 던진 다음 '자신이 생각하는 자기 모습을 가장 잘 반영하는 곳에 서 있도록' 한다. 이 기법은 집단에 대한 중요 정보를 아주 빠른 시간 안에 드러내고, 참여자들이 자신의 경험을 수치화하고 자신의 자리를 찾아 움직이면서 머리로 미처 깨닫지 못했던 자신의 상태를 인지하게 한다. 또한 자신의 경험을 집단과 공유함으로써 문제에 구체적으로 다가서고 참여자들 간에 내적 연결점이 생긴다.

예를 들면, 디렉터가 집단 참여자들에게 공간의 왼쪽 끝은 1을, 오른쪽 끝은 100을, 중간에 그려진 선은 50을 나타낸다고 말한다. 그리고 다음 질문을 던진다. "1에서 100까지를 기준으로 할 때, 당신은 요즘 가정생활에서 얼마나 편안함을 느낍니까?"라는 척도 질문을 던진 후 자신의 상태를 가장 잘 반영하는 곳에 서 보라고 한다. 참여자들이 자신의 대답을 나타내는 지점으로 갔다면, 주위의 몇몇 사람 또는 집단 전체와 의견을 나눈다. 참여자들은 자기와 비슷한 대답을 한 사람들이 자기 주위에 서 있기 때문에 그들과의 나누기를 통해 사회측정학적 연합 관계를 형성한다.

### (2) 로코그램

로코그램(locogram)은 척도 질문에 대한 인간의 심리적 · 감정적 반응이 바닥에 위치를 잡게 함으로써 표현하는 방법이다. 그리고 집단이 나타내고 싶은 점을 장소를 통해 표현하는 방법이기도 하다. 로코그램은 집단 작업을 위한 행동이나 경험적 집단 작업을 위한 준비 과정으로 활용되며, 집단이 나누기나 논의에 집중하게 만드는 도구이기도 하다. 집단이 탐구하고 싶어 하는 문제를 확인하고 그 문제에 대해 나올 수 있는 반응이 무엇인지 각각을 의미하는 장소를 바닥에 네 곳 지정한다.

예를 들면, 디렉터가 네 곳 바닥을 하나씩 가리키면서 "이곳은 직장입니다." "이곳은 집입니다." "이곳은 교회입니다." "이곳은 그 외의 장소입니다."라고 장소의 이름을 알려 준 후에, "요즘 나를 힘들게 하는 장소를 나타내는 곳으로 이동하세요."라고 말한다. 그리고 참여자들이 각자 자신이 원하는 곳에 서게 되면 서로 나누기를 한다.

### (3) 어깨 위에 손 얹기

어깨 위에 손 얹기(hands on shoulders)는 집단 참여자들이 자신의 선호 성향을 표현할 수 있게 하여 자발성을 촉진하고 집단의 유대감과 결속력을 형성하게 한다. 디렉터는 참여자들에게 "당신의 일을 잘 이해해 줄 사람에게 걸어가 어깨 위에 손을 올려놓으세요. 이제 그 사람에게 왜 당신을 선택했는지에 대한 이야기를 나눕니다."라고 한 후 이야기를 나누게 한다.

### (4) 스텝 인 소시오메트리

스텝 인 소시오메트리(step in sociometry) 또는 닮은 사람들의 원(circle similarities)은 진행자의 질문에 대해 참여자들이 원 안으로 한 발 들어서는 기법이다. 질문하기는 디렉터뿐 아니라 참여자도 질문을 할 수 있는데, 질문에 대한 경험이 있는 사람은 한 발 안으로 들어선 후 같은 경험 혹은 닮은 경험을 한 사람들이 누구인지 서로 바라보고 확인한다. 그리고 디렉터는 말로 나누기를 할 것인지, 소리나 움직임으로 표현할 것인지, 단순히 들어섰다 돌아갈 것인지를 결정한다.

액션메소드는 인간 이해와 교육 방법의 발전으로 심리치료 분야와 교육 현장에서 발전되어 활용되고 있다. "신체는 정신이 잊어버린 것을 기억한다."라는 모레노[24]의 말은 액션메소드의 기본 철학이 되었고, "신체는 무의식적인 마음이다."라는 캔디스 퍼트[25]의 생각은 현대 신경학과 가장 연관성을 지니고 있다. 신체활동이 기반이 된 액션메소드는 신체활동을 통해 정서와 감각이 살아나고 내면의 모습이 드러나게 된다. 그런 면에서 액션메소드는 정서적 문제를 가지고 있는 사람들에게 특별히 효과가 있다. 앞으로 액션메소드의 수많은 기법이 다양한 분야에 있는 개인과 집단에서 더욱더 활용되도록 개발되기를 바란다.

# 📝 미주

**[1]** Johnson & Emunah, 2011: 3-15.

**[2]** Bannister & Huntington, 2012: 6.

**[3]** Dayton, 2012: 157.

**[4]** Bannister & Huntington, 2012: 8.

**[5]** 지성애, 정재은, 2011: 336.

**[6]** Dayton, 2012: 162.

**[7]** Dayton, 2012: 293.

**[8]** Dayton, 2012: 160.

**[9]** Dayton, 2012: 263.

**[10]** 교육부, 2015.

**[11]** 오영미, 이향근, 2017: 431-463.

**[12]** 김효, 1997: 178.

**[13]** 김주연, 2019: 1-17.

**[14]** Aldebert, 2001: 24.

**[15]** Bannister & Huntington, 2012: 77.

**[16]** 최헌진, 2016: 539-547.

**[17]** Bannister & Huntington, 2012: 20.

**[18]** Dayton, 2012: 199.

**[19]** 최헌진, 2016: 532-539.

**[20]** Pitzele, 2016: 56, 58-73, 115-152.
   Dayton, 2008: 59, 94, 197.
   김세준, 황헌영, 2018: 59, 94, 103-112.
   최헌진, 2016: 528, 579.

**[21]** Jennings, 2007: 18-19.

**[22]** Dayton, 2012: 105.

**[23]** Dayton, 2012: 103-151.

**[24]** Bannister & Huntington, 2012: 21.

**[25]** Dayton, 2008: 165.

## 참고문헌

교육부(2015). 초·중등학교 교육과정 총론. 교육부 고시 제2015-74호.

김세준, 황헌영(2018). 성경이 살아나는 비블리오드라마. 서울: 현대드라마치료연구소.

김주연(2019). 교육연극의 신체의 교육적 의미 정립. 교육연극학, 11(1), 1-17.

김효(1997). 교육연극의 본질: 드라마와 놀이. 연극교육연구, 3, 147-178.

오영미, 이향근(2017). 연극 교육을 위한 인물이야기의 활용 방안-과정드라마의 교육적 적용을 중심으로. 아동청소년문학연구, 21, 431-463.

지성애, 정재은(2011). 유아의 정서지능과 인지능력, 또래상호작용, 유아-교사관계 간의 관계분석. 유아교육학논집, 15(5), 335-358.

최헌진(2016). 사이코드라마: 이론과 실제. 서울: 학지사.


Aldebert, H. (2001). *Spielend Gott kennenlernen. Biblodrama in religionspädagogischer Perspektive.* Hamburg: EB-Verlag.

Bannister, A., & Huntington, A. (2012). 고통받는 아동·청소년을 위한 액션메소드 (*Communicating with children and adolescents: Action for change*). (김세준, 황혜리, 배다현 공역). 서울: 시그마프레스. (원저는 2002년에 출판).

Dayton, T. (2008). 사이코드라마와 집단치료 매뉴얼 (*The living stage*). (김세준 역). 경북: 비블리오드라마. (원저는 2005년에 출판).

Dayton, T. (2012). 상담 및 집단치료에 활용하는 사이코드라마 매뉴얼 (*The living stage: A step-by-step guide to psychodrama, sociometry and experiential group therapy*). (김세준 역). 서울: 시그마프레스. (원저는 2005년에 출판).

Fox, J. (1987). *The essential Moreno.* New York: Springer.

Jennings, S. (2007). 크리에이티브 드라마 (*Creative drama in groupwork*). (이귀연, 모미나, 서민정, 심숙경, 이지은, 이효원 공역). 서울: 울력. (원저는 1986년에 출판).

Johnson, D. R., & Emunah, R. (2011). 현대 드라마 치료의 세계: 드라마치료의 역사와 현재적 접근 (*Current approaches in drama therapy*). (김세준, 이상훈 공역). 서울: 시그마프레스. (원저는 2009년에 출판).

Martin, G. M. (2010). 몸으로 읽는 성서: 비블리오 드라마 (*Sachbuch Bibliodrama: Praxis und Theorie*). (손성현 역). 서울: 라피스. (원저는 1995년에 출판).

Moreno, J. L. (1934). *Who shall survive? A new approach to the problem of human interrelations.* Washington, D.C.: Nervous & Mental Disease Publishing.

Pitzele, P. (2016). 비블리오드라마로의 초대: 성경을 여는 창 (*Scripture windows: Towards a practice of bibliodrama*). (고원석 역). 서울: 한국장로교출판사. (원저는 1998년 에 출판).

5

67

# 제3장

# 비블리오드라마의 진행 과정

손성현 |

## 1. 왜 비블리오드라마의 '과정'에 대해 말하는가

비블리오드라마 이론의 마지막 장(章)은 진행 '과정'에 관한 논의의 장(場)이다. 비블리오드라마의 구체적인 영역·실제·사례로 넘어가기 직전에 이 주제를 진지하게 검토하는 것이 꼭 필요하고 나아가 큰 도움이 되리라 생각하는 것은 다음의 세 가지 이유 때문이다.

첫째, 비블리오드라마는 이론에서 시작하여 실천으로 나아가는 것이 아니라 오히려 다양하고 풍부한 실천이 기반이 되어 이론이 결정(結晶)되는 것임을 가장 잘 드러내는 개념이 바로 '과정'이다. 비블리오드라마의 이론은 실천의 감독관이 될 수 없다. 이론이 선행되어야만 실천이 가능한 것도 아니다. "실천의 위엄은 이론에 의지하지 않는다. 실천은 이론과 함께함으로써 더욱 의식적인 실천이 될 뿐"[1]이라 했던 슐라이어마허(F. Schleiermacher)의 오랜 통찰은 비블리오드라마의 이론과 실제에도 고스란히 적용될 수 있다. 역동적 상호작용의 과정이 일어난 후의 치열한 이론적 점검과 검토, 그에 이은 더욱 의식적인 실천이 비블리오드라마를 만들어 간다.

둘째, 비블리오드라마는 스스로를 '과정'으로 이해하며, 그래서 어떤 확고한 목표나 결과를 염두에 두지 않는다. 독일의 비블리오드라마 연구가 하이너 알데베르트(H. Aldebert)가 잘 짚어 낸 것처럼 "적절한 비블리오드라마를 구성하는 데 필요한 수많은 방법론과 기준들이 있지만, 비블리오드라마를 통해 근본적인 만남에 이를 수 있어야 한다는 것 외에는 어떤 확실한 목표를 제시하지 않는다." 그는 이것을 비블리오드라마의 "과정적 성격(Prozesshaftigkeit)"[2]이라 말한다.

셋째, 비블리오드라마의 '과정'에 대한 고민은 실제로 비블리오드라마를 만들어 나가는 구체적인 '단계' 혹은 '주요 과정'의 윤곽을 그리는 일이기도 하다. 비블리오드라마의 '진행 과정'이라는 제목(題目)은 무엇보다도 현장에서 비블리오드라마를 이끌어야 하는 사람들의 손에 쥐어질 재목(材木)을 요구한다. 여기서 '과정'이라는 말은 '단계'라는 말과 거의 동의어로 사용된다. 비블리오드라마는 어떤 과정을 거쳐서 하나의 비블리오드라마가 되는가?

이 장은 주로 세 번째 의미의 '과정'에 대한 논의를 소개하고 정리하는 데 집중하려고 한다. 사실 각각의 '과정'이 내포하는 실제적인 요소들에 대해서는 이 책의 제3부에서 본격적으로 자세하게 다룰 것이다. 그러므로 여기서는 각각의 과정을 하나로 꿰는 결정(決定)적인 모티브를 제시하고 그 모티브의 관점에서 하나하나의 과정을 해명하는 데 치중한다. 또한 기존의 연구문헌에서 언급된 사례들 중에서 표본적인 것을 가려 소개함으로써 독자들이 비블리오드라마의 전체 과정을 좀 더 생생하게 상상하는 데 도움을 주려고 한다.

## 2. 비블리오드라마의 세 과정

필자가 아는 한도 내에서, 한국의 비블리오드라마 입문서 가운데 부피와 분량이 가장 적으면서도 가장 쉽고 재밌고 간명하게 비블리오드라마를 소개하고 있는 책은 장로회신학대학교의 비블리오드라마 교육연구소에서 펴낸『처음 시작하는 이들을 위한 비블리오드라마 매뉴얼』(2016)이다.[3] 이 책은 비블리오드라마의 진행 과정을 세 단계(웜업-연기-나눔)로 구분해 놓았으며, 이 구분은 독일의 신학자이자 비블리오드라마 활동가로서 수십 년간의 경험을 축적해 온 게르하르트 마르틴(G. Martin)이 이론적으로 정리한 것과 그대로 상응한다. 마르틴의 용어로 표현하자면, 비블리오드라마는 ① "몸으로 하는 작업", ② "창조적인 작업의 단계", ③ "대화의 단계"가 필수적이다.[4] 가장 최근에 출간된 비블리오드라마 실용서『성경이 살아나는 비블리오드라마』(2018)도 '웜업-드라마-나누기'의 과정을 자세하게 소개한다.[5] 이쯤 되면, 국내외의 비블리오드라마 진영은 큰 틀에서 3단계의 진행 과정에 합의를 보고 있다고 말할 수 있다. 다만, 용어상으로 약간의 차이가 있을 뿐이다.

독일의 신학대학교와 종교교육 현장에서 교과서와도 같은 역할을 하는『종교교육사전(Lexikon der Religionspädagogik)』(2001)은 비블리오드라마 3단계를 아예 이론적으로 정립해 놓은 것 같은 인상을 준다.

① '웜업'은 최대한 전인적인 텍스트 수용을 위한 근간이 된다. 참여자는 자기의 몸과 컨디션을 잘 감지하여 다른 사람들과의 친밀성을 구축하고 (나아가) 성경 본문의 목소리에 조율할 수 있어야 한다(예컨대, 조각상 만들기, 팬터마임을 통해). 본문의 내용과 관련이 있는 자기 경험 훈련이나 (대개는 비언어적으로 수행되는) 연상 훈련을 통해 성경 본문의 주제 속으로 한 걸음을 내딛는 시간이 된다.

② 창조적인 텍스트 해명(Texterschließung)은 참여자 한 사람 한 사람이 그 본문과 관련하여 간접적으로 형성하고 있던 관련성을 더욱 적극적인 접근과 씨름을 통해 직접적인 만남으로 인도하는 것이다. 참여자들은 해당 본문을 여러 번 반복해서 읽는다. 한 사람이 낭독하기도 하고 모두가 함께 읽기도 한다. 이로써 모든 참여자가 본문의 행위자, 상황, 대상에 집중할 수 있게 한다. 그런 다음에는 역할극의 방식으로 각 장면의 깊은 의미를 열어 밝힌다. 그 '본문 이야기의 상황'에 집중하는 방식으로 풀어 나갈 수도 있고, '오늘 우

리의 삶의 상황에 적용'하는 식으로 풀어 갈 수도 있다.

③ 마무리(Aufarbeitung) 단계는 대화와 성찰로 구성된다. 참여자들은 연기
(Spiel) 과정에서 얻은 새로운 경험과 깨달음을 자각하고 그것을 자기 것으
로 만들고 다른 사람들(주인공/관중)과 나누고 토론할 수 있다. 원한다면, 참
여자 몇 사람의 신학적인 입장(선입견, 기대, 평가)을 성찰해 볼 수도 있다.
이 단계의 목표는 전승된 성경 본문을 오늘의 현실에 적용할 수 있는 가능성
을 함께 고민해 보는 것이다.[6]

비블리오드라마의 진행 과정을 이처럼 '세 단계'로 갈무리해 놓는 것은, 참여
자들이 모두 한자리에 모여 본격적으로 시작된 비블리오드라마 작업만 염두에
둔다면 타당성과 효율성이 충분히 입증된다. 그러나 비블리오드라마의 발전에
막대한 공헌을 한 두 명의 활동가 및 이론가의 글을 읽어 보면, 우리에게 이 문
제와 관련하여 좀 더 섬세한 접근이 필요함을 알 수 있다. 우선, 우리는 피터 핏
젤(P. Pitzele)이 '웜업'에 대해서 갖고 있는 독특하고 참신한 견해에 귀 기울일 필
요가 있다. 같은 맥락에서 마르틴(G. Martin)이 제안하는 '비블리오드라마 준비
과정'에 대해서도 생각해 보는 것이 중요한데, 이 두 사람의 글은 비블리오드라
마의 과정이 이미 디렉터 개인의 내적인 자기점검과 함께 혹은 준비팀의 적극적
인 공동 작업과 함께 시작된다고 볼 수 있음을 짚어 준다.

앞에서 살펴본 바에 의하면, 비블리오드라마 진행 과정의 첫 단계는 '웜업(혹
은 워밍업, 몸으로 하는 작업)'이다. 디렉터와 참여자들이 자연스럽게 몸을 풀면서
몸과 마음의 긴장감도 풀리고, 서로에 대한 경계심도 풀리고, 성경 이야기의 역
동을 향해 모두가 활짝 열릴 수 있도록 하는 시간이다. 이 오프닝 '웜업'의 성패
가 비블리오드라마 워크숍 전체의 분위기를 좌우할 수도 있기 때문에, 전체 과
정을 이끄는 디렉터는 '어떻게 비블리오드라마를 시작할 것인가'를 고민하면서
각별히 마음을 쓰게 된다. 그런데 핏젤은 디렉터의 이런 솔직한 고민과 치열한
내적 준비를 '웜업'으로 정의한다.

핏젤은 한 편의 비블리오드라마를 기획하는 디렉터의 마음에서 일어나는 역

동을 꼼꼼히 체크하고 그 역동을 최대한 긍정적인 에너지로 전환시키는 자기만의 노하우를 묘사하는 데 별도의 장(章)을 할애한다.[7] 핏젤의 생각하는 '웜업'은 참여자들이 몸을 움직이며 아이스 브레이크를 하는 것과는 전혀 상관이 없어 보인다. 그에게는 디렉터가 속으로 생각하면서 자기 자신과 나누는 대화가 하나의 '웜업'이요, 디렉터가 참여자들과 처음 대면하여 성경 이야기를 실감 나게 구연(口演)하는 시간도 또 다른 '웜업'이다. 핏젤이 말하는 '웜업'은 실제로 모든 디렉터에게 일어나는 과정이기 때문에 충분히 수긍할 만한 것이다. 동시에 그 과정을 그때그때 상황에 따라 임의대로 진행하는 것이 아니라 체계적으로 진행할 때 주어지는 이득도 확실하다. 그런 의미에서, 비블리오드라마 디렉터는 핏젤의 남다른 '웜업'을 숙고하고 활용할 필요가 있다고 본다.

핏젤의 '웜업'은 먼저 디렉터가 자신의 부담감과 불안감을 인지하는 것에서 출발한다. 디렉터는 비블리오드라마의 참여자들이 아무런 반응도 보이지 않을까 봐 걱정할 때가 있다. 정반대로 집단의 감정적 역동이 과도하게 분출하여 디렉터가 통제할 수 없는 지경이 될까 봐 걱정하기도 한다. 그러므로 디렉터는 자신이 느끼는 이러한 두려움을 인정하고 자신을 위한 수련의 시간을 가져야 한다. 결국 디렉터는 비블리오드라마 참여자들로부터 느낄 수 있게 되는 자발성과 협동심과 성찰 능력을 신뢰하고 성경 이야기 자체에 내재된 에너지를 신뢰하면서 자신감을 얻는다. 특히 이 부분에서 핏젤이 제안하고 있는 그리고 스스로도 실천하고 있는 '자기에게 편지 쓰기-답장하기' 시간은 아주 신선한 준비 과정으로 보인다.

두 번째 단계는 참여자들과 처음 만난 자리에서 그들의 부담감과 불안감을 누그러뜨리는 것이다. 비블리오드라마 워크숍 참여자들의 자발성을 존중하고, 모두에게 '참여하지 않을 권리'가 있음을 알려 준다. 어떤 역할에 대한 거부감이나 저항의 몸짓을 잘 수용해서 참여자가 불안에 빠지지 않도록 해 주어야 한다. 그리고 일단 어느 역할을 맡아서 연기를 시작한 참여자는 그 역할 안에만 머물러야 한다는 것을 주지시킨다.

웜업의 마무리 단계에서는 미리 준비한 '디렉터의 프롤로그'를 읽는다. 이것은 디렉터가 참여자들과 처음 만나는 자리에서 아주 솔직하고 자연스럽게 이 비블리오드라마에 대해, 디렉터 자신의 긴장된 상태에 대해 털어놓을 수 있도록 미리 작성된 '대본'이다.[8] 여기에 '성경 이야기와 관련된 프롤로그'도 첨가된다. 디렉터와 참여자들이 함께 다루게 될 성경 본문의 이야기를 일상적인 대화(묻고 답하기)의 방식으로 열어 가다가 해당 본문을 직접 읽고, 다시 내레이션 스타일로 참여자들과 대화를 함으로써, 자연스럽게 본격적인 성경 이야기 실연(實演)의 장으로 들어갈 수 있도록 분위기를 조성하는 것이다.

핏젤의 웜업은 시간적으로는 디렉터가 참여자와 만나기 한참 전(몇 달, 몇 주 전)부터 시작되어 마침내 워크숍 당일에 참여자와 직접 대면하는 처음 시간까지 이루어지는 다분히 내면적이고 언어적인 차원의 '예열(豫熱)' 과정이다. 공간적으로는 디렉터 혼자 머무는 자리에서 모든 참여자와 일차적으로 만나는 자리까지 이어지는 준비 과정이다.

마르틴은 핏젤의 '웜업'과는 별개로 한 번의 비블리오드라마 진행에 필요한 실질적인 준비 목록을 제시한다.[9] 그리고 핏젤에게서 두드러지는 개인적이고 정서적인 차원의 자기점검이 아니라 좀 더 객관적인 준비, 나아가 디렉터 집단을 구성하고 함께 준비하는 것이 가능함을 보여 준다. 다음은 마르틴이 제안하는 준비 목록이다.

첫째는 성경 본문을 선별하는 것이다. '지금 내가 비블리오드라마를 함께 전개해 나갈 사람들을 고려할 때 어떤 본문이 가장 알맞을까?' 하고 물으면서 본문을 정한다. 참여자들의 나이나 직업 등이 파악된다면, 그에 따라 본문이 결정될 수도 있다. 마르틴은 '성경 중심적 비블리오드라마'를 지향하기 때문에 본문의 선별은 더더욱 큰 비중을 차지한다.*

---

* 마르틴은 '텍스트 공간(Text-Raum)'이라는 표현을 선호하여 자주 사용한다. 이는 마르틴 외에도 독일어권 비블리오드라마 디렉터들이 애용하는 표현이며, 독일 비블리오드라마협회에서 발행하는 정기 간행물의 제목이기도 하다. 최근에 고인이 된 탁월한 여성 비블리오드라마 디렉터 나탈리 바른스(E. Natalie Warns)도 비블리오드라마의 '텍스트 공간' 개념을 강조하면서 이렇게 말한다. "우리가 어떤 의미심장한 텍스트를 제대로 이해하려고 한다면, 우리는 그 텍스트의 낱말 구조와 문장 구조를 한 자 한 자, 한 걸음 한 걸음, 조심스럽게 찾고 찾아내면서 답사하듯 뒤따라간다." 필자 역시 비블리

둘째, 진행팀을 위한 텍스트 공부를 시도한다. 여기서 마르틴은 '진행팀'을 염두에 두고 있다. 한 사람의 디렉터가 이끌어 가는 비블리오드라마도 있지만, 진행팀이 꾸려져서 함께 준비해 나갈 수도 있다. 미리 선별한 본문을 가지고 한자리에 모여서 서로의 통찰을 나누고 그 내용을 준비 작업에 수용하는 것이다. 마르틴은 이러한 모임을 통해서 본문의 독특성, 그리고 그 본문으로 비블리오드라마를 할 때 나타나는 독특성과 고유한 매력, 혹은 특별한 어려움에 대한 생각을 정리할 수 있다고 본다. 이러한 과정을 거쳐 비블리오드라마 연출에 필요한 아이디어를 얻을 수 있다고 말한다.

셋째, 디렉터 개인 혹은 진행팀은 '참여자들에게 내가 본문 연구를 통해 발견한 것을 알려 주어서 함께 같은 방향으로 나아가게 해야 할까?' '이 본문과 잘 어울리는 신체 작업은 어떻게 구성될 수 있을까?' '어떤 자극, 특히 연기와 관련된 어떤 자극으로 시작할 것인가?' '이 본문을 가지고 비블리오드라마를 할 때 잘 어울리는 예술적 매체는 어떤 것이 있는가?'와 같은 질문을 자기 자신에게 던지면서 구체적인 아이디어를 수집할 수 있다.

핏젤과 마르틴이 제안하는 개인적 · 정서적 차원의 준비, 나아가 디렉터팀과 더불어 이루어지는 객관적 차원의 준비 과정은, 비록 그것이 비블리오드라마의 주요 진행 과정(3단계: 웜업-연기-성찰)에는 포함되지 않는다 할지라도 비블리오드라마 전체의 흐름을 좌우할 만한 비중 있는 과정이라는 사실은 부정할 수 없다. 비블리오드라마가 즉흥성과 자발성을 축으로 생동감 있게 진행되기 위해서는 디렉터(혹은 디렉터팀)의 꼼꼼하고 섬세한 준비가 필요하다. 주요 과정 3단계에만 초점을 맞추다 보면, 자칫 준비의 과정은 디렉터의 임의적인 판단이나

---

오드라마는 성경 텍스트를 하나의 '공간'으로 이미지화하는 시도라고 생각한다. 우리는 '텍스트 공간' 안으로 '들어가고', 그 안에 감추어져 있는 것을 '발견하고', 그 안에서 나의 위치를 '파악하고', 다른 인물들과 만나서 소통하다가 그곳에서 '벗어난다'. 하지만 벗어난 이후에도 계속해서 그 공간을 '회상한다'. 텍스트 공간이라는 말은 본문(텍스트)이 내포하고 있는 (물질적 · 비물질적) 움직임, 역동성의 너비와 깊이를 뜻하는 말이며, 그로 인해 창의적으로 채워질 수 있는 상상과 성찰과 활동의 여지를 표현하기 위해 만든 말이다.

순간적인 착상에 이끌릴 수 있다. 그러므로 핏젤과 마르틴이 하나의 '예시'로 보여 주는 '예비' 과정이 적어도 디렉터(들)에게는 비블리오드라마 '과정'의 시작으로 인지될 필요가 있다. 모든 참여자와 본격적으로 몸을 움직이며 무언가를 만들어 가기에 앞서, 이미 자기 안에서 시작되는 '과정'에 대한 의식적인 점검과 기록은, 핏젤과 마르틴의 경우가 보여 주듯이 더욱 다채롭고 풍성한 비블리오드라마를 위해서 그리고 다른 디렉터들을 위해서 훌륭한 참고자료가 될 것이다.

## 3. 모든 과정을 관통하는 핵심 모티브: 접촉의 해석학

이제는 다시 세 가지 진행 과정으로 돌아와 보자. '웜업-연기-성찰'의 과정을 하나씩 밟아 나가는 것만으로 비블리오드라마가 완성되었다고 말할 수 있는가? 가볍고 유쾌한 레크리에이션으로 적당하게 몸도 풀고 서로 간의 긴장과 어색함도 풀어내어 분위기가 화기애애해지면, 한 편의 성경 이야기를 자유롭게 연기하는 시간으로 이어지고, 디렉터의 적절한 자극에 따라 참여자들이 창의적으로 본문을 읽고 표현하고 공감한 후에는, 그 연기의 시간을 통해 새롭게 느끼고 깨달은 것을 나누면서 워크숍을 마무리할 것이다. 자, 이 정도면 훌륭한 비블리오드라마였다고 말할 수 있는가?

내가 이해하는 비블리오드라마는 그런 하나하나의 과정들을 합쳐 놓은 것 '이상'이다. 물론, 그렇게 성공적인 웜업, 생기발랄한 연기, 훈훈한 마무리 성찰도 하나하나 중요한 의미가 있다. 그러나 그 모든 과정을 하나로 두루 꿰는 결정적인 모티브가 있기 때문에, 낱낱의 구슬은 비블리오드라마라는 보배가 된다. 설령 각각의 과정이 그 자체로는 기대만큼의 효과를 내지 못했다 하더라도 그 핵심 모티브가 그 과정을 잘 붙잡아 연결해 주고 있어서, 두고두고 비블리오드라마의 여운을 느끼게 되는 강력한 '모티브'가 있다. 과연 그것은 무엇인가? 나는 독일 아우크스부르크 대학교의 종교교육학 교수이자 비블리오드라마 디렉터로 왕성한 활동을 하고 있는 엘리자베트 나우라트(Elisabeth Naurath)가 말하는 "접촉의 해석학(Hermeneutik der Berührung)"에서 그 모티브를 본다.

나우라트에 의하면 "비블리오드라마에서 정말 중요한 것은 인간 존재가 가진 몸의 차원이 성경 본문의 이해 과정, 성찰 과정에 융합되는 것"이다. 어떤 특이한 기법을 동원하여 신체의 움직임을 이끌어 내려는 것이 아니다. 따라서 "비블리오드라마의 핵심 과제는 텍스트 경험과 자기 경험을 이어 주고 과거와 현재를 이어 주는 교량의 역할을 하는 것, 나아가 우리의 일상적인 의식 속에서 당연히 분리된 것처럼 여겨지는 몸과 영혼의 간극을 메우는 다리를 놓는 것이다."[10] 비블리오드라마를 통해서는 과거 텍스트에서 일어난 경험이 현재 우리의 경험과 만나고 몸과 영혼이 만난다. 비록 전면적인 만남은 아니더라도 둘 사이의 접촉이 일어난다. 나우라트는 이러한 건드림, 건드려짐, 맞닿음에서 시작되는 변화의 조짐을 생생하게 포착한다.

어느 비블리오드라마 세미나에 참석한 사람들이 공간을 돌아다니면서 서로 인사를 한다. 늘 하던 대로 오른손을 내밀면서 인사를 한다. 잠시 후 디렉터가 질문을 던진다. "여러분, 감촉을 느끼시나요? 오른손과 비교해서 왼손은 느낌이 어떤가요?" 몇몇 사람이 놀란 표정으로 피드백을 준다. 두 손의 느낌이 정말 완전히 달랐다고 말이다. "오른손은 지금 완전히 따뜻해요. 완전히 살아 있는 것 같은 느낌이 들고요. 손의 감촉이 아직 남아 있어요. 그런데 왼손은 아무런 접촉이 없어서 차가워요. 아무런 느낌이 없어요."[11]

일상적이고 단순한 악수 같지만 접촉이 있는 손과 그렇지 않은 손이 있다. 누군가를 만짐, 누군가에 의해 만져짐이 일으키는 미세한 차이, 결코 미미하지 않은 차이가 있다. 이렇듯 접촉이 있는 만남과 그렇지 않은 만남은 다를 수밖에 없다. 우리의 물음은 과연 우리가 성경 본문과 만날 때 이러한 접촉이 일어나느냐 하는 것이다. 인지적이고 분석적인 차원의 주석과 적용으로는 아직 접촉이 일어나지 않는다. 그러나 하나의 본문이 몸의 차원으로 와닿으면 비언어적인 차원에서 놀라움과 당혹스러움, 설렘과 두려움, 깊은 슬픔과 분노, 알 수 없는 위

로와 기쁨 등의 정서적 동요가 일어난다. 그 변화는 기존의 인지적이고 언어적
인 차원의 성서해석을 배제하는 것이 아니라 오히려 더욱 풍요로운 방식으로 촉
발하고 촉진한다. 나우라트는 이것을 "접촉의 해석학"이라고 부른다. 그리고 나
우라트 스스로가 그러한 접촉을 통해 풍부한 해석의 가능성이 일어난 현장을 경
험한 후에 그 사례를 소개해 준다.

> 비블리오드라마는 인지적이고 감정적이고 신체적인 관점에서 성경의 텍스
> 트와 접촉의 해석학을 추구한다. 신체적인 측면을 건드리지 않는 방법들은 최
> 대한 제외시킨다. 예컨대, 본문과의 만남 단계에서는 참여자들이 본문을 그저
> 앉아서 읽는 것이 아니라, 그 본문과 함께 움직일 수 있도록 하는 것이 중요하
> 다. 워크숍 공간에서 걸으면서 그 본문을 듣는 것은 의자에 앉아서 가만히 듣
> 는 것과는 전혀 다른 연상 작용, 자극, 반응을 일으킨다. 이른바 '소리의 양탄자
> (Klangteppich)' 기법은 이것을 느끼는 데 좋은 방법이다. 참여자들은 한 본
> 문에서 자기에게 특별하게 와닿는 단어나 문장을 고른다. '자기의' 문장을 크게
> 외치며 걷는 동안, 역시 자기만의 문장을 외치며 돌아다니는 다른 사람들과 어
> 울리게 된다. 이로써 성서 본문이 생생한 문장이 되고 그 역동성이 눈으로 보이
> 고 귀로 들리는 것을 체험할 수 있다. 이렇게 주관적으로 고른 본문을 감각적으
> 로 체험하는 것을 통해서 새로운 의미가 생성될 때가 많다. 그 본문의 행간에
> 감추어졌던 것이 그런 식으로 표출되기 때문이다."[12]

실제로 '소리의 양탄자' 기법은 하나의 텍스트 공간(Text-Raum)을 걸으면서
그 텍스트(본문)와 참여자 간의 접촉이 가능해지는 공감각적(synaesthetic) 체험
으로 이어진다. [13], * 이 기법은 '웜업'으로 활용하여 몸의 움직임 속에서 본문과

---

\* 서울의 어느 신학교의 수업 시간. 학생들은 창세기 11:27-12:4 말씀을 '소리의 양탄자' 기법을 활용하
여 역동적으로 읽는 경험을 한다. 공간의 중앙에 작은 의자를 가져다 놓고 한 학생이 앉아 있다. 조용
한 음악이 흘러나오면, 다른 참여자들은 그 주변을 천천히 자유롭게 걸어 본다. 그 움직임이 어느 정
도 익숙해지면, 중앙에 있는 학생은 낭독을 시작한다. 다른 사람들은 걸으면서 그 본문을 듣는다. 낭
독이 끝나고 음악이 꺼지면, 걷는 이들은 자기가 들은 본문 중에서 자기 안에 와닿은 단어나 문장을
감정을 담아 외친다. 동시에 여러 사람이 외칠 수 있다. 한동안 그렇게 소리의 양탄자를 만들어 간다.

색다르게 접촉하는 기회로 삼을 수 있다. 물론, '연기'의 과정 앞부분에 배치하여 참여자들의 몸과 마음에 깊은 메아리를 만들어 내는 장치가 되게 할 수도 있다. 어쩌면 모든 연기를 마치고 '성찰'에 들어가면서 본문의 '소리'를 중심으로 자기 안에 새롭게 조성된 풍경을 더욱 또렷하게 인지하는 계기로 삼을 수도 있다.

비블리오드라마의 모든 과정과 모든 기법은 성경 본문과 나의 경험이 '접촉' 하도록 하는 데 집중한다. 참여자는 그 본문을 몸으로 만지면서 가까워지는 데, 본문이 우리 몸의 어딘가를 통해서 우리 내면에 공명(共鳴, resonance)을 일으키는 데 필요한 모든 자극을 동원하고, 그 일에 방해가 되는 모든 자극은 자연스럽게 꺼 놓을 수 있도록 한다. 성경을 '해석'하던 기존의 방식은 그 접촉을 통해서 더욱 깊고 넓어진다. 또한 그 접촉을 통해, 이 성경 본문이 나의 삶의 이야기와 오늘의 삶을 전혀 다르게 '해석'할 수 있는 새로운 틀을 제공하고 있음을 깨닫는다. 이 모든 것이 접촉을 통해 개척된 새로운 해석의 영역이다.

왜 우리는 굳이 이러한 방식으로 성경을 읽어야 하는가? 어차피 성경은 '문자' 이고, 그것을 읽는 것은 결국 인지적인 감각기관이면 되는 것 아닌가? 이와 관련하여 나우라트의 대답은 시원하게 핵심을 꿰뚫는다. "신앙의 경험이란 언제나 몸의 차원을 동반한다. (예컨대, 기적 이야기들을 생각해 보라!) 성경은 바로 그런 경험들을 문자화한 것이다. 그러므로 성경을 제대로 이해하기 위해서는 그 문자를 '역(逆)으로 번역하여' 다시 몸의 경험으로 만들어야 할 필요가 있다." 비블리오드라마는 '텍스트(성경 본문)를 개인적인 몸동작으로 번역하는' 일이다.[14] 성경이 담고 있는 문자는 어떤 사건을 언어로 번역해 낸 것이다. 성경의 모든 사건은 반드시 몸의 경험을 동반하는 사건이다. 언어적 번역으로 문자가 된 본문을 다시 생생한 사건과 몸의 세계로 재번역해 내는 작업이 비블리오드라마의 핵심이다. 그 과정에서 일어나는 문자와 몸의 접촉, 과거의 성경 이야기와 오늘 나의 이야기의 접촉, 나의 경험과 타인의 경험의 접촉을 끊임없이 매개하며 새로운 성경해석과 새로운 자기해석의 촉매제가 되는 데 비블리오드라마의 진수(眞髓)가 있다.

'접촉의 해석학'은 참여자로서 비블리오드라마를 경험한 모든 이의 구체적인 체험과 맞닿아 있으며, 앞으로도 비블리오드라마의 세계를 구성해 나갈 모든 이들이 마치 미로와도 같이 얽히고설킨 위태로운 상황을 더듬더듬 헤치고 나가 마침내 새로운 깨달음의 통쾌함에 이르기까지 붙잡고 갈 수 있는 '아리아드네의 실'이 되어 줄 것이다. 그 붉은 실마리, 단서(丹緒)가 '웜업-연기-성찰'의 진행 과정을 관통하고 있어야 길을 잃지 않을 것이다.

## 4. 세분화된 진행 과정 및 진행을 위한 형식적 기준

'접촉의 해석학'이 견지된다면, 비블리오드라마가 무조건 '세 과정'으로만 진행되라는 법은 없다. '세 과정'은 지금까지 수많은 비블리오드라마의 실천을 통해 결정(結晶)된 대략적인 세 묶음이며, 접촉의 해석학이 가장 효율적으로 스며들어 가장 강력하게 공유될 수 있게끔 편의상 선정해 놓은 순서의 흐름이요 역동의 마디이다. 그러므로 디렉터로서 그 흐름과 역동을 유지하는 데 자신에게 가장 적합한 과정 혹은 단계를 구축하고 그에 맞게 비블리오드라마를 꾸려 나갈 수 있다.

예컨대, 독일 비블리오드라마협회의 대표적인 인물 하인리히 팔너(Heinrich Fallner)는 비블리오드라마를 "과정적인 작업(prozessuales Konzept)"으로 이해하면서 다섯 '단계'를 구분한다. 물론, "그 단계는 (깔끔하게 잘라낸 듯) 서로 구분되는 것이 아니다. 각각의 단계는 서로 맞물리고 포개진다."[15] 팔너의 다섯 단계는 다음과 같이 요약할 수 있다(〈표 3-1〉 참조).[16] 좀 더 쉬운 이해를 위해서, 원문에 약간의 수정을 가했다.

〈표 3-1〉 팔너의 비블리오드라마 다섯 단계

| 1단계 | 목표 | 첫걸음 내딛기, 모든 감각으로 수용하고 반응하기 |
| | 활동 | 도착-시작-조율-몸의 다양한 감각을 활용하기 |
| 2단계 | 목표 | 접촉과 대면 |
| | 활동 | 성경 텍스트와 삶의 텍스트를 포개기—심리적·사회적 영향력을 느껴 보기 |

| 3단계 | 목표 | 자기 동일시, 부대끼며 씨름하기 |
|---|---|---|
| | 활동 | 텍스트 공간 안에서 나의 자리를 발견하기-인생의 이야기 맥락에서 나의 상황을 찾기-긴장감을 느껴 보기-긴장감에서 풀려나기 |
| 4단계 | 목표 | 세분화하기, 현재화하기 |
| | 활동 | 감정이입-첫 번째 만남-동일시-본문 장면의 세분화-심리적·사회적 상황의 세분화-둘 사이의 경계 설정 |
| 5단계 | 목표/ 활동 | 전체 요약, 제의와 작별 |

이 다섯 단계는 사실 세 단계 진행 과정을 좀 더 세분화한 것이라고 말할 수 있다. 1단계는 '웜업'과 거의 겹치고, 2~4단계는 '연기'라는 큰 묶음으로 아우를 수 있다. 5단계는 마무리 '성찰'에 추가하여 제의적인 성격이 강한 마무리 예식과 파송(일상으로 보냄)의 요소가 들어간다. 참여자 각각이 자기의 느낌을 나누고 이제 마지막 순간이 되었을 때 디렉터는 이런 질문을 던진다. "여기에 무엇을 놓고 갑니까? 여기서 무엇을 가지고 갑니까?" 참여자는 한 명씩 그에 대한 대답을 내놓는데, 어떤 몸짓이나 움직임을 통해서 자신의 대답을 더욱 확실하게 표현할 수 있다.[17] '웜업-연기-성찰'의 진행 과정 중에서 디렉터의 특색에 맞게 어느 과정을 좀 더 세분화하는 것은 구체적인 진행 상황을 염두에 둘 때 추천할 만한 일이다.

비블리오드라마의 디렉터로 서는 일은 언제나 큰 모험이다. '웜업-연기-성찰'의 평면적 흐름에만 신경을 쓰다가는 놓치는 부분이 너무나 많다. 팔너의 경우처럼 그 과정을 세분화하는 것과 더불어 전체 과정의 진행을 위한 체크 목록을 스스로 준비해 두는 것이 꼭 필요하다. 그렇지 않으면 디렉터 스스로가 조급하게 한 단계, 그다음 단계로 넘어가는 데 급급하기 쉽다. 그러므로 세 가지 과정을 나란히 놓고 계획을 짜되, 각각의 과정 중간중간에 반드시 체크되어야 할 사항들을 끼워 넣는 것이 필요하다. 그런 의미에서 마르틴(G. Martin)이 정리해 놓은 '비블리오드라마 과정 진행을 위한 형식적 기준' 목록은 큰 도움이 된다. 나는 그의 '형식적 기준' 가운데서 일부를 선별적으로 소개하려고 한다.[18]

- 전체 모임과 소그룹의 리듬: 비블리오드라마를 진행할 때는 전체가 한꺼번에 과정에 참여하다가 중간중간 소그룹으로 모여서 따로 작업을 할 때가 있다. 똑같은 참여자라 할지라도 전체 모임에서와 3~7명이 모이는 소그룹 모임에서는 전혀 다른 적극성을 보일 수 있다. 물론 마르틴의 말대로라면 "소그룹에서 나타나는 역동성과 대규모 모임에서 나타나는 역동성 사이의 차이를 완전히 파악할 수는 없다. 그러나 그 차이는 대단히 생산적이다. 소그룹 모임은 각각의 그룹이 똑같은 과제를 이행하는 형태일 수도 있고, 하나의 과제를 확실하게 다른 방식으로 작업하는 형태가 될 수도 있다. 각각의 소그룹에서 나온 결과를 전체 모임에서 발표하고 토론할 수 있다. 소그룹 활동의 시작을 너무 오래 망설여서는 안 된다."[19] 실제로 비블리오드라마를 진행할 때, 전체가 모여서 신체활동을 한 다음에는 적절한 시점에서 적절한 과제와 함께 소그룹 활동으로 들어가는 것이 효율적이다.
- 매체의 교체: 한 가지 방식으로만 계속하면 참여자들은 쉽게 피로감을 느끼게 된다. 너무 많은 매체를 사용하는 것도 집중력을 떨어뜨린다. 디렉터는 연극적 표현 기법, 그림, 음악, 춤 등 다양한 예술 매체를 적절하게 활용하여 참여도를 높여야 한다.
- 점진적 전개: 조급하게 어떤 의도를 지닌 활동에 참여시키려고 하면 참여자의 저항에 부딪힐 수 있으며, 각 과정이 지니고 있는 에너지를 충분히 자각하고 소화하지 못한 상태에서 다음 단계로 넘어가다 보면 참여자 쪽에서 즉흥적인 에너지를 발현할 수 있는 기회를 찾지 못할 수도 있다. 그러므로 진행자가 보여 줄 수 있는 다양한 자극을 나열하는 것이 아니라 천천히, 점진적으로 전개되어야 한다. 참여자 한 사람 한 사람이 표현한 내용들이 충분히 존중될 수 있도록 그 내용에 충분히 집중해 준 후에 다음 과정으로 넘어가야 한다.
- 적절한 도전: 비블리오드라마를 진행하다 보면 참여자들이 어떤 형태로든 당황스러워하거나 거부감을 표출할 때가 있다. 그러므로 디렉터는 지금 참여자들이 느끼는 거부감과 당혹스러움이 극복 가능한 것인지 아닌지를 구

분할 수 있는 분별력이 필요하다. 아무런 도전과 부담이 없는 비블리오드라마는 오히려 더 큰 피로감을 가져올 수 있다.


## 5. 요약 그리고 접촉의 예전(禮典)

비블리오드라마는 특정한 목표와 결과를 지향하지 않는 '과정적 성격'을 지니고 있으며, '웜업-연기-성찰'의 '진행 과정'을 따라 전개된다. 물론, 디렉터는 참여자들과 만나기 이전부터 내면적으로 자기 준비의 시간을 가져야 하며, 때로는 준비팀과 함께 비블리오드라마 과정을 위한 준비 작업을 해 놓는다. 비블리오드라마의 주요 진행 과정을 관통하는 핵심적인 모티브는 '접촉의 해석학'이다. 비블리오드라마를 통해 성경 본문과 우리의 삶(무엇보다 우리의 몸)이 접촉하고, 그로 인해 새로운 해석의 가능성이 열린다. 진행 과정이 반드시 '웜업-연기-성찰'의 3단계일 필요는 없다. 디렉터는 어떤 과정을 더욱 세분화 · 심화하여 진행할 수 있다. 여기서도 중요한 것은 각각의 과정이 '접촉의 해석학'을 꾸준히 견지하는 것이다.

2020년, 전 세계를 충격과 공포에 몰아넣은 코로나19는 누군가와의 접촉, 어떤 것과의 접촉을 최대한 꺼리게 만드는 삶의 패턴을 규범화하고 있다. 접촉은 어리석고 위험한 것, 안전을 위협하는 덫(헬라어 '스칸달론'=걸림돌)으로 규정된다. 그러나 바로 그렇기 때문에 사람들이 진정으로 갈구하는 것이기도 하다. 몸의 촉감 및 타인의 감촉과 함께 이루어지는 성경과의 '접촉', 비블리오드라마는 코로나19 이후의 세계에서도 우리를 '안전한 유폐와 고립' 너머에 있는 만남과 깨달음으로 인도할 것이다.

이론 부분을 넘어서 이제 비블리오드라마의 생생한 실제로 들어가기에 앞서, 독일의 중요한 비블리오드라마 전문가로 반평생을 불태웠던 엘제 나탈리 바른스(Else Natalie Warns, 1930~2018)의 제의적 오프닝을 이 장의 '클로징'으로 소개하면서 마무리한다.

〈표 3-2〉 엘제 나탈리 바른스의 제의적 오프닝

### 1. 원으로 서다

• 모두가 둥그렇게 모여 큰 원 모양을 만든다. 양팔 간격으로 선다.

• 두 팔을 구부려 가슴 앞에 포개고 시선은 '안으로 거두어들인다.'

대사(변형 가능):

"나는 오늘 하나님만이 아시는 내 인격의 비밀을 안고 여기 서 있습니다. 내가 모르는 비밀이 많지만, 어떤 것은 알고 있습니다.

그 가운데 일부가 성경의 본문과 만나고, 다른 사람들과도 만나게 될 것입니다.

내가 얼마나 전달하고 싶은지는 나에게 달려 있습니다.

내 인격의 비밀은 보장될 것입니다."

### 2. 원 안에서 만나다

• 이제 모두가 원의 중앙을 향해 한 걸음 앞으로 나아간다.

• 두 팔을 올리고 손바닥을 펴서 옆 사람의 손바닥과 살짝 닿도록 한다.

대사(변형 가능):

"비블리오드라마를 통해 사람과 사람이 만납니다.

모든 접촉은 일체의 강요가 없는 자유로운 것입니다. 접촉은 한 줄기 에너지를 만들어 냅니다. 관계가 맺어지면 그 에너지는 자유롭게 흘러갑니다.

이것은 서로에 대한 신뢰와 개방성이며, 우리의 이 공간은 안전한 공간입니다."

### 3. 원으로 얽히다

• 모두 중앙을 향해 또 한 걸음 내딛는다. 이제 모두가 비좁은 상태로 서 있다.

• 양팔을 X자가 되도록 엇갈려서 손을 뻗으면, 오른손으로는 왼쪽에 있는 사람의 왼손을 잡을 수 있다. 그렇게 모두가 '꼬인 고리'의 모습으로 연결되어 있다.

• 말을 하면서, 조심스럽게 왼쪽, 오른쪽으로 손에 살짝 힘을 준다. 자극이 느껴지면 그것을 옆으로 전한다.

대사(변형 가능):

"우리는 비블리오드라마를 통해 한 걸음씩 중심에 가까워집니다. 그 중심은 성경의 말씀입니다."

우리가 그 중심에 가까이 가면 갈수록 나 자신과의 접촉, 다른 사람과의 접촉, 말씀
과의 접촉은 더욱 긴밀해지고, 더욱 생생해질 것입니다.

어쩌면 질식할 정도로 갑갑함을 느낄 수도 있습니다.

움직임, 중압감, 강렬한 체험, 어쩌면 답답함과 고민이 있을 수도 있습니다.

어떤 욕구나 재미가 생길 수도 있습니다.

하지만 어느 누구도 억지로 여기 있지는 않을 것입니다.

우리는 언제든지 다시 거리를 둘 수 있습니다."

### 4. 원에 묶이지 않는다

• 모두 손을 푼다. 한 걸음 뒤로 물러난다. 다시 팔을 쭉 펴서 손바닥의 느슨한 접촉
   이 생겨나도록 한다.

대사(변형 가능):

"다른 사람과의 접촉은 우리를 도와줄 것입니다. 그러나 언제라도 다시 벗어날 수도
있습니다."

### 5. 원과 작별하다

• 또 한 걸음 뒤로 물러난다. 양팔을 구부려 가슴 앞에 모은다.

대사(변형 가능):

"모든 사람은 자기 인격의 비밀을 안고 집으로 돌아갑니다. 어쩌면 성경의 말씀과
만나 감동하여, 변화되어 돌아갈 것입니다."[20]

* 각 대사는 리더가 하거나, 리더의 말을 듣고 모든 참여자가 함께 할 수 있다.

## ✍️ 미주

[1] Schleiermacher, 1957: 11.

[2] Aldebert, 2002: 506.

[3] 비블리오드라마 교육연구소, 2016: 45-58.

[4] Martin, 2010: 22.

[5] 김세준, 황헌영, 2018: 58-119.

[6] Munzel, 2001: 177-178.

[7] Pitzele, 2016: 172-193.

[8] Pitzele, 2016: 186-191.

[9] Martin, 2010: 110-126. 이 책의 제4장은 특별히 이 준비 과정을 집중적으로 다루고 있다.

[10] Naurath, 2002: 175.

[11] Naurath, 2002: 175.

[12] Naurath, 2002: 176.

[13] 고원석, 손성현, 2019: 120-121.

[14] Naurath, 2002: 177, 179.

[15] Fallner, 2012.

[16] Fallner, 2012: 173-205.

[17] Fallner, 2012: 205.

[18] Martin, 2010: 137-152.

[19] Martin, 2010: 137.

[20] Warns, 2012: 94-96.

## 💡 참고문헌

고원석, 손성현(2019). 성경 읽기 프로젝트—몸으로 영으로. 서울: 동연출판사.

김세준, 황헌영(2018). 성경이 살아나는 비블리오드라마. 서울: 현대드라마치료연구소.

비블리오드라마 교육연구소(2016). 처음 시작하는 이들을 위한 비블리오드라마 매뉴얼. 서울: 일상커뮤니케이션.

Aldebert, H. (2002). Anspiel—Rollenspiel—Bibliodrama. In G. U. A. Bitter (Hg.), *Neues Handbuch religionspädagogischer Grundbegriffe*. München: Kösel-Verlag.

Fallner, H. (2012). Bibliodrama als prozessuales Konzept. In A. U. A. Brandhorst (Hg.), *Bibliodrama als Prozess. Leitung und Beratung* (3th ed., pp. 155-205). Berlin: EB-Verlag.

Martin, G. M. (2010). 몸으로 읽는 성서: 비블리오 드라마 (*Sachbuch Bibliodrama: Praxis und Theorie*). (손성현 역). 서울: 라피스. (원저는 1995년에 출판).

Munzel, F. (2001). Bibliodrama. In N. Mette & F. Rickers (Hg.), *Lexikon der Religionspädagogik* (pp. 177-178). Band I. Neukirchen-Vluyn: Neukirchener Verlag.

Naurath, E. (2002). Leib udn Seele in Beziehung: Wenn biblische Texte im Bibliodram lebendig werden. In E. Naurath & U. Pohl-Patalong (Hg.), *Bibliodrama: Theorie-Praxis-Reflexion* (pp. 174-182). Stuttgart: Verlag W. Kohlhammer.

Pitzele, P. (2016). 비블리오드라마로의 초대: 성경을 여는 창 (*Scripture windows: Towards a practice of bibliodrama*). (고원석 역). 서울: 한국장로교출판사. (원저는 1998년에 출판).

Schleiermacher, F. (1957). Einleitung. In E. Weniger (Hg.), *Pädagogische Schriften I. Die Vorlesungen aus dem Jahr 1826* (p. 11). Düsseldorf und München: Verlag Helmut Kupper.

Warns, E. N. (2012). Die ästhetische Dimension des Bibliodramas. In A. U. A. Brandhorst (Hg.), *Bibliodrama als Prozess. Leitung und Beratung* (3th ed., pp. 21-102). Berlin: EB-Verlag.

# 제2부

# 영역

# 제4장

# 비블리오드라마와 성서교육:
## 핏젤의 비블리오드라마 이론을 중심으로*

고원석

고대 민담 중에는 그의 손이 닿으면 모든 것을 금으로 변하게 한다는 미다스 왕에 대한 이야기가 등장한다. 그런데 성서 본문을 다룰 때마다 자주 갖는 느낌은 우리의 손이 닿으면 모든 것이 지푸라기로 변한다는 것이다.[1]

-잉고 발더만(I. Baldermann)-

## l. 성서교육의 패러다임 전환의 과제

### 1) 낯선 언어가 되어 버린 성서: 의미와 현실성의 상실

오늘날 교회교육이 위기를 맞고 있다는 지적은 막연한 기우에서 비롯된 것은

---

* 이 장은 "고원석(2010). 성경학습의 새로운 패러다임으로서 비블리오드라마: 비블리오로그를 중심으로. 교회의 전사역의 교육적 접근에 관한 통전적 연구(pp. 232-266). 서울: 장신대기독교교육연구원." 에 수록된 내용을 수정한 것이다.

아니다.[2] 하지만 이 위기의 문제에 있어서 단순히 교회학교의 학생 수가 감소하는 현상에 대한 우려로만 그친다면, 그것은 위기의 본질을 외면하는 것이다. 오히려 위기의 본질은 현 교회교육의 주된 언어, 즉 성서의 언어가 오늘의 젊은 세대에게 낯선 언어가 되고 있다는 점에 있다.

필자의 생각으로는,[3] 다음 세대의 주역인 청소년들이 가지고 있는 성서의 가치는 기성세대 기독교인들이 가지고 있는 성서에 대한 가치와 상당한 거리감을 가지고 있다. 무엇보다도 오늘의 청소년들에게 뚜렷하게 나타나는 현상은 그들에게 성서의 '언어성'이 사라져 가고 있다는 점, 다시 말해서 성서의 언어가 오늘날 청소년들의 언어와 너무 멀다는 것이다. 비디오적 감각에 익숙해 있는 오늘의 젊은 세대들에게는 성서의 선포적 언어 자체가 낯설고 받아들이기 힘들다. 심지어 기독청소년들에게조차 성서는 친숙한 책이 아님이 뚜렷해지고 있다. 비록 기독교적 신앙을 간직하고 있고, 교회의 예배와 성서교육을 통해 지속적으로 성경말씀과 대면하고 있지만, 그들에게조차 성서의 언어는 그들이 듣고 간직하고자 하는 언어의 지평 밖으로 내몰리고 있는 것이다.

환언하면, 성서는 청소년들에게 그 '의미'를 상실해 가고 있다. 비록 다수의 기독청소년이 성서를 하나님의 말씀으로 인정하고 있고, 성서가 기독교 신앙의 근간이며 지침이 된다는 것을 인정하고 있지만, 실제적으로 성경말씀이 그들 자신의 삶의 지평에 커다란 의미 변화나 가치를 부여할 수 있는 영향력을 체험하지 못하고 있는 현실이다. 그들이 소유하고 있는 신앙의 내용은 지식적인 수준에 머물고 있는 것이지, 그들이 가지고 있는 삶의 문제와 고민을 직접적으로 해결해 줄 수 있는 영역에서는 벗어나 있다. 따라서 성서가 제시하고 있는 세계는 오늘의 젊은이들의 세계 속에서 그 '현실성'을 잃어버리고 있다. 하나님의 나라는 현실의 삶과 동떨어져 있는 피안의 세계를 말하는 것이 아니라, 오늘 우리의 삶에 구체적으로 영향을 미치며, 사람들이 의지함으로써 용기를 가지고 소망 안에서 살아가게 하는 기독교적 현실의 세계를 일컫는다. 그러나 실제로 성서의 하나님 나라는 오늘날 젊은이들의 문제해결에 커다란 도움을 주지 못하는, 그들에게 새로운 꿈과 소망을 제시하지 못하는 비현실적인 세계처럼 드러나고 있다.[4]

## 2) 교회 현장의 표면적 성서이해

한국 교회의 성서교육과 관련하여 지적해야 할 또 한 가지의 문제점이라면 교회 현장에서 행해지는 성서교육이 성서의 깊은 의미를 이끌어 내기에 부족하다는 것이다. 현재 한국 교회 및 신앙공동체 안에서 행해지고 있는 성서이해는 대체로 권위적·문자적 성서 읽기 방식에 의존하고 있다. 성서의 절대적 권위를 전제함으로써, 이해되지 않는 본문에 의문을 제기한다거나 질문을 던지는 행위는 배제되고, 내용에 대한 숙고가 상실된, 오로지 아멘 식의 수동적 읽기 방식을 말한다. 그러다 보니 성서의 내용을 이해하려 하기보다는 '읽는 행위' 자체를 강조하게 되는 경향이 두드러지게 나타난다. 그래서 신약성서학자 박창환은 이미 오래전에 한국 교회의 성서 읽기 방식의 문제점을 다음과 같이 지적한 바 있다.

> 한국 교회는 성서를 읽는 것 그 자체에 어떠한 가치가 있는 것 같이 가르치고 있다. 다시 말해서, 성서를 무조건 읽기만 하면 되고 뜻을 알든지 모르든지 많이 읽고 매일 읽기만 하면 그 자체가 어떤 공적이나 되는 것처럼 생각하면서 읽는다. 성서는 하나님의 말씀이요 경전이니까 신자들이 의무적으로 매일 일과로 읽어야 하고, 그렇게 하기만 하면 신앙생활의 중요한 부분을 완수했다고 생각하는 것 같다.[5]

물론 성서를 읽는 행위 자체가 문제가 될 수는 없을 것이다. 앞에서 지적하고자 하는 것은 성서를 통해 들려오는 하나님의 말씀을 찾고 이해하려 하기보다는 성서를 얼마나 많이 읽었는가, 몇 독을 했는가 하는 양적 측면으로 치닫고 있는 교회의 성서 읽기 태도이다. 이러한 다독 위주의 성서 읽기는 결국 피상적이고 표면적인 이해에 그칠 수밖에 없다. 그래서 한국 교회의 신앙인들은 성서 구절을 암송한다든지, 성경 퀴즈 형식의 단답형 문제에 대해 답하는 것은 쉽게 할 수 있는 데 반해, 그 본문이 의미하는 바가 무엇인지에 대해서 물으면 제대로 답하지 못하는 경우가 많다. 성서 본문에 대한 지식은 많이 가지고 있으나 그것을 현실 상황에서 어떻게 적용하고 실천해야 할지에 대해서는 모르는 경우가 대부분이다. 성서에 대한 양적 지식이 아닌 깊이 있는 말씀에 대한 이해가 요청된다.

## 3) 성서비평학의 문제점

앞에서 언급한 권위적·문자적 성서 읽기와는 정반대로, 대학이나 신학교에서는 학문적인 성서이해를 시도해 왔다. 소위 '비평적 해석'이라는 작업을 시도하는 것인데, 역사적 사건이나 법조문, 문학작품을 해석하듯이 정해진 규칙을 통해 성서 본문을 이해하고자 하는 것이다. 소위 전통적인 성서비평학이 여기에 속한다. 전통적인 성서비평학은 대부분 '통시적(diachronisch)' 연구방식에 의존하고 있다. 본문 말씀의 최초 근원을 추적하여 그 근원에서부터 지금의 모습에 이르게 되는 과정을 연구하는 방식이다. 예를 들면, 다음과 같은 질문을 통해 접근을 시도한다.

- 언제, 누가, 어떤 상황 속에서 기록했는가?(발생과 근원 시기에 대한 물음)
- 비슷한 본문들(예를 들어, 구약 모세오경의 J/E/D/P* 문서 등)은 어떤 역사적 과정을 거치게 된 것인가?(자료/문헌 비평)
- 본문의 삶의 자리(Sitz im Leben), 즉 본문의 본래적 상황은 무엇인가?(양식 비평)
- 그 본래적인 본문이 현재까지 어떻게 변화되고 전승되었는가?(전승 비평, 편집 비평)

이러한 성서비평학은 근본적으로 계몽주의에서 비롯된 고도의 '합리성'에 입

---

\* J: 야휘스트(Jahwist)/ E: 엘로히스트(Elohist)/ D: 원(原)신명기(Ur-Deuteronomium)/ P: 사제문서 (Priesterschrift)

각한 방법들이다. 합리성이라 함은 인간의 논리적 이성에 부합해야 한다는 것이며, 모호하거나 불일치가 있거나 어떤 근거를 제시할 수 없는 해석이란 늘 오류로 평가된다. 따라서 역사비평적 방법이란 철저하게 논리적 · 인지적 작업이며, 고도의 정신적 · 학문적 소양을 소유하지 못한 사람들은 이러한 작업에 참여할 수 없다. 비록 신학훈련을 받았다 하더라도, 신학교 졸업 후 바쁜 목회사역으로 인해 신학공부를 꾸준히 이어 가지 못하는 일선의 목회자들에게 이러한 성서비평방법은 무척이나 어렵고 감당하기 힘든 작업이다. 하물며 신학적으로 훈련을 전혀 받지 못한 평신도 내지는 젊은이들에게는 어떠할까? 그런 점에서 역사비평적 성서해석에 대해 그 신학적 성과를 무시하는 것은 아니지만, 한국 교회의 교육현실에 적용하기에 적잖은 어려움이 있음을 부정할 수는 없다. 아울러 이 입장에서 볼 때, 모든 해석은 일종의 '선형적' 인식의 유형을 보인다. 성서의 모든 사건은 분명한 원인이나 문제 상황이 있고, 그 문제 상황을 논리적으로 설명 가능한 해석만이 참된 것으로 여겨진다. 소위 고전적 과학의 인과론적 틀이 배후에 자리하고 있는 것이다.

이러한 전통적인 역사비평적 성서해석의 한계를 지적했던 대표적인 학자가 제1장에서도 언급한 바 있는 월터 윙크(W. Wink)이다. 뉴욕 유니온 신학교에서 성서해석학을 가르쳤던 윙크는『인간변형을 위한 성서: 성서연구의 새로운 패러다임을 향하여(The Bible in Human Transformation: Toward a New Paradigm for Biblical Studies)』[6]에서 성서비평학의 '파산'을 선고한다. 그의 지적에 따르면, 전통적인 성서비평학은 이제 과거(사건)를 생동감 있게 한다거나 현재 속에서 개인적 · 사회적 변화의 가능성을 드러낼 수 있는 역량을 더 이상 지니지 못하고 있다.[7] 윙크는 그 이유를 다섯 가지로 제시한다.[8] 첫째, 성서비평학이 추구하는 바가 성서 본래의 의도와 부합하지 않기 때문이다. 성서는 '믿음으로부터 믿음에 이르게 하려는' 의도를 가지고 있는데, 성서비평은 소위 '객관적 중립성'을 표방하며, 독자들의 신앙과는 관계없는 책으로, 결국 성서를 '죽은 문자'로 전락시킴으로써 끝내 비평의 본래적 이유를 망각해 버렸기 때문이다. 둘째, 성서비평학이 가지고 있는 '객관주의 이데올로기'의 문제점이다. 이 객관주의 이데올로기는 결국 과학적 주지주의로 극단화되어 실천을 외면한 이론, 신앙을 외면한 신학, 감정을 잃은 지식으로 전락하게 되었다는 것이다. 셋째, 기술지상주의의 환상이다. 성서비평학은 그들만의 특정 기술적·방법적 절차에서 인정하는 질문에만 관심을 기울임으로써, 그 밖의 문제들은 관심 영역에서 배제시켜 버렸다. 독일의 철학자 가다머(H.-G. Gadamer)가 『진리와 방법(Wahrheit und Methode, Gesammelte Werke I)』에서 문제제기한 것처럼,[9] 인간은 특정 방법과 절차를 통해서만 진리에 도달할 수 있다는 기술 이데올로기(Technik-Ideologie)에 빠져든 것이다. 넷째, 성서비평학은 교회공동체의 현실 및 삶을 철저하게 외면해 버렸다는 것이다. 성서비평학이 관심을 두는 주제들은 신앙공동체가 고민하는 신앙현실적 문제와는 아무 관련성이 없는 것들이라는 지적이다. 마지막으로, 성서비평학이 근거하고 있는 논리성 중심의 사고 자체가 오늘의 상황에 비하면 낙후된 세계관에 근거하고 있다는 것이다. 즉, 그동안 급변한 현실적 세계관과는 뒤떨어진 근대적 사고에 속한 것이며, 그런 점에서 현실 상황을 위한 유용성을 상실했다는 것이다. 환언하면, 전통적인 서구신학의 성서비평학(고전적 역사비평)은 잘못된 방법에 근거하고 있으며, 잘못된 객관주의를 표방함으로써 스스로를 제어할 수 없는 기술주의적 사고에 내어 맡기게 되었고, 생동적인 교회공동체로부터 분리되었으며, 오늘의 관점에서 그 유용성은 희박해졌다.[10]

결국 앞에서 언급한 교회 현장의 권위적 성서 읽기와 학문적 성서 읽기는 모두 성서 본문 자체의 권위나 객관적 의미에 치중함으로써 독자의 입장이나 현실로부터 동떨어져 있음을 부정하지 못하게 되었다. 성서를 단순하게 문자적 수용에 그치게 하지 않으면서, 동시에 신학적 훈련을 접하지 못한 신앙인들조차도 자신들이 겪는 삶의 문제 상황 속에서 성서를 읽고 학습해 나갈 수 있는 성서교육방법을 고민하지 않을 수 없게 되었다.

## 4) 체험사회가 요구하는 성서교육의 방향성

독일의 사회학자 슐체(G. Schulze)는 현대사회를 "체험사회"라고 명명하였다.[11] 슐체의 분석에 따르면, 현대인들은 전반적인 지식 수준의 향상과 경제적 능력의 증대, 그리고 노동시간의 단축 등으로 인해 개인 시간이 많아지게 되었고, 그로 말미암아 여가문화에 대한 깊은 관심을 가지게 되었다. 근대 산업사회의 관점에서 본다면, 여가라는 것은 일을 멈추거나 쉬는, 곧 노동과 대립되는 개념으로서 일반 서민들이나 노동자들의 현실과는 거리가 먼 단어이며 소수의 특수계층에게만 속하는 사치스러운 표현이기도 했다. 그러나 오늘날 여가라는 것은 일반 대중들과 서민 모두에게 너무나도 중요한 현실로 자리 잡고 있다. 여가는 오늘날 노동의 멈춤 또는 단순한 쉼을 넘어선다. 예를 들어, 많은 현대인은 여가시간에 헬스클럽에서 운동을 하거나 축구 같은 격렬한 스포츠를 하며 에너지를 소비한다. 또 어떤 이들은 노동을 통해 힘들여 벌어들인 수입의 상당 부분을 투자하여 여가시간에 악기 연주나 요리법을 배우기도 하고, 때로는 전혀 낯선 지역으로 여행을 떠나기도 한다. 여가는 이제 노동으로부터 벗어나 심신을 편안하게 함으로써 일을 위해 재충전하는 쉼의 시간이 아니라, 오히려 시간과 에너지와 돈을 들여 새로운 세계와 삶을 체험하는 시간이다.

과거와 비교해서 이러한 모습은 가치관의 커다란 변화가 아닐 수 없다. 과거 산업사회를 살던 사람들은 여가를 즐기기보다는 여가를 반납하고 자신의 공부와 일의 숙련을 통해 자신의 지식 수준과 경제적 능력을 향상시킴으로써 더 높은 명예와 더 많은 수입, 더 좋은 직책을 꿈꾸며, 그것을 성취함으로써 자신의 가치를 외적으로 인정받고자 했다. 그들에게 여가는 잠시일 뿐이며, 여가에 많은 시간과 돈을 투자한다는 것은 상상하기가 어려웠다. 그러나 현대인들에게 여가는 이제 자신의 직장생활만큼이나 중요한 삶의 내적 가치를 지니게 되었다. 예를 들어, 산을 좋아하는 30대 직장인 정 모 씨는 산악동호회에 가입하여 직장일이 없는 주말 대부분의 시간을 산악인들과 등산을 하며 보낸다. 그리고 오랜 경험과 훈련을 쌓은 그는 휴가 때마다 자비(自費)로 국내외의 명산들을 오르고 정복하는 것을 즐긴다. 때로는 암벽을 올라야 하고, 부상이나 목숨을 잃을 위험이 있음에도 불구하고 그는 산을 오르고 어려움을 극복하는 체험을 통해 자신의 삶의 진정한 가치와 의미를 발견한다. 이처럼 현대인들은 외부로 드러나는 가치들, 직장의 지위, 수입이나 재산 등에 관한 가치를 추구하기보다는, 오히려 개인적으로 유의미하다고 판단되는 일에 참여하여 체험함으로써 그 속에서 성취를 맛보고 삶의 기쁨을 누린다. 이제 현대인들은 외적으로 드러난 자신의 삶의 평안과 보장, 확정을 추구하기보다는 짜릿한 경험과 역경의 시간을 이겨 나가는 내적 체험을 즐기고자 하는 것이다.[12] 그래서 미래학자 레너드 스윗(Leonard Sweet)은 "현대인들은 삶이 무엇인지 체험하고 싶어 한다. 그것도 스스로 체험하고 싶어 한다." 그리고 "현대인들은 체험할 수 없는 곳에서는 머무르려 하지 않는다. 그들은 체험이 폭발하는 환경 속에서 살고 싶어 한다."고 역설한다.[13]

## 2. 성서교육의 새로운 패러다임, 비블리오드라마

### 1) 성서교육 패러다임의 변화: 본문 중심에서 경험(체험) 중심으로

그렇다면 체험사회로 특성화된 시대를 살아가는 현대인들, 특별히 성장하는 젊은이들에게 기독교교육적 차원에서 어떻게 성서교육을 시도해야만 할 것인가? 이를 위해 우리보다 현대의 사회적 변화를 먼저 겪었고 그 과정 속에서 성서교육의 패러다임에 대해서 고민했던 서구의 사례를 살펴보는 것은 우리의 상황을 감지하는 데 도움이 되리라 생각한다. 따라서 필자는 지난 한 세기 동안 서구, 특별히 독일 성서교육의 패러다임이 새로운 사회적 변화 가운데서 어떤 패러다임 전환을 거치게 되었는지를 간략하게 돌아보도록 하겠다.*

---

* 20세기 독일 성서교육의 흐름에 대한 개괄적 이해를 위해서는 고원석(2013: 287-305)을 참조하라.

## (1) 복음훈육

20세기 초·중반까지 서구의 성서교육을 주도했던 패러다임은 말씀 중심 또는 본문 중심의 성서교육이었다. 20세기 초반 자유주의 신학에 정면으로 도전하였던 신학자 칼 바르트(Karl Barth)에 의해서 주도된 '말씀의 신학(Theologie des Wortes)'은 유럽 및 영미권 전체에 커다란 영향을 미쳤고, 이러한 영향하에서 실천신학 및 기독교교육학의 준거틀이 재편성되었다. 따라서 '무엇'이 선포되어야 할 것인가라는 신학적 과제가 교회의 성서교육에 그대로 적용되어, 성서의 핵심인 복음을 어떻게 선포해야 할 것인가 하는 문제가 교육의 주된 과제로 등장하게 되었고, 이러한 성서교육 모델을 '복음훈육(Evangelische Unterweisung)'으로 명명하기에 이른다.* 그 특징을 간략하게 소개한다면 다음과 같다.

먼저, 성서교육이란 '성서의 분문 그 자체'를 익히고 습득하게 하는 것이다. 성서는 그 본질에 있어서 하나님의 말씀에 대한 증거(Zeugnis)이기 때문에, 성서교육은 어떤 개념이나 관념의 역사적 추이를 고찰하는 것이 아니라, 우선적으로 성서가 증거하는 신앙(Glaubenszeugnis)을 다루어야 한다. 이를 위해 육하원칙의 방식을 통해 복음의 내용을 구속사적 관점에서 통일적으로 재조직하여 체계화된 문장으로 습득하게 하는 것이 강조되었으며, 따라서 교리문답을 성서교육을 위한 중요한 도구로 사용하게 되었다. 복음훈육을 교리문답식 교육으로 부르게 된 이유도 여기에 있다. 교사는 설교자와 마찬가지로 계시의 증인, 말씀의 증거자로서의 역할을 담당해야 하며, 학생은 이 교사에 의해 선포된 증거, 말씀을 귀 기울여 듣고 순종하는 것에 학습목적을 둔다. 결국 성서교육을 통해 궁극적으로 추구해야 할 것은 성서를 본문 그대로 받아들이게 하는 것이다. 아울러 복음훈육은 성서 본문과의 인격적(existentiell) 대면을 강조한다. 학습에 임하는

---

* 이 '복음훈육(또는 복음교육)'으로 명명되는 성서교육 모델은 1947년에 키텔(Kittel, 1947)에 의해 천명되었다. 그는 더 이상 '종교교육'이라는 용어를 사용하는 대신, '복음훈육'을 사용할 것을 주상하였다. 마찬가지로 미국의 경우에도 '종교교육(Religious Education)' 학파에 대한 대립모델로 '기독교교육(Christian Education)' 학파가 20세기 초반에 등장하게 된다(은준관, 1987: 287-295 참조).

자들은 선포된 말씀을 듣고 그 말씀에 대해 즉각적인 결단으로 응답해야 한다.[*]

이러한 말씀 중심, 선포 개념에 의한 케리그마적 성서교육 방식은 1960년 대에 접어들면서 문제점이 지적되기 시작하였다. 지적된 문제의 골자는 기존의 선포적 방식의 성서교육이 이해를 무시한 권위적 학습방식이라는 것, 아울러 선포적 성서교육이 성서 자체에 대한 깊은 이해와 인식, 그리고 그것을 통한 하나님과의 만남을 추구하기보다는 교회의 전통이나 교리를 전수하는 데 머물러 버렸다는 것이다. 이러한 상황에서 등장하게 된 것이 소위 '해석학적 (hermeneutisch)' 성서교육[14]으로서, 말씀을 듣는 것으로 그치는 것이 아니라 깊이 있게 이해할 때 진정한 신앙에 이를 수 있다는 확신에서 출발한다.

## (2) 해석학적 성서교육

해석학적 성서교육은 '성서 그 자체'를 주제화해야만 한다는 점에서 앞에서 언급한 복음훈육과 같은 길을 걷는다. 다만, 성서는 오랜 시간을 거친 인류 역사의 기억들, 신앙의 전승들을 담고 있는 책으로서, 성서와 현실 간의 역사적, 시간적, 문화적 거리감이 있음을 간과하지 말 것을 지적한다. 따라서 오랜 역사 너머에 있는 성서의 현실을 이해하는 것이 성서교육의 우선적 과제이다. 이를 위해 성서 본문에 대한 주석작업(성서비평학)이 성서 자체(Sache)의 진정성으로 이끄는 통로를 제공한다. 즉, 주석방법을 통해 과거 역사의 세계를 이해 가능하도록 개방시켜야 하고, 나아가 해석학을 통해 과거의 문서를 오늘 우리를 위한 의미로 현실화해야 한다. 또한 해석학적 성서교육은 복음훈육이 간과하기 쉬웠던 학습자의 이해능력에 대해서도 관심을 기울여서 어린이나 청소년들의 종교적 발달과 언어형태에 대한 심리학적 이해를 고려하고자 한다. 복음과 성서의 메시지가 그 옛날 이스라엘과 유대 사람들에게 구체적이고, 시각적이고, 삶과 관련성 속에서 들려지고 이야기되었듯이, 오늘날의 성서교육에 있어서도 교육의 언어가 그러해야 하기 때문이다. 결국 해석학적 성서교육은 본문과의 대화 속

---

[*] 복음훈육과 관련하여서는 고원석(2005: 2-8; 2007a: 187-218)을 참조하라.

에서 (학습자의) '현재 실존'과 삶 속의 구체적 경험을 위한 본문의 의미를 개방하고자 한다. 그럼으로써 성서교육은 진정한 의미의 신앙으로의 길을 열게 된다고 보았다.[15]

해석학적 성서교육은 복음훈육이 간과했던 학습자의 인지적 · 심리적 능력을 수용하고 중요하게 생각하려고 했다는 점에서 복음훈육과 차별성을 갖는다고 할 수 있다. 그러나 비록 해석학적 성경공부 방식이 학습자의 전(前) 이해나 상황을 고려하고는 있으나, 여전히 주석방법을 통한 본문 중심의 성서교육이라는 점에서, 패러다임을 전환하는 새로운 기독교교육 모델로서는 부족함을 드러내었다.

## (3) 경험과 문제 중심의 성서교육

이렇게 제2차 세계대전을 전후로 독일 기독교공동체의 성서교육을 주도했던 복음훈육과 그것을 보완하고자 했던 해석학적 성서교육은 1970년대로 접어들면서 커다란 전환의 시기를 맞게 된다. 우선 전쟁 후의 피폐했던 상황들이 산업화를 통해 복구되고 새로운 기술문명사회로의 진입을 추구하면서 미래지향적인 분위기가 사회를 주도하기 시작한 반면, 능률과 업적 위주의 사회 분위기 속에서 인간의 자기 상실 및 정체성 부재의 문제들이 생겨나게 되었다. 이러한 사회적 현상과 맞물려 일어난 학생운동은 사회의 오랜 전통에 대해 거부하는 분위기를 확산시키게 되었고, 이로 말미암아 교회를 떠나고 탈퇴하는 젊은이들이 증가함에 따라 신앙공동체들은 성서교육에 대한 심각한 위기를 느끼게 되었다. 즉, 성서 내용과 기독교 전통의 습득을 지향하는 성서교육은 청소년들의 삶과 경험세계를 진지하게 다루지 못하고 그들에게 지나친 부담감만 안겨 주었다는 성찰이 제기된 것이다.

따라서 젊은이들이 교회로부터 멀어져 가는 종교적 무관심 속에서 기독교교육은 근본적인 커리큘럼에 대한 재고를 불가피하게 하였고, 현재의 상황과 미래를 지향하는 성서교육의 길을 모색하지 않을 수 없게 되었다. 이러한 상황에서 기독교교육학자 카우프만(Hans-Bernhard Kaufmann)은 기독교교육에 있어서

"과연 성서가 그 중심에 서야 하는가?"라는 물음을 통하여 성서교육 패러다임의 근본적인 변화를 요구하였다. 물론 이 물음이 성서교육의 무가치성을 말하는 것은 아니었다. 카우프만은 이 물음을 통해 '배타적으로 성경책과 전통적인 기독교 재료의 매체 속에' 머물러 있는 시대와 동떨어진 성서교육의 시대적 전환을 요청한 것이다.[16] 즉, 만일 진정으로 오늘날의 젊은이들에게 성서가 의미있는 말씀이 되고자 한다면, 성서교육의 출발점은 성서 본문이 아니라, 다양화된 사회 현실과 그 속에서 겪는 자기 상실의 위기에 직면해 있는 젊은이들의 현실적 경험과 문제가 되어야 함을 주장하였던 것이다.

이렇게 학생들의 삶의 문제와 사회 현실에 기초한 새로운 성서교육 패러다임의 요청은 소위 '경험 중심'의 학습모델로 등장하게 된다. 이제 성서나 신앙그 자체를 습득하고 인지하는 수준을 넘어서, 성서를 삶의 형성을 위해 의미를 개시하는 대답이자 추진력(자극)으로 바라보고자 한다. 즉, 성서교육은 삶의 문제를 발견하고 그것의 해결을 위해 성서의 에너지를 전달하는 기능을 감당하게 된 것이다. 독일의 경우 이러한 경험 중심, 문제 중심의 성서교육은 다양한 형태로 발전·전개되었는데, 인간학적 모델(Humanorientierung)[17], 사회화 모델(Sozialisation)[18], 수렴이론적 매개모델(das konvergenztheoretische Orientierungsmodell)[19], 상관관계적 교수법(Korrelationsdidaktik)[20], 상징교수법(Symboldidaktik)[21], 비블리오드라마(Bibliodrama)[22] 등의 모델이 제시되었다. 앞에서 살펴본 현대의 체험사회적 속성을 이해할 때, 이러한 성서교육 패러다임의 전환이 불가피한 상황임을 감지하게 된다.

## 2) 비블리오드라마: 성서교육의 새로운 패러다임

위기 상황으로 진단되는 한국 교회학교의 현실을 감안할 때, 이상에서 살펴본 서구 신앙공동체의 경험 중심 성서교육 패러다임으로의 전환은 우리가 깊이 주목해야 할 가치가 있다. 기독교교육학자 박화경은 21세기 한국 교회교육을 진단하는 글에서 앞으로의 교회교육이 지향해야 할 바를 제시하였다. 그녀는 먼저 교회교육이 '삶과 세상에 의미를 찾을 수 있는 교육', 즉 '복음이 오늘 우리의 삶과 세상에 무슨 의미가 있는가를 구체화하여 삶에 연결하고 적용' 가능한 교육이 되어야 한다고 말한다. 이것을 달리 표현하면, 성경말씀이 학습자들의 삶에 체험 가능한 요소로 자리 잡아야 함을 말하는 것이다. 둘째는 전인교육이 되어야 한다고 말한다. 영혼구원만을 강조하는 교육이념을 넘어서 지적, 감성적, 행동적 차원을 모두 포괄하는 교육이 되어야 한다는 것이다. 셋째로는 '즐거움을 주는 교육'이 되어야 한다고 말한다. 교육은 흥미를 유발시켜야 하며, 그 과정 속에서 '기쁨과 즐거움을 창조하는 교육'이 되어야 한다는 것이다.[23]

필자는 이러한 세 가지 조건을 충족시킬 만한 성서교육의 새로운 패러다임으로 '비블리오드라마'를 소개하고자 한다. 비블리오드라마(Bibliodrama)란 성서를 뜻하는 '비블리오'와 행위를 뜻하는 '드라마'의 합성어로서, '성서의 이야기들을 드라마로 체현(enactment)'하는 것이다.[24] 비블리오드라마가 지향하는 근본 이념은 앞에서 언급한 새로운 성서교육의 조건에 충분히 부합하고 있다.

먼저, 비블리오드라마는 삶에 대한 체험적 교육을 지향한다. 전통적인 성서교육 상황은 일반적으로 교사의 연출 행위에 의존한다. 교사가 목표를 세우고, 내용을 정리하고, 교육자료를 선정하는 등의 교사주도적 상황이 지배적이다. 학습과정 중에서도 교사의 역할은 절대적이다. 수업과 관련하여 교사는 학생들에게 문제를 제기하거나 자극을 통해 흥미를 유발시키고자 한다. 이때 학생들은 그것에 대해 반응하는데, 반항, 거부, 긴장 등의 형태로 나타난다. 교사는 가르칠 내용이 전제하고 있는 갈등이나 문제 상황을 해결할 수 있는 해답을 제시하거나 보여 줌으로써 문제점에 대한 긴장을 해소한다. 그러나 드라마적 수업은 교사의 연출 행위와 더불어 학생들의 자발적이고 즉흥적인 참여를 동반한다. 모든 학생을 동일한 긴장 속에 참여하게 하고 나서 가능한 한 다양한 개인적 입장을 드러내게 함으로써 교사가 제시하는 해답이 아니라 상호작용 속에서 스스로 터득하는 인식과 깨달음을 추구한다. 이로 말미암아 학생들은 자신의 개인적이고 실존적인 삶의 체험을 성서교육 속에서 할 수 있게 된다.[25]

둘째, 비블리오드라마는 교육의 전인적 측면을 고려하여 감성과 침묵, 몸의 언어에 귀 기울이는 교육을 지향한다. 전통적인 성서교육의 경우, 성서의 '침묵'의 부분을 거의 주목하지 않고 있다. 우리는 대화 중 많은 경우에 침묵의 상황을 맞게 된다. 이때 침묵의 상황은 단순히 대화의 중지 또는 의사소통의 단절로 규정할 수 없다. 오히려 침묵은 대화나 발언을 내면적으로 계속하고 있는 상황, 즉 내면적 행동과 사고를 통해서 상대방과 대화를 지속하고 있는 적극적인 태도로 보아야 한다. 침묵의 언어는 단순히 선형적으로 파악할 수 없는 모호하기도 하고 혼란스럽기도 하고 그 이전 상황을 완전히 해체시킬 수도 있는 복합적인 인지적 · 감성적 상황을 포함하는 것으로서 어떤 깨달음의 전(前) 단계로 보는 것이 옳다.[26]

　아울러 전통적인 성서교육의 경우 늘 교실과 책상으로 구조화된 정적인 상황에서 구두적인 언어에만 의존했지 신체적인 의사소통은 늘 무시되었다. 그러나 우리는 독서 중에 웃음을 터뜨리거나 눈물을 흘리기도 하며, 한숨을 쉬거나 심지어 소름이 돋거나 심각한 통증을 느끼는 경우를 대면하게 된다. 이는 모든 의미작용은 육체적인 연결고리를 가지고 있다는 증거이다. 비블리오드라마는 성서 이야기를 문자언어로만이 아닌 몸짓을 통해 함께 구현함으로써, 아울러 성서 속의 침묵의 공간에 주목하고 그 안에 담겨진 감성적 메시지를 추출해 냄으로써 지식적 해석을 넘어 감성적 그리고 신체언어 해석을 추구한다. 이러한 교육의 신체언어 성격은 구약 성서의 쉐마의 교육이념(신명기 6:4-9)과도 부합된다. 쉐마의 "마음에 새기라"(신명기 6:6)는 표현은 말씀교육이 단순히 지적인 행위가 아니라 전인적인 내면화의 과정임을 말하고 있다. 특히 신명기 6장 8-9절에는 온몸의 행위가 상징적으로 드러나고 있다. 감각(들음)과 마음과 이해, 몸이 한데 어우러지고 있다.

　셋째, 비블리오드라마는 즐거움(유희)을 지향하는 교육이다. 전통적인 성서교육의 관점에서 놀이는 늘 교육의 반대편에 놓여 있었다. 놀이의 시작은 곧 교육의 마침을 의미하는 것이었다. 그러나 최근 놀이에 대한 새로운 평가들이 제기되면서[27] 놀이의 교육적 중요성이 부각되기 시작되었다. 비블리오드라마는 교육에 있어서 '놀이'적 요소를 주목하고 그것을 적극적으로 수용한다. 비블리오드라마에 참여하는 학습자들은 자신이 느끼고 자신이 원하는 바대로 이야기를 표현하고 구현해 낼 수 있다. 어떤 고정된 틀이 없기 때문에 놀듯이 자유로울 수 있다. 그래서 즐겁고 많은 웃음을 자아낼 수 있다. 어떤 하나의 정답을 찾고자 하기보다는 서로의 느낌과 의미를 공유하려고 하기 때문에 경쟁할 필요도 없으며, 순전히 자발적 참여 속에서 흥미로운 학습을 유지할 수 있다.[28]

그런 점에서 비블리오드라마는 21세기에 접어들어 새로운 전환점을 요청하는 한국 교회교육을 위해 중요한 시사점과 가능성을 제시해 줄 수 있다. 이후 내용에서 필자는 성서교육의 모델로서 비블리오드라마를 좀 더 구체적으로 살펴볼 것이다. 단, 비블리오드라마는 구체적인 실천과 현장을 통한 성서교육이기 때문에 세계적으로 여러 형태의 비블리오드라마가 현존하고 있다.* 필자는 비블리오드라마의 대표적인 학자인 피터 핏젤(Peter Pitzele)의 비블리오드라마 이론을 중심으로 그 성서해석방식과 구체적인 성서교육과정을 간략하게 기술하고자 한다.

## 3. 피터 핏젤의 비블리오드라마 성서해석

### 1) 비블리오드라마(비블리오로그) 이론의 배경

핏젤은 유대인으로서 어릴 적부터 가정에서 배우며 자란 성서에 대한 전통에 가졌던 관심에 심리극 활동에 오랫동안 참여했던 아버지의 영향이 더해져서 자기만의 독특한 비블리오드라마를 발전시켰다. 핏젤은 2000년 9월에 독일의 세계베르크에서 열린 국제 비블리오드라마대회에서 '미드라쉬로서 비블리오드라마'라는 제목의 발표를 진행하면서 자신의 비블리오드라마를 '비블리오로

---

* 몇 가지 예를 든다면, 마르틴(Martin, 2001)에 의해 일찍이 주도된 (몸의 움직임을 강조하는) '비블리오드라마', 헤히트(Hecht, 2001)의 '전인적 성서교육', 핏젤(Pitzele, 2016)의 (대화 중심의) '비블리오로그' 등이 있다.

그(Bibliolog)'라고 불러 자신의 비블리오드라마를 기존의 비블리오드라마와 차별화했다. 특히 유대인 학자로서 핏젤은 유대 전통 성서해석방식인 미드라쉬(Midrash)를 현재의 성서 읽기에 접목시키고자 했다. 미드라쉬란 유대교의 규례와 규범을 일상생활에 적용하고 새로운 상황의 도전에 응답하는 유대교 전통의 성서해석방식 또는 성서해석서를 지칭하는 것으로, 성서의 내용 이해를 돕고, 내용 간의 모순을 설명하고, 현실에 적용하기 위해 시도된 본문에 대한 주석, 이야기, 설교 등을 모두 포함한다.[29], * 이 미드라쉬는 서구의 전통적 해석방식, 즉 본문비평적 방식과 같이 문헌학적 고증을 통해 단어나 문장의 객관적 의미를 표방하는 해석방식과는 큰 차이를 지닌다. 노이즈너(J. Neusner)에 따르면 미드라쉬는 크게 세 가지 형태로 분류된다. 첫째는 주해(paraphrase)로서, 성서를 히브리인들의 일상적 의미로 풀어 주는 형태이다. 둘째는 예언(prophecy)으로서, 성서의 내용을 과거에 있었던 사건이 아닌 현재 벌어지고 있는 또는 가까운 미래에 일어날 사건으로 설명해 내는 것이다. 셋째는 알레고리적 해석을 포함하는 비유(parable)적 형태로서, 한 말씀의 의미를 다른 말씀의 관점과 관련성 속에서 살펴봄으로써 문자적 의미를 넘어 더 깊은 이해에 이르게 되는 것이다.[30]

결국 미드라쉬적 방식으로서 비블리오드라마는 성서를 일상적인 의미(주해, paraphrase)로, 현대인의 삶의 지평(예언, prophecy)으로, 아울러 성서의 문자 너머에 있는 깊은 의미(비유, parable)로 전환시키고자 한다. 이를 위하여 비블리오드라마는 독자의 적극적인 참여 그리고 성서 인물들과의 동일시 방법을 추구한다. 핏젤은 이 비블리오드라마를 통해서 독일을 중심으로 형성된 비블리오드라마 활동과 다른 성격의 비블리오드라마 방식을 소개하고자 했던 것이다. 기존

---

* 미드라쉬는 본래 '묻다, 찾다, 연구하다'라는 뜻의 히브리어 '다라쉬(darash)'에서 파생된 명사이다. 구약 성서에서 동사 '다라쉬'는 "에스라가 여호와의 율법을 연구하여"(에스라 7:10), "너희는 여호와의 책에서 찾아 읽어 보라"(이사야 34:16) 등의 예에서 나타나듯이, 하나님 또는 하나님의 토라(율법)를 그 대상(목적어)으로 삼고 있다. 명사 '미드라쉬'는 구약 성서에서 단 두 번, 역대하 13장 22절["아비야의 남은 사적과 그의 행위와 그의 말은 선지자 잇도의 주석 책(Midrash)에 기록되니라"]과 역대하 24장 27절["요아스의 아들들의 사적과······ 하나님의 전을 보수한 사적은 다 열왕기 주석(Midrash)에 기록되니라"]에서 등장하고 있다(Stemberger, 1989: 21~22 참조).

의 비블리오드라마가 극적 성격과 참여자의 움직임에 더 중점을 두고 있다면, 핏젤의 비블리오드라마(비블리오로그)는 말씀, 즉 참여자들과 성서 본문의 대화에 좀 더 강조점을 두고 있다는 것이 그 차이점이라 하겠다.[31]

## 2) 미드라쉬적 성서해석

먼저, 미드라쉬 전통의 성서해석이 어떠한 것인지 랍비 나만(Rabbi Nahman)의 설명을 예로 들어 살펴보도록 하자. 랍비 나만은 창세기 1장 31절 "하나님이 지으신 그 모든 것을 보시니 보시기에 심히 좋았더라. 저녁이 되고 아침이 되니 이는 여섯째 날이니라."를 다음과 같이 풀이한다.

> "보시기에 좋았더라"라는 표현은 선한 욕망을 가리킨다. 반면에 "보시기에 심히 좋았더라"라는 표현은 악한 욕망을 지칭한다. "심히 좋았더라"라는 이 표현은 선과 악의 성향을 가진 존재로 지음 받은 인간이 창조된 후에만 말해지고 있기 때문이다. 다른 창조물을 창조하신 후에 하나님은 단지 "보시기에 좋았더라."라고만 말씀하신다. 도대체 악한 욕망이 심히 좋을 수 있단 말인가? 욕망은 지나치기 마련이다! 하지만 악한 욕망이 없다면, 어느 누구도 집을 짓거나, 결혼하여 아내를 삼는다든지, 자녀를 갖는 일을 하지 못할 것이다. 그래서 솔로몬 왕은 말한 바 있다. "내가 또 본즉 사람이 모든 수고와 모든 재주로 말미암아 이웃에게 시기를 받으니……"(전도서 4:4)[32]

언어논리학적으로 본다면, 이러한 해석은 심각한 논리적 비약을 드러내고 있다. 그러나 이 해석의 주된 관심은 논리적 연속성에 있는 것이 아니라 창조사건과 오늘의 인간 현실을 연결시키고자 함에 있다. 미드라쉬 전통은 본문상에서 그리 크게 주목되지 않는 '심히'라는 일상적 표현에 의미를 둠으로써 창조사건 속에서 인간이 간과하고 있는 중요한 의미를 인간의 현실과 연결시키고 있다. 욕망을 가진 인간이 선한 욕망으로 인해 문명을 태동시키고 문화를 건설할 수 있었던 반면, (심히) 지나친 욕망으로 인한 인간들의 시기와 경쟁의 결과로 인해 평화를 파괴하고 다툼과 분쟁, 불평등을 일으켰던 것이 인류의 역사를 통해 드러난 증거들이 아닌가? 미드라쉬는 이렇게 의외의 방식과 우스꽝스러운 방식으로 창조사건 속에 내재되어 있는 하나님의 창조질서의 의미 그리고 인간의 현실을 향한 창조질서 회복의 메시지를 드러내고 있다.

### 3) 성서의 흰 불꽃과 검은 불꽃

예레미야 선지자는 하나님의 말씀을 "불꽃"에 비유(예레미야 23:29)하고 있는데, 하나님의 말씀이 끊임없이 살아 움직이고 있음을 의미하고자 한 것이다. 이러한 불꽃 개념에 근거하여 미드라쉬 전통은 성서를 "검고 흰 불꽃"이라고 지칭한다.[33] 검은 불꽃이 성서에 기록된 문자를 지칭한다면, 흰 불꽃은 그 문자들 사이의 여백, 행간을 지칭하는 표현이라 하겠다. '흰 불꽃', 즉 텍스트의 여백에는 문자가 충분히 담아내지 못하는 숨겨진 인물의 목소리, 등장인물의 감정과 소망, 분노와 눈물이 담겨 있다. 미드라쉬는 바로 본문의 흰 불꽃을 통해서 검은 불꽃을 해석하는 방법이다. 사실 이것은 유대교 성서이해에 있어서 오랫동안 이어져 왔던 일이다. 이야기나 텍스트에 뚜렷하게 언급되지 않은 빈 공간(흰 불꽃)을 주목하여 그 빈 공간을 창조적으로 채워 나감으로써 성서의 본문(검은 불꽃)의 의미를 깊이 있으면서도 즐겁게 발견해 나가는 방법이다.[34], *

그렇다면 미드라쉬적 관점, 다시 말해서 흰 불꽃을 통해 검은 불꽃을 이해해 나가는 방식의 구체적인 성서해석의 예를 간단하게나마 살펴보는 것이 좋으리라 생각한다. "(그들이) 곧 그물을 버려두고 (예수를) 따르니라"(마가복음 1:18)라는 짧은 구절을 예로 들어 보자. 만일 이 구절을 대상으로 검은 불꽃에 주목하는 질문을 던진다면, "그들은 누구인가?" "그들은 무엇을 버렸는가?" "그들은 누구를 따르고 있는가?" "그들은 언제 그리고 어디서 그물을 버렸는가?" "그들은 바

---

* 미드라쉬의 해석학 원칙에 대해서는 Kern-Ulmer(2005: 268-292)을 참조하라.

로 버렸는가, 아니면 천천히 버렸는가?" "그 두 사람은 동일한 행동을 취하고 있는가, 아니면 서로 다른 행동을 취하고 있는가?" 등을 물을 수 있을 것이다. 그렇다면 이 본문의 흰 불꽃에 주목하여 질문을 던져 보도록 하자. 우리는 앞에서 주로 관심을 기울인 '그들'로부터 시선을 옮겨서 '그물'로 시선을 맞출 수 있을 것이다. 즉, 우리는 "버려진 그물은 어떻게 보이는가?" "그물은 그 두 사람에게 지금까지 어떤 의미를 가지고 있었는가?" "그들에게 확신을 준 것이 무엇이기에, 그 두 사람은 지금까지 자신과 가족들의 삶을 가능하게 해 준 그물, 곧 어부의 삶을 버리고 예수를 따르게 된 것일까?" 등의 질문을 던지게 될 것이다.[35] 오히려 버려진 그물의 모습에 우선 주목해 봄으로써 본문에서 말하고 있는 제자들의 결단과 확신의 의미가 더 강하게 다가오지 않는가?

그런데 핏젤의 견해를 따르면, 지금까지 대부분의 성서해석은 이러한 흰 불꽃에 크게 주목하지 않았다. 내면적이고 감정적인 부분은 텍스트의 객관적인 이해를 거스르는 방해물로 여겨져 왔던 것이 사실이다. 핏젤은 이러한 성서해석의 역사가 오히려 성서 읽기의 생동감을 잃게 한 실패의 역사라고 보고 아브라함 헤셸(Abraham J. Heschel)의 말을 인용하며 개탄하고 있다.

> 우리는 성서를 2천 년이 넘게 해석하고 연구했지만 그 뜻을 제대로 파악하지 못하고 있다. 그래서 여태껏 아무도 건드리지도, 들여다보지도, 읽어 보지도 않은 것처럼 보인다.[36]

여기서 핏젤은 구체적인 경험과 문제 상황 속에 있는 독자와 관련된 성서의 의미를 묻고 있는 것이다. 성서의 진정한 의미란 결국 말씀을 통해 하나님 앞에서 있는 자기 자신을 발견하고 자신이 가야 할 길을 찾는 데 있기 때문이다.

최근의 해석학 이론에 따르면 해석의 관건은 텍스트의 흰 불꽃을 얼마나 진지하게 대하는가에 달려 있다. 현대 해석이론의 선두주자 중 한 사람인 철학자 에코(Umberto Eco)는 "참다운 독자는 텍스트의 비밀이 그 빈 공간에 있다는 것을 이해하는 사람"[37]이라고 말한다. 텍스트를 이해한다는 것은 문자와 더불어 그 여백의 비밀을 해독해 내는 것, 다시 말해서 독자의 참여를 통해 그 여백, 빈 공간을 채워 나가는 행위인 것이다. 그런 점에서 성서에서 상당히 절제되어 표현되고 있는 등장인물의 내적 감정과 경험, 명시적으로 언급되고 있지 않은 이들의 목소리를 찾아내는 비블리오드라마의 성서해석은 텍스트의 흰 불꽃에 주목하는 한 해석방식이자, 빈 공간의 비밀에 진지하게 주목하고 채워 가는 노력이라고 하겠다.

흰 불꽃에 주목한다는 것은 본문 안에 담겨져 있는 관심과 관점에 주목하자는 것이며, 독자들의 다양한 상황과 경험에 근거하여 서로 다르게 나타날 수 있는 가능성으로 본문상의 자간을 채워 봄으로써 본문에 역동적으로 참여하고자 하는 것이다. 그런 점에서, 빈 공간을 채워 나간다는 것은 단순히 주관적 행위라고만 볼 수 없다. 그 빈 공간은 본문과의 원활한 맥락을 연결하고자 하는 것이기 때문에 검은 불꽃의 언어적 · 상황적 맥락(문법)에 맞추어져야 한다. 그 열린 공간을 연결시키는 일종의 규칙을 찾아내고자 자신의 경험으로부터 시작해서 규칙을 찾아 나서는 것이다. 그래서 이 빈 공간을 채우는 것은 놀이처럼 자유로울수 있으며, 흥미를 유도할 수 있다. 그리고 새로운 것을 발견하였을 때 느끼는 기쁨의 감흥을 제공한다. 비블리오드라마는 하나의 옳은 해답을 찾기보다는 성서 본문과 조우하고 대화함으로써 성서 본문으로 더 깊이 나아갈 수 있는 통로를 찾고자 함이며, 다른 말로 하면 더 깊은 의미를 인도하는 닫힌 문을 여는 '열쇠'를 찾기 위한 놀이 작업의 일환이라고도 할 수 있을 것이다.[38]

# 4. 피터 핏젤의 비블리오드라마 성서교육

## 1) 비블리오드라마 성서교육의 과제와 가능성

핏젤의 판단에 따르면, 성서는 이제 과거와 같은 무조건적 '권위'를 상실하였으며, 점점 일반인들에게, 심지어 그리스도인들에게조차 현실적 의미를 상실한

'고전문학'으로 전락해 가고 있다. 따라서 오늘날 성서교육의 과제는 어떻게 이 성경말씀을 현대인들에게 '생명력' 있게, '생동감' 있게 다가가게 할 것인가 하는 것이며, 아울러 성서를 생명력 있게 조력할 교사를 양성함에 있다.[39]

핏젤은 성경말씀을 그 기능적 측면에서 "인간 영혼의 거울이자 창(窓)"[40]으로 지칭하는 데 주저하지 않는다. 왜냐하면 성서 안에는 인간들이 현세에서 겪는 경험의 원형들(Archetypen)이 등장하고 있기 때문이다. 이 경험의 원형들은 우리가 추구하는 삶의 의미를 과거 우리 선조들의 경험과 연결시켜 준다. 즉, 성서 인물들의 삶과 이야기를 통해 오늘날의 우리는 우리가 누구이며, 어디로부터 와서 어디로 가는지에 대한 경험을 제공받을 수 있다는 것이다. 그런 점에서 성서의 말씀과 이야기들은 단순히 우리가 읽어야 할 '대상(Objekt)'이 아니라 우리와 특별한 만남을 가능하게 하는 특별한 '존재', 곧 독자와 함께 참여하는 대화의 파트너요 상대자로서 자리한다.[41] 이렇게 인격적 상대자로서 이해되는 성서는 성서 읽기를 통해 교육적 사건이 일어날 수 있는 근거를 마련해 준다.

비블리오드라마는 결국 성서 이야기, 성서 속의 인물들과 함께 대화하고자 하는 것이다. 비블리오드라마를 통해 독자들은 아담 또는 하와, 모세나 미리암이 되어 이야기를 나눔으로써 성서 이야기의 인물들과 연결되고, 그 관계 속에서 자기 자신을 재발견하고자 한다. 아울러 비블리오드라마에 참여하는 사람들은 성서의 인물들과 자신을 동일시함으로써 하나님 경험을 구현할 수 있게 된다. 대부분의 성서 이야기는 '하나님–사건'이기 때문에, 성서 이야기 속으로 자신을 투사함으로써 하나님에 대해서, 우리와 함께하시는 하나님의 존재에 대해서 숙고하고 느낄 수 있다. 일반적으로 사람들은 침묵과 기도, 명상 등을 통해서 '홀로' 하나님을 찾고자 하지만, 비블리오드라마는 하나님을 '더불어' 발견하고자 한다. 곧 다른 이들과 이야기 나누고 대화하는 상호작용을 통해서 말이다. 언제나 혼자만의 고독을 느끼게 되는 현대생활 속에서 즉흥적인 자기 생각의 발언을, 경쟁적이지 않으면서 생동적인 공동체 형태 안에서 하나님의 역사를 경험할 수 있게 되는 것이다. 그런 점에서 비블리오드라마는 생동적인 예전(lebendige Liturgie)의 역할도 수행할 수 있다.[42]

## 2) 비블리오드라마 성서교육의 과정

이제 핏젤이 제시하는 비블리오드라마의 과정을 간략하게 서술하려고 한다. 핏젤은 일반적인 비블리오드라마 과정의 이해를 따라 '웜업-연기-성찰'의 세 단계로 자신의 비블리오드라마 과정을 설명한다.

### (1) 웜업

핏젤이 이해하는 비블리오드라마의 웜업은 다른 비블리오드라마 전문가들이 이해하는 웜업(warm-up)과 차이가 있다. 대부분의 비블리오드라마 웜업에서는 참여집단의 어색한 분위기를 풀어 주고 참여자들 간의 상호신뢰를 높이기 위해 놀이 행위가 주를 이룬다. 하지만 핏젤의 웜업은 성서 본문에서 시작한다. 그에게 웜업은 성서 본문을 이야기로 들려준다든지 낭독해 줌으로써 참여자들이 이야기 속에 자신을 정립시키는 작업이다. 여기서 중요한 것은 단순히 성서의 내용을 들려주는 것만이 아니라, 참여자들로 하여금 자기 자신들의 경험과 연관지어 말씀을 듣게 함으로써 참여자들과 성서 이야기 사이의 거리를 좁히는 데 있다. 이를 위해서 디렉터는 이야기하는 과정 중 적절하게 질문을 던져 주어야 한다. 예를 들어, 성인들을 대상으로 예수께서 어린이를 축복하는 본문(마가복음 10:13-16)을 다룰 때에, 첫 구절 "사람들이 예수께서 만져 주심을 바라고 어린 아이들을 데리고 오매……"를 읽은 후에 "여기 등장하는 사람들은 어떤 사람들일까요? 그들이 자신들의 아이들을 예수께 데리고 와서 기대했던 것은 무엇일까요?"와 같이 질문할 수 있다. 이러한 질문을 듣는 참여자들은 신앙생활과 관계하여 자신들이 자녀들에게 가르치고 강조하는 것은 무엇인지, 자녀들과 관련하여 자신들이 소망하고 고민하는 문제가 무엇인지를 반성하게 된다.[43]

### (2) 연기: 역할 속으로

비블리오드라마의 다음 단계는 참여자들이 각자 이야기 속의 인물과 자신을 동일시하여 그 연기자의 입장에서 이야기하고 또 다른 역할로 전환하여 이야기하는 것이다. 여기서 디렉터는 이야기 속의 등장인물의 역할을 맡은 이와 '인터 뷰' 형식의 대화를 이끌어 가게 된다. 주로 디렉터가 질문하고 역할을 맡은 이가 자유롭게 대답하는 형태를 취하게 된다.

디렉터는 참여자들을 향해 "당신은 ~입니다" 또는 "여기 계신 ~님"이라고 말을 걸면서 대화를 시작하게 되는데, 이를 통해 참여자는 성서 이야기 속의 등 장인물과 자신을 동일시하게 된다. 그리고 이어서 디렉터는 앞의 본문(어린이를 축복하시는 예수님)과 연관 지어 "여기 계신 아버지/어머니, 자녀들과 함께 이곳 에 오셨군요. 왜 이곳에 오셨는지 말씀 좀 해 주시겠습니까?"와 같이 질문을 던 질 수 있다. 역할을 맡은 참여자는 웜업 단계에서 생각했던 문제들과 연관하여 자신이 왜 이곳에 왔는지, 그리고 자신이 예수님께 혹은 자신의 아이들에게 기 대하고 소망하는 바가 무엇인지 즉흥적으로 자유롭게 말하게 된다.[44]

핏젤은 이 과정을 '몰입(trans)'이라고 표현한다. '마치 ~인 양' 자신의 모습을 성서 본문의 세계 속으로 또는 성서의 등장인물의 역할 속으로 진입시키는 경험 을 말한다.[45] 이를 통해 학습자는 자신의 (현재) 모습을 지닌 채 성서 본문의 세 계 속으로 이동하게 된다. 여기서 등장하는 중요한 해석학적 관점이 주관적 참 여라고 하는 것인데, 오해하지 말아야 할 것은 주관적 참여가 자의적 해석과 동 일시되어서는 안 된다는 사실이다. 주관적 참여라 함은 성서를 고정된 의미를 담고 있는 '그것', 즉 대상으로 보는 것이 아니라, 마치 마틴 부버(Martin Buber) 가 말한 '나와 너'의 관계 구조[46]에서처럼 성서를 인격적 · 실존적 파트너인 '너' 로 삼는 것이다. 핏젤은 이와 관련해서 비블리오드라마를 통해 "나는 너를 향한 나로서 본문과 대면한다."[47]라고 말한다. 이때 대화의 상대자인 '나'는 가치중 립적으로 또는 무전제의 상태로 '너'를 대할 수 없다. 늘 나의 개인적 경험을 가 지고 대화에 참여할 수밖에 없다. 이러한 주관적 참여는 성서해석의 개인적 한 계를 분명히 드러내고 있는 반면, 의미를 찾아 가는 실제적인 대화의 장으로 인 도한다.

이 인터뷰 과정에서 디렉터에게 요구되는 기술이 '에코잉(echoing)', 즉 메아 리/공명 기법이다. 이것은 디렉터가 연기자가 언급한 말을 일인칭의 문장으로 다시금 반복해 주는 것인데, 때로는 대답한 말 그대로를 반복하거나, 때로는 축약해서 간결한 또는 명확한 문장으로 정리해 줌으로써 연기자가 자신의 생각이 정확하게 전달되었는지를 발견할 수 있도록, 나아가 대화가 계속해서 진행될 수 있도록 돕는 역할을 하게 된다. 예를 들어, 앞의 질문에 한 연기자는 "난 잘 모르겠는데요."라고 대답했다면, 디렉터는 "난 내가 정말 여기 왜 오게 되었는지 그 이유를 정확하게 알지 못합니다."와 같이 에코잉을 수행할 수 있다. 이 에코잉을 통해 연기자는 성서 이야기 속에 등장하게 되는 문제 상황을 자기 자신의 개인적이고 실존적인 문제와 연관 지어 고민하게 된다.[48]

이 두 번째 단계에서 모든 참여자는 동일한 인물에 집중해서, 즉 자신을 한 인물에 동일시하여 다양한 내용의 대화를 나눌 수 있을 것이다. 아니면 어느 정도 대화를 나눈 후, 디렉터는 다음 장면으로 대화를 전환시킬 수 있다. 즉, 디렉터는 13절 하반절 "제자들이 꾸짖거늘"을 읽어 준 후에, 다시금 다른 참여자들을 향해 "당신은 예수님의 제자 ∼이시군요. 왜 어린이들이 예수님께 다가오는 것을 싫어하시죠?"라고 질문을 던짐으로써 대화의 주제를 다른 장면으로 전환시킬 수 있다. 이 단계는 참여자들이 역할에서 벗어남으로써 끝마치게 된다.

(3) 성찰: 역할 밖으로

세 번째 단계는 역할에서 빠져나온 독자들이 역할 참여 과정을 통해서 경험한 바를 나누고 토론하는 과정이다. 여기에서는 성서에서 언급된 문제들을 현실의 관점에서 성찰하고 의견을 나눈다. 먼저, 디렉터는 인터뷰 과정을 통해서 경험했던 바, 즉 비블리오드라마 경험을 나누고, 본문을 통해서 새롭게 배우고 깨닫게 된 것을 나눈다. 이어서 디렉터는 성서 본문을 다시금 함께 읽고 본문이 의미하는 바가 무엇인지를 개인적으로 또는 소그룹으로 나누어 생각하고 의견을 나누게 한다.[49] 핏젤은 이 성찰 부분을 역할 벗기, 소감 나눔, 성서해석, 기타 자료, 진행 방식에 대한 논의의 순서로 진행해 나간다.

- 역할 벗기란 역할극에 참여한 이들을 극중 역할을 끝내고 현실의 모습으로

돌아오게 하는 것이다. 극중 역할에 대한 몰입이 진지하게 진행되었을수록 역할 벗기의 과정 또한 진지하고 차분하게 이루어져야 한다.

• 소감 나눔은 비블리오드라마를 수행하면서 또는 바라보면서 경험하거나 느꼈던 내용과 의미들을 함께 대화하며 나누는 순서이다.

• 그리고 이어지는 성서해석은 자신들이 함께 나누었던 경험과 느낌들을, 함께 글을 통해 다루었던 성서 본문과 연결시켜서 성찰하는 작업이다. 이 과정에서는 극중 인물이 아닌 현재 자신의 모습으로 성서 본문을 바라보면서 자신이 과거에 미처 발견하지 못했던 내용과 의미를 발견함으로써, 성서 본문의 의미를 더욱 풍성하고 입체적으로 체험한다.

• 다음으로 이어지는 순서는 기타 자료이다. 디렉터는 비블리오드라마의 수행 중 주로 참여자들의 주체적인 활동을 독려하면서 개인적인 의견을 제시하지 않았다. 이제 디렉터는 참여자들에게 본문에 대한 새로운 통찰이나 다른 해석의 가능성들을 제시해 줌으로써 참여자들이 앞으로도 이 본문을 통해 경험하게 될 새로운 공간을 열어 놓는다.

• 마지막 과정에 대한 진행 방식에 대한 논의는 지금까지 진행된 비블리오드라마의 과정에 대해서 묻고 의견을 나누는 시간이다. 주로 디렉터에 의해 인터뷰 형식으로 이끌어져 온 전체 과정 중 질문 내용이나 대화 방식에 대해 참여자들이 묻거나 자신의 의견을 제시한다든지, 다른 참여자들이 이야기했던 내용 중 인상적이었거나 이해되지 않는 점에 대해서 서로 묻고 답하게 된다. 특별히 이 순서는 비블리오드라마의 디렉터가 자신의 진행 방식과 대화 방식에 대해서 피드백할 수 있는 중요한 시간이기도 하다.[50]

## 3) 비블리오드라마 성서교육의 사례: 노아의 방주 사건

이제 비블리오드라마 성서교육의 사례를 제시하고자 한다. 앞에서 설명한 비블리오드라마의 전체 과정 속에서 진행된 모든 대화 내용을 이곳에 소개하고 서술하기는 불가능하다. 따라서 필자는 비블리오드라마 성서교육에 참여한 학습자가 자신을 성서의 등장인물과 동일시하여 자기 자신을 소개하는 내용으로 그 사례를 대신하고자 한다.

다음의 내용은 2008년에 필자가 강의를 맡았던 장로회신학대학교 기독교교육과 3학년의 '기독교교육교수방법' 수업시간 중, 주제 '비블리오드라마'를 다루면서 역할에 참여한 학생에 의하여 실제로 연기된 내용을 녹취한 것이다. 여성 발표자인 ○○양은 '노아의 아들' 역을 맡아 자신의 감정을 이야기하기로 하였다. 역할 선택은 전적으로 본인의 자유로운 의사에 따른 것이었으며, 자신이 '노아의 아들' 역할을 해 보겠노라고 사전에 이야기해 준 것 외에는 발표한 내용에 대해서 강의자인 필자와 이야기 나눈 바 없다. 연기자는 준비된 대본을 따르기보다는 발표할 주제 내용만을 준비한 채, 대본 없이 즉흥적인 형태로 자신의 이야기를 풀어 나갔다. 분위기를 위해서 실내등은 소등한 상태에서 조명 하나만을 연기자에게 비추어 주었고, 조용한 음악을 배경으로 흐르게 하였다. 연기자는 이야기 중간중간에 감정적인 문제로 이야기를 몇 번씩 중단하거나 눈물을 흘리곤 했다. 따라서 녹취한 내용이 논리적으로 매끄럽게 연결되지 못하는 점이 있으나, 녹취한 내용에 거의 수정을 가하지 않고 소개해 본다.

> 우리 아버지 이름은 노아입니다.
> 나는 하나님의 뜻을 따르는 아버지가 참 자랑스럽습니다. 그리고 또한 내가 이런 가정에 태어난 사람이란 게 정말 행복하고 좋습니다. 그런데 어느 날 갑자기 우리 아버지께서 정말 뜬금없는 소리를 가족에게 했습니다. 정말 아버지 계획에 있지도 않고 정말 우리에게도 너무 충격적인 말이었습니다. …… 저는 정말 너무나 황당했고 정말…… 그런데, 어머니께선 항상 아버지께서 생뚱맞은 말을 했다면…… 당연히 말리셨을 텐데 어머니께서도 이 뜻에 따르겠다고 하셨습니다. 저는 어머니 아버지가 힘들어하시는 모습이 정말…… 싫습니다.
> 그래서 전 말리고 싶었지만…… 말하지 못했습니다.
> ……
> 마을 사람들이 와서 아버지께 그만두라고, 이게 뭐하는 짓이냐고 [아버지]를 말렸지만 아버지는 끝까지 그 일을 주장하셨습니다. 저는 그걸 보면서 아버지

를 말리고 싶었고…… 눈물이 났습니다. ……

하지만 아버지 앞에선 절대 울지 않았습니다. 내가 울면…… 아빠도 힘들어 하시기 때문에……

……

나는 그저 아무 말도 하지 않았습니다. 그저 아버지의 뜻에 따르겠다고 했고 묵묵히 도왔습니다. …… 하나님의 뜻이라잖아요. …… 아버지의 뜻이 하나님의 뜻이고……

아버지의 뜻이 하나님의 뜻이라고 하니까 나는 그냥 묵묵히 따랐습니다.

아버지의 뜻이 곧 내 뜻이고 내 뜻이 아버지의 뜻이니까 우리 가족은 그렇게 많은 사람들의 시선 가운데서도 잘 이겨 내고 그렇게 묵묵히 하나님의 뜻에 따랐습니다.

앞의 내용에서 노아의 자녀들이 가지고 있었던 아버지에 대한 신뢰와 동시에 개인적으로 풀지 못했던 고민이 함께 묻어나고 있음을 알 수 있다. 성서에 거의 언급되고 있지 않은 노아의 자녀들이 가졌던 고뇌, 아버지의 하나님을 신뢰하지만 현실 속에서 아버지의 행위를 이해하고 받아들이기 힘들었던 그들의 고민과 갈등이 얼마나 컸을까 하는 것을 느끼게 된다. 그리고 이러한 자녀들의 갈등과 고민을 통해 아버지 노아의 모습이 어떠했을까를 추측할 수 있다. 다시 말해서, 노아의 방주 사건을 하나님의 심판 사건으로만 볼 것이 아니라, 가족들과 자녀들 그리고 이웃들과의 관계 속에서 노아가 하나님의 명령에 순종하기까지 고민하고 갈등했던 상황을 오늘의 현실과 관련지을 수 있다.

이 역할을 연기했던 학생(연기자)은 실제로 자신의 부모가 갑작스럽게 외국의 선교사로 나가게 된 것에 대한 충격과 섭섭함, 그리고 그리움의 체험을 가지고 있었다. 연기자 본인은 아버지와 어머니 곁에서 함께하고 싶었으나 자신을 이곳에 남겨 둔 채 외국으로 떠나는 부모님에 대한 서운함, 하지만 그것이 하나님으로 비롯된 선교적 소명이며 하나님의 사역을 수행하는 것이기에 더 이상 아무 말도 할 수 없었던 안타까움을 토로하였다. 연기자는 '노아의 방주 사건'을 읽으며 노아의 자녀들에게서 자신의 모습을 발견했던 것이다. 이처럼 연기자는 자신의 삶의 기억을 가지고 성서 속의 인물과 동일시함으로써 성경말씀이 자신의 현실을 반영하고 있음을 느낌과 동시에, 성서 속의 사건이나 인물들의 삶 속에 내재되어 있는 많은 갈등과 고통을 이해할 수 있게 된다. 그럼으로 말미암아 성서를 드라마적으로 읽어 나가는 과정을 통해서 현실의 문제를 바르게 직시하고 대면하여 그것을 극복할 수 있는 길을 발견하게 된다.

엄밀히 말해서, 우리가 성서를 읽는 이유는 단순히 성서의 내용을 익히기 위해서가 아니라 그 말씀을 통해 나 자신을 읽어 내고 발견하기 위함이다. 그런 점에서 성서는 나를 읽어 내는 책(Bible that reads me)이다.[51] 성경은 우리가 읽고 객관적 의미를 파악하는 독서의 책(Lesetext)이 아니라, 우리의 경험과 문제를 드러내고 새로운 방향을 설정하게 하는, 즉 우리의 삶을 이끄는 생명의 책(Lebenstext)이다.[52]

## 미주

[1] Baldermann, 1996: 1.
[2] 대한예수교장로회총회, 2002: 32-100.
[3] 고원석, 2007b: 53-61.
[4] 고원석, 2007b: 60-61.
[5] 박창환, 1976: 5.
[6] 양금희, 2006: 245-271; Wink, 1973.
[7] Wink, 1973: 1.
[8] Wink, 1973: 1-10.
[9] Gadamer, 1986: 9-15.
[10] Wink, 1973: 10.
[11] Schulze, 1993.
[12] Mertin, 1999: 9-10.
[13] Sweet, 2002: 67.

**[14]** Stallmann, 1958.

**[15]** Otto, 2007: 12-14.

**[16]** Kaufmann, 1969: 137.

**[17]** Otto, 1964.

**[18]** Stoodt, 1975.

**[19]** Nipkow, 1975/1982.

**[20]** Baudler, 1984.

**[21]** Halbfas, 1989/1993.

**[22]** Krondorfer, 2008.

**[23]** 박화경, 2007: 237-246. 그녀는 이 외에도 "일관성, 계속성 있는 교육" "교육 방법의 다양화와 교육 환경의 활용" "교육지도자의 전문성 개발"을 덧붙이고 있다(박화경, 2007: 246-250).

**[24]** Krondorfer, 2008: 14.

**[25]** Baldermann, 1996: 157-160.

**[26]** Laeuchli, 2008: 80-84.

**[27]** Huizinga, 2004.

**[28]** Warns & Fallner, 1994: 85-93, 128-135.

**[29]** 조철수, 2007: 17.

**[30]** Neusner, 1987: 7-8.

**[31]** Lehnen, 2006: 139, 348; Waskow, 2008: 273-292.

**[32]** Genesis Rabbah 9:7, translation from Soncino Publications; http://en.wikipedia.org/wiki/Midrash(2020. 3. 30. 검색)에서 재인용

**[33]** Pohl-Patalong, 2009: 9.

**[34]** Pitzele, 2016: 38-43; Pohl-Patalong, 2009: 28-29.

**[35]** Pohl-Patalong, 2009: 27.

**[36]** Pitzele, 2016: 41.

**[37]** Eco, 1997: 55.

**[38]** Pohl-Patalong, 2009: 27.

**[39]** Pitzele, 2016: 13-14.

**[40]** Pitzele, 1991: 562.

**[41]** Lehnen, 2006: 141.

**[42]** Lehnen, 2006.

**[43]** Muchlinksy, 2002: 127; Pitzele, 2016: 172-193.

**[44]** Muchlinksy, 2002: 127.

**[45]** Pitzele, 2016: 194; Pohl-Patalong, 2009: 27-28.

**[46]** Buber, 2014.

**[47]** Pitzele, 2016: 132-151.

**[48]** Lehnen, 2006: 146-147; Muchlinksy, 2002: 127-129; Pitzele, 2016: 41-48.

**[49]** Lehnen, 2006: 148-149; Muchlinksy, 2002: 130.

**[50]** Pitzele, 2016: 286-297.

**[51]** Weber, 2006.

**[52]** Grethlein, 2005: 304.

## 💡 참고문헌

고원석(2005). *Kindgemäß, Lebendig und dialektisch: Martin Rangs Bibeldidaktik des tua res agitur*. Münster: Lit.

고원석(2007a). 복음과 기독교교육-복음적 교육론인가 복음훈육인가?. 부산장신논총, 7, 187-218.

고원석(2007b). 다음 세대인 청소년들의 성경관에 대한 고찰-오늘의 세대에서 바라본 다음 세대. 하나님 나라와 다음세대 부흥(pp. 53-61). 교육주제29. 서울: 한국장로교출판사.

고원석(2010). 성경학습의 새로운 패러다임으로서 비블리오드라마: 비블리오로그를 중심으로. 교회의 전사역의 교육적 접근에 관한 통전적 연구(pp. 232-266). 서울: 장신대기독교교육연구원.

고원석(2013). 성서와 기독교교육: 성서를 어떻게 가르칠 것인가? 기독교교육개론(pp. 276-310). 서울: 장신대기독교교육연구원.

대한예수교장로회총회(2002). 교회교육백서. 서울: 한국장로교출판사.

박창환(1976). 성경의 형성사. 서울: 대한기독교서회.

박화경(2007). 교회학교 감소 요인에 대한 분석과 교회교육의 과제. 21세기 한국교회교육의 과제와 전망. 고용수 교수 은퇴기념 논문집(pp. 223-252). 서울: 장신대기독교교육연구원.

양금희(2006). 윙크의 변증법적 성경공부 방법의 해석학적 의미. 한국신학의 지평. 무극 한숭
　　홍 교수 정년퇴임기념 논문집(pp. 245-271). 서울: 선학사.

은준관(1987). 교육신학. 서울: 대한기독교서회.

조철수(2007)(역주). 잠언 미드라쉬. 서울: 성서와함께.


Baldermann, I. (1996). *Einführung in die biblische Didaktik.* Darmstadt: Primus.

Baudler, G. (1984). *Korrealtiondidaktik: Leben durch Glauben erschließen.*
　　Paderborn: Schöningh.

Biehl, P. (1989/1993). *Symbole geben zu lernen I/II.* Neukirchen: Neukirchener.

Buber, M. (2014). 나와 너 (*Ich und Du*). (표제명 역). 서울: 문예출판사. (원저는 1923년
　　에 출판).

Eco, U. (1997). 해석이란 무엇인가 (*Interpretation and Overinterpretation*). (손유택 역).
　　서울: 열린책들. (원저는 1992년에 출판).

Gadamer, H.-G. (1986). *Wahrheit und Methode, Gesammelte Werke I* (5th ed.).
　　Tübingen: J.C.B.Mohr.

Grethlein, Ch. (2005). *Fachdidaktik Religion: Evangelischer Religionsunterricht in
　　Studium und Praxis.* Stuttgart: Kohlhammer.

Halbfas, H. (1995). *Das dritte Auge* (6th ed.). Düsseldorf: Patmos.

Hecht, A. (2001). *Bibel erfahren. Methoden ganzheitlicher Bibelarbeit.* Stuttgart:
　　Kohlhammer.

Huizinga, J. (2004). 호모 루덴스: 놀이와 문화에 관한 한 연구 (*Homo Ludens: A study of the
　　play-element in culture*). (김윤수 역). 서울: 까치. (원저는 1938년에 출판).

Kaufmann, H.-B. (1969). Muß die Bibel im Mittelpunkt des Relligionsunterrichts
　　stehen?. In W. G. Esser (Hrg.), *Die Religionspädagogische Grundfrage nach
　　Gott* (pp. 133-140). Freiburg: Herder.

Kern-Ulmer, R. (2005). Hermeneutics, Techniques of Rabbinic Exegesis. In J. Neusner &
　　A. J. Peck (Eds.), *Encyclopedia of Midrash* (Vol. 1., pp. 268-292). Leiden:
　　Koninklijke Brill.

Kittel, H. (1947). *Vom Religionsunterricht zur Evangelischen Unterweisung.*
　　Wolfenbuettel: Wolfenbuetteler Verlag.

Krondorfer, B. (Ed.). (2008a). 비블리오드라마 (*Body and Bible: Interpreting and
　　experiencing biblical narratives*). (황헌영, 김세준 공역). 서울: 창지사. (원저는
　　1992년에 출판).

Krondorfer, B. (2008b). 비블리오드라마: 성서 이야기의 체현화. B. Krondorfer (Ed.). 비블리오드라마 (*Body and Bible: Interpreting and experiencing biblical narratives*, pp. 12-21). (황헌영, 김세준 공역). 서울: 창지사. (원저는 1992년에 출판).

Laeuchli, S. (2008). 에덴에서의 추방: 연구의 해석학. B. Krondorfer (Ed.). 비블리오드라마 (*Body and Bible: Interpreting and experiencing biblical narratives*, pp. 80-134). (황헌영, 김세준 공역). 서울: 창지사. (원저는 1992년에 출판).

Lehnen, J. (2006). *Interaktionale Bibelauslegung im Religionsunterricht*. Stuttgart: Kohlhammer.

Martin, G. M. (2010). 몸으로 읽는 성서: 비블리오 드라마 (*Sachbuch Bibliodrama: Praxis und Theorie*). (손성현 역). 서울: 라피스. (원저는 1995년에 출판).

Mertin, A. (1999). *Videoclips im Religionsunterricht*. Goettingen: Vandenhoek & Ruprecht.

Moreno, J. L. (1977). *Psychodrama I* (4th ed.). New York: Beacon House.

Muchlinsky, F. (2002). Bibel im Dialog—sogar zwischen Kanzel und Geminde. Die Methode des 'Bibiologs'. In E. Naurath & U. Pohl-Patalong (Hrg.), *Bibliodrama*. Stuttgart: Kohlhammer.

Nipkow, K. E. (1975/1982). *Grundfragen der Religionspädagogik, 3 Bände*. Gütersloh: Gütersloher.

Neusner, J. (1987). *What is Midrash?*. Philadelpia: Fortress.

Otto, G. (1964). *Schule-Religionsunterricht-Kirche* (2nd ed.). Göttingen: Vandenhoek & Ruprecht.

Otto, R. (2007). Lernen in der Begegnung mit der Bibel. In G. Adam (Hrg.), *Bibeldidaktik* (pp. 11-34). Münster: Lit.

Pitzele, P. (1991). Mirror and Windows of the Soul. *Religious Education, 86*, 562-570.

Pitzele, P. (2016). 비블리오드라마로의 초대: 성경을 여는 창 (*Scripture windows: Towards a practice of bibliodrama*). (고원석 역). 서울: 한국장로교출판사. (원저는 1998년에 출판).

Pohl-Patalong, U. (2009). *Bibliolog*. Stuttgart: Kohlhammer.

Schulze, G. (1993). *Die Erlebnisgesellschaft. Kultursoziologie der Gegenwart* (3rd ed.). Frankfurt am Main/New York: Campus.

Stallmann, M. (1958). *Christentum und Schule*. Göttingen: Vandenhoek & Ruprecht.

Stemberger, G. (1989). *Midrasch. Vom Umgang der Rabbinen mit der Bibel*. München: C. H. Beck.

Stoodt, D. (1975). *Religiöse Sozialisation*. Stuttgart: Kohlhammer.

Sweet, L. (2002). 영성과 감성을 하나로 묶는 미래교회 (*Post-Modern pilgrims: First century passion for the 21st century world*). (김영래 역). 서울: 좋은씨앗. (원저는 2000년에 출판).

Warns, E. N., & Fallner, H. (1994). (Hrg.). *Bibliodrama als Prozess*. Bielefeld: Luther-Verlag.

Waskow, A. (2008). 하나님의 몸과 미드라쉬 과정, 그리고 토라의 구현. B. Krondorfer (Ed.). 비블리오드라마 (*Body and Bible: Interpreting and experiencing biblical narratives*, pp. 273-292). (황헌영, 김세준 공역). 서울: 창지사. (원저는 1992년에 출판).

Weber, H.-R. (2006). 성서, 나를 읽는 책 (*The book that reads me: A handbook for bible study enablers*). (연규홍 역). 서울: 예영커뮤니케이션. (원저는 1995년에 출판).

Wink, W. (1973). *The bible in human transformation: Toward a new paradigm for biblical studies*. Philadelphia: Fortress Press.


Art. "Midrash" Wikipedia. http://en.wikipedia.org/wiki/Midrash (2020. 3. 30. 검색)

# 제5장

# 비블리오드라마와 기독상담*

황헌영

20세기 초반에 등장하여 지난 한 세기 동안 눈부신 발전을 거듭해 온 현대 심리치료와 상담 분야를 지켜보면서 기독상담계는 당혹감을 감추지 못하고 있다. 지난 수천 년간 인간의 치유와 영혼의 돌봄을 주도해 왔던 종교의 그 영광스러운 자리는 이제 일반 심리치료계에 빼앗기고 있는 듯한 형국을 보이고 있고, 기독상담학계는 지금 일반 상담의 이론과 기법의 실제적 효과를 수용하는 데 급급해 하고 있기 때문이다. 물론 유익한 것은 받아들여 발전시켜야 한다. 하지만 자신의 고유한 자원을 뒤로한 채 다른 곳에서 개발된 이론과 기법들을 여과 없이 수용하는 데 주력한다면, 기독상담은 결국 일반 상담의 아류로 전락해 버리고 말 것이다. 이로 인해 최근 기독상담의 특성과 방법론은 무엇인가에 대한 자각의 운동이 일고 있다. 일반 상담과의 협업을 이루며 기독교만의 자원과 특성을 담아내는 상담모형과 방법론 개발에 주력하자는 움직임이 일고 있는 것이다.

---

* 이 장은 『신학과 실천』 67호에 실린 「통합적 기독상담모형으로서 비블리오드라마」(2019)를 정리한 것이다.

이러한 요청 속에 기독신앙공동체가 자신 있게 세상에 내놓을 수 있는 효과적인 상담모형 중의 하나가 바로 비블리오드라마이다. 비블리오드라마는 기독교신앙의 최고 유산인 성서를 통해 인간 치유의 자원과 지혜를 얻어 상담의 현장에 찾아오는 개개인 혹은 공동체의 내부적 · 외부적 갈등을 풀어 주는 효과를 맛보게 하는 새로운 형태의 집단상담 방법론이다. 특별히 현대 드라마치료 방식을 더하여 전개되는, 신체를 활용한 전인적 경험의 접근 방식은 놀이와 흥거움을 더하며 성경이 가진 치유의 위력을 풍성하게 전달해 준다.* 종전의 성경공부와 활용이 지도자 중심으로 준비된 '머리' 위주의 인지적 교육이나 일방적인 설교의 방법을 취하였다면, 비블리오드라마는 반대로 참여자들이 주체가 되어 신체적 동작을 포함한 전인적 집단체험의 현장을 선사하는 방법을 보여 준다. 집단 구성원들은 성서 이야기 속으로 뛰어들어 직접 성서의 인물이 되어 보고 이야기 속에서 당사자들이 겪었던 갈등을 경험하며 그 갈등과 고통의 삶의 현장을 넘어서는 드라마의 경험을 체험한다. 이때 드라마의 역할을 시연한 참여자들과 그것을 지켜보는 집단 구성원들은 함께 감정 정화와 통찰을 얻으며 자기 자신을 새롭게 발견함은 물론, 인간관계 개선을 위한 역할훈련도 경험한다. 이처럼 비블리오드라마는 참여자들에게 커다란 집단 치유 혹은 성장의 계기를 마련해 주는데, 이는 성서가 지난 수천 년간 담당해 온 인간 치유와 돌봄의 방법을 계승한 것이다. 성서를 통해 전인적 치유를 추구해 온 이들은 이제 현대 드라마치료의 기법들을 도입하면서 신앙과 상담의 통합적 모형을 구현하며 비블리오드라마의 효과를 창출해 내고 있는 것이다.

이 장에서는 비블리오드라마가 어떠한 논의들을 통해 신앙과 상담을 연계하는 새로운 치유의 방법으로 발전해 왔는지 살펴보고, 성서의 치유적 전통과 자원들 속에서 현대 드라마치료의 방법론이 보여 주는 실제 효과들의 연결점을 찾고자 한다. 이를 통해 기독상담이 추구하는 인간 치유와 성장을 위한 새로운 통

---

* 비블리오드라마의 임상적 효과는 이미 필자를 포함한 여러 임상 디렉터가 크게 주장하고 있다. 다음과 같은 연구들을 참조하기 바란다. 고강호, 정순선, 2014: 83-101; 오수진, 2011: 91-111; 황헌영, 2007: 218-240.

합적 상담모형으로서 비블리오드라마의 의미와 방향을 찾는 데 도움을 얻을 것이다.

## 1. 신학과 상담의 관계성 정립을 위한 논의들

기독교가 지난 수 세기간 열띤 관심을 받은 분야가 있었으니, 바로 신학과 일반 학문의 관계성을 규명하는 작업이었다. 특별히 20세기부터 필연적인 과제로 떠오르는 것은 신학이 어떻게 세상의 질문들과 목소리를 접하며 창조적인 대화를 이루어 낼 수 있을 것인가 하는 문제였다. 참혹했던 제1차, 제2차 세계대전은 인간 존재의 파괴적 속성의 내면을 여실히 보여 주었고, 또한 급속도로 발전하는 과학기술의 진보에도 불구하고 깊어만 가는 인간 소외 현상과 곤고함은 인간 실존에 대한 지극한 관심과 수많은 질문을 갖게 했다. 서구 기독교회의 신학은 세상과의 모든 토론과 대화의 주제를 우선적으로 하나님에게서 시작하던 종전의 방식을 더 이상 고집할 수 없게 되었다. 이제는 하나님보다는 인간의 삶과 실존에 대하여 더 큰 관심을 갖고 질문하는 현대인의 심중을 살피게 된 것이다. 이러한 실존주의적 각성에 기초하여 신학과 일반 학문의 관계성에 대한 대화를 시작한 이가 폴 틸리히(P. Tillich)이다. 그는 현대인의 삶 속에 신앙과 문화 사이의 상호관계와 교류는 필연적이며, 두 영역은 이제 '상관론적 방법론(correlational methodology)'을 통해 상호대화의 길을 걸어가야 한다고 주장했다. 그리고 신학은 인간의 실존에서 발현되는 일반 문화와 인문과학 세계의 목소리를 존중해야 하며 그들의 질문들에 대답할 준비를 갖춘 학문이 되어야 한다고 주장했다.[1] 그런데 이러한 틸리히의 상관관계론은 여전히 일반 학문에 대한 신학의 우월성을 고수하는 것이었다. 인간의 실존이 던지는 질문과 주제가 아무리 중요하고 결코 간과할 수 없는 것이라 할지라도 이에 대한 궁극적인 답변은 역시 신학에서 찾아야 한다는 논리였다. 신학과 일반 학문의 대화는 결국 신학이 규정하는 데서 본질을 찾을 수밖에 없는 것으로 규명한 것이다.

이러한 신학의 우위성 주장은 다원화된 현대세계의 시각에서는 쉽게 수용되지 않는 한계를 갖는 것이었다. 계몽주의 이후 일반 학문은 신학에 대한 관심을 잃어 왔는데 다시 신학의 우위성이라니, 이는 오히려 신학의 고립을 자초하지는 않을까 하는 우려도 자아냈다. 폴 틸리히의 상관관계론을 계승한 데이빗 트레이시(D. Tracy)는 이와 같은 시대적 흐름을 간파하면서 신학과 일반 학문의 지평을 더 폭넓게 열어 버리는 작업을 한다. 틸리히의 상관관계론을 일방향이 아닌 '양방향적' 대화로 확대한 것이다. 즉, 신학만이 일반 학문의 질문에 궁극적 대답을 줄 수 있다는 인식은 이제 버려야 하며, 신학과 일반 학문 모두가 서로에게 질문을 하고 또한 대답을 하는 상호교류의 관계성을 모색해야 한다는 것이다. 진정한 대화를 위해서 신학세계는 그동안 보수해 온 교리나 신조를 고집하며 거기에서 궁극적인 해답을 찾기보다는 다원화된 문화 속에서 등장하는 수많은 관점을 주시하고 그 사이에 존재하는 공통된 요소를 찾아 상호 존중과 비판의 상관관계를 열어 가야 한다고 보았다. 즉, '수정된 상관관계론(Revised Correlation Methodology)'으로 대화하는 경험을 갖자고 주장한 것이다. [2], *

이러한 수정된 상관관계론은 목회상담학자 단 브라우닝(D. S. Browning)에게 '신학과 심리학의 대화'의 길을 열어 가는 실천을 가능케 했다. 그는 20세기 현대 심리학의 위대한 발견들 속에는 이미 인간을 이해하고 인간의 삶을 돕는 접근 기술이 고도로 발달해 있고 그동안 신학이 담당해 온 많은 것을 대체하고 있음을 발견한다. 현대 심리학은 그동안 신학이 세계관으로 제시해 온 '형이상학적인 상징체계와 윤리적인 차원'을 소유하고 있으며 대중들에게 호소력 있는 영향력을 행사하고 있다고 주장한다. 일례로, 그동안 성직자에게 와서 삶의 이야기들을 말하며 돌봄을 받던 신자들이 이제는 현대 심리치료 이론에 입각한 상담가를 찾아가거나 심리학의 서적을 뒤적이며 삶의 존재 의미와 도덕적 판단을 하고 있음을 우리는 잘 안다. 이를 직시한 브라우닝은 공언한다. 그는 이제 심리학과 상담 현장은 '실천적 도덕체계'를 제공하면서 우리가 살아가야 마땅한 방

---

* 다원화된 관점을 문화에서 종교까지 넓혀 주장한다.

법을 가르치고 있으며, 이는 이전에 종교가 행해 온 인간 존재와 삶의 의미에 대한 교육을 대신하는 것이라고 설명한다. 즉, 현대 심리학의 기능은 인간 삶에 대한 질문만이 아닌 구체적 대답을 제공하는 역할을 하며 종교를 대신하고 있다는 것이다.*

브라우닝은 여기서 현대 심리학 이론들 안에 담겨 있는 인간 삶의 궁극적 관심에 대한 은유와 윤리적 요소들에 주목한다. 은유라 함은 '알려진 것을 통해 알려지지 않은 것을 설명하는' 문학적 표현 방법을 말한다. 현대 심리학은 이미 인간의 소외와 분열, 돌봄과 조화와 같이 이미 인간세계에서 경험되고 알려진 것들을 통해 궁극적인 세계를 향한 해답, 즉 '아직 알려지지 않은' 것들의 의미와 뜻을 규명해 가고 있다는 것이다. 따라서 신학의 세계가 이러한 은유적 차원들을 신중하게 검토하고 이를 통해 함께 교류해 나갈 때에 현대인들을 위한 진정한 돌봄을 이어 갈 수 있으며, 심리학과의 진정한 통합적 역할의 장을 열 수 있다고 본다.[3]

물론 브라우닝은 신학과 심리학의 대화에 있어 심리학의 한계를 분명히 명시한다. 심리학의 과학으로서의 정체성을 찾으며 행동의 공학으로까지 발전하기 원하는 현대 심리학은 학문을 함에 있어서 지극히 자연과학적 방법론에 치중하고 있음을 지적한다. 그 결과 인간 행동과 내면세계를 설명하는 데 있어서 인과관계에 의한 분석과 이를 통한 일반화의 법칙을 찾는 데 급급하다고 비판한다. 과학계의 이러한 제한된 시각은 인간관계 경험들을 전체적으로 살피기보다는 지극히 부분적이고 비연속적으로 설명하는 데 그칠 수밖에 없다고 본다. 그는 바로 이 점에서 신학이 공헌할 수 있는 점을 다시 찾는다. 즉, 신학의 세계는 인간 삶 속에 얽힌 여러 실존적인 문제를 다룰 때에 과학적인 방법으로 설명할 수 없는 '은유'의 자원으로 자유와 초월, 상호관계성과 책임, 아가페로 설명되는 사랑의 규준점들을 제공할 수 있다는 것이다. 신학은 이와 같은 자원을 통해 세상을 향한 공적인 책임을 계속 담당해 나갈 수 있다고 주장한다.[4] 결국 신학이 역

---

* 브라우닝은 이를 가리켜 "은유적 비전의 차원(a visional and metaphorical dimension)"이라고 명명한다(박노권, 2018: 17, 18에서 재인용).

사적으로 이어 온 고유한 자원들을 잘 발견하고 개발할 때, 일반 심리치료계와 만나 사회에 함께 공헌할 수 있는 길을 열 수 있다는 것이다.

이렇게 신학이 가진 고유한 자원을 찾는 방법론에 있어서 우리가 세 번째로 주목해야 할 인물이 바로 현대 목회(기독교)상담학의 개척자 안톤 보이즌(A. Boisen)이다. 그는 오늘날 병원에서 행해지는 임상목회교육(clinical pastoral education)을 주도한 실천적 신학자로서 이미 1930년대에, 폴 틸리히와 단 브라우닝의 논점들이 등장하기 수십 년 전에 신학과 인문과학의 상호대화의 필요성에 따라 목회상담교육을 실시한 종교심리학자였다. 그에 의하면 신학과 심리학이라는 두 영역이 만나 대화할 수 있는 가장 우선적인 자원은 인간의 삶이 담긴 '살아 있는 인간문서'를 찾아 읽는 것이다. 그는 이를 위해 그가 가르치던 시카고신학대학원(CTS)에서 신학생을 병원에 파견하여, 환자를 만나 당시의 종교적 프레임들을 벗어던지고 질병과 고통의 현장 속에 신음하는 사람들의 이야기를 듣고 축어록으로 담아 오게 하였다. 이는 목회자들로 하여금 아픔 가운데 있는 사람들을 대할 때에 자신이 가지고 있는 신앙과 지식, 교리와 전통적 이해의 틀을 너무 성급하게 적용하지 말고 그 사람들의 본연의 이야기를 듣게 하는 작업이었다. 이를 통해 사람들은 자신의 진정한 목소리를 드러낼 것이고, 목회자는 가공되지 않은 입장에서 그들의 이야기를 들으며 곤경 속에서 진정한 빛을 찾도록 돕는 임상적 목회의 사역을 펼칠 수 있다고 본 것이다.

보이즌은 신학과 일반 학문 모두가 간과하고 있는 인간 이해의 방식을 쇄신하려고 했다. 그에 의하면 과학자들은 자연과 물질의 이해에 사용되는 객관적 사실규명과 인과론에 치중할 때 인간의 삶 속에서 보편적으로 나타나는 종교적 행위와 개개인의 소중한 특성들을 배제하기 쉽다. 또한 종교계의 신학자들이나 지도자들 역시 교리적 신념과 이해의 방식으로 인간의 삶을 계속해서 규정해 나간다면 인간 내면의 고유한 모습을 발견하기가 어렵다. 이에 반하여 병원 원목 사역 현장에 투입된 상담수련생들에 의하여 행해지는 환자들에 대한 사례연구와 상담대화의 축어록 작성은 내담자의 내면세계를 탐색하게 할 뿐 아니라 상담자들 역시 자신의 모습을 반추해 볼 수 있도록 하여, 인간의 이야기가 진정 '살아 있는 문서'로 다가올 수 있는 계기를 만들어 준다고 본 것이다. 이렇게 인간의 이야기는 책이나 지식을 도구로 하여 분석되는, '머리'의 작업이 아닌 '만남'과 '경험'을 통해 찾게 되는 인간 돌봄의 구체적이고 실제적인 실천신학이어야 한다고 주장한 것이다.

여기서 우리는 앞서 언급한 은유의 자원을 공적신학의 방법론으로 삼으라는 브라우닝의 주장의 중요성을 확인하게 된다. 즉, 은유적 자원을 활용한 실천신학적 방법론이란 인간 개개인의 소중한 이야기들을 들으며 세상의 '알려진 사실'을 탐구함으로써 그동안 교리나 신조 등으로는 결코 알 수 없었던 '알려지지 않은 사실'을 발견하는 방법을 말한다. 그리고 브라우닝은 '알려진 사실'과 '아직 알려지지 않은 사실' 사이에 존재하는 연결점을 발견하는 작업이 실천적 신학의 과제가 되어야 함을 주장하였다. 인간 삶의 '알려진' 이야기들에 신학과 심리학이 초점을 맞출 때 두 영역은 비로소 학제적 만남이 가능함을 인정하게 되며, 이를 통해 더 나아가 심성과 영성이 함께 회복되는 궁극적 치유의 장을 열어 가는 것이 기독(목회)상담학적 방법론이 되어야 한다고 제안했다.[5] 안톤 보이즌의 이와 같은 '살아 있는 인간문서'에 바탕을 둔 신학과 심리학의 통합적 만남은 신학과 일반 학문, 특히 현대심리학과의 학제적 연구가 추구해야 하는 통합적 가능성을 시사한 것으로 볼 수 있다. 바로 '임상적 실천의 만남'을 통해 신학과 심리학이 함께 어우러질 수 있는 공간을 마련한 셈이다.

안톤 보이즌과 틸리히, 트레이시 및 브라우닝으로 이어지는 신학과 심리학의 대화방법론들에 비추어 기독상담학계가 추구해야 할 상담모형의 구축을 위해 우리는 다음과 같은 지침들을 얻을 수 있다.

첫째, 기독상담자는 인간의 실제적 삶의 이야기에 부응하는 시각으로 내담자들을 만나 '그들의 이야기'를 가공하지 말고 접하라. 이는 현대심리학이 상담의 실제적 원칙으로 제시하고 있는 무비판적 공감적 수용의 원칙과 일치하는 주장이다. 이를 위해 상담자는 기독교의 교리와 전통을 강조하는 식의 전달방법을 넘어서서 상담에 임해야 한다.

둘째, 상담 현장에 '은유'의 자원과 기법을 활용하라. 즉, 현재 '알려진 자료(내담자들의 이야기와 그것을 설명하는 현대심리학의 이해)'를 통하여 '알려지지 않은 자료(영적 통찰력과 새로운 삶으로의 확장)'로 연결되는 접촉점들을 찾아 가라는 것이다.

셋째, 내담자의 이야기가 '살아 있는 인간문서'가 되게 하라. 이는 '머리', 즉 인지적 차원에서만 이해되는 이야기가 아닌 '몸'으로 달려가 참만남으로 이루어 내는 신체와 정신, 영혼 모두를 어루만지는 상담을 의미한다. 이를 통해 내담자의 이야기를 살아나게 해야 한다는 것이다.

이에 더하여, 넷째, 은유적 자원을 활용하여 인간의 개별적 이야기와 보편적 이야기가 만나 살아 숨 쉬게 하는 성서를 다시 만나라. 성서는 인간 삶의 아직 '알려지지 않은 이야기'를 드러내며 '알려지는 보편적 이야기'로 향하게 하는 은유가 풍성하게 담긴 최고의 자원이기 때문이다.

여기서 우리는 기독(목회)상담의 독특한 모형을 형성하기 위하여 다시금 성서가 불가피한 자원으로 등장함을 본다. 성서는 유대-기독교 전통이 자랑하는 인간 치유를 위해 필요한 가장 잘 '알려진 이야기'를 담고 있는 책이다. 성서를 제외하고 일반 상담심리학의 이론들로만 구성한 기독(목회)상담학을 구축해 나간다는 것은 결국 정체성을 잃어버린 또 하나의 작업이 될 뿐이기 때문이다. 다만, 성서에 대해 교리와 같은 '가공된' 틀과 '머리' 중심의 인지적 해석에 그친다면 성서가 가진 전인적 치유의 힘은 제한될 것이다. 우리는 성서가 기독교 역사와 전통 가운데 보여 준 인간 치유와 변화, 구원의 힘을 발견하며 이를 상담학적 도구와 연결하여 여러 신앙공동체에서 구현할 상담의 방법론을 마련할 필요가 있는 것이다.

## 2. 몸을 활용한 전인적 미드라쉬 성서해석운동

그렇다면 고대시대부터 형성되어 온 성서는 지금까지 어떠한 방법으로 우리의 '알려지지 않은 이야기'들을 드러내며 우리에게 필요한 치유와 성장을 어떻게 이루어 왔을까? 그것을 유대-기독교적 전통에서 발견하고자 한다면 어떠한 실천적 방법에서 발견될 수 있는가? 특별히 종교라는 제도와 교리에 입각한 '머리'의 인지적 방식이 아닌 인간 존재 '온몸'을 움직여 이루어 가는 전인적 치유의 방식으로 성경이 활용된 바가 있는가? 그것이 존재해 왔다면 지금은 어떠한 형태로 존속되고 있는가? 이러한 질문에 대한 대답은 바로 비블리오드라마에서 찾을 수 있다. 비블리오드라마는 유대-기독교 전통 가운데서 성서를 '몸으로' 체험하고 깨닫는 성서주석운동의 전통을 잇고 있는 현대의 집단성경공부 및 상담기법이기 때문이다.

비블리오드라마의 기원과 발전의 역사는 이미 오랜 유대 성서해석 전통인 미드라쉬 성서 접근방식에서 찾을 수 있다. 고대 히브리어에서 '미드라쉬'란 '찾다/해석하다'를 의미했다. 유대교 신앙공동체는 성서(토라)를 해석하여 그 의미를 찾는 작업을 바로 미드라쉬, 곧 '주석(commentary)'의 작업으로 여긴 것이다. 그런데 이 미드라쉬의 성서접근법은 오늘날 우리가 성서의 해석을 위해 펼치는 문헌비평적 방법이나 교리 중심의 성서연구와는 그 방식을 달리했다. 현대의 성서해석이 텍스트의 뜻을 규명하고 이해하려는 '머리'의 인지적 작업에 치중되어 있다면, 미드라쉬식 성서해석법은 성서의 독자가 이야기 안으로 직접 뛰어들어 체험하는, '몸'을 활용한 경험적 깨달음의 해석방식이었다.

유대교 갱신운동가이자 역사신학자인 랍비 아더 바스코프(A. Waskow)는 밝히기를 이러한 '몸'의 성서연구가 서구 철학의 영향을 받으면서 변형되었음을 주장한다. 유대교에서는 본래 성서(토라)의 진리를 찾기 위하여 '텍스트와 씨름을' 하였다고 한다. 이는 성서의 독자가 온몸으로 이야기 안으로 뛰어들어 주관적으로 경험하는 세계를 말한다. 하지만 서구의 신학은 성서의 본문을 객관적으로 이해해야 할 자료로 만들었고, 성서연구는 결국 참여가 아닌 인지적 분석의 작업으로 대체되었다는 것이다.* 이로 인해 성서의 이야기와 독자의 현실 세

---

* 바스코프는 미드라쉬가 '찾는다'는 의미의 히브리어 어원 '드러쉬오(drusho)'에서 왔음을 밝힌다. 즉, 미드라쉬는 성서 본문의 내적 본질을 탐구하는 작업인데, 이는 '말'로만 표현되지 않는 본문의 의미를 깨닫기 위하여 텍스트 주변의 '빈 공간'에 들어가 탐구하는 것을 의미한다는 것이다(Wascow,

계와의 만남은 지극히 머리만의 인지적 작업으로 제한되고 말았다는 것이다.

고대 '미드라쉬(midrash)'의 방식에 의하면 성서의 의미를 찾고자 하는 이들은 몸을 움직여 기도하고 신체의 동작으로 표출하며 들어갔다. 시편에서 알 수 있듯이, 그들은 노래하고 춤을 추며 본문을 읽었고 성서의 이야기를 중심으로 펼쳐지는 상상의 드라마를 만들어 본문의 상황을 재현하려 했다. 이러한 신체적 동작과 행위는 글자로 얻어지는 객관화된 지식 세계와는 전혀 다른 경험이 된다. 미드라쉬는 사람들로 하여금 텍스트 자체가 말하는 음성을 직접 들을 기회를 주며, 또한 성서 이야기의 참여자로서 성서의 독자는 성경 인물의 입장이 되어 하고 싶은 말을 성서에 전한다. 이는 결국 성서와 인간이 상호대화를 펼쳐가는 드라마의 계기가 되며, 이를 통해 성서의 깊은 곳에 담겨진 의미를 경험할 수 있게 한 것이다.

이와 같은 맥락을 되찾기 위해 역사적으로 '미드라쉬'의 방법으로 성서해석의 방법을 갱신하려는 움직임이 등장했다. 바로 1960년대에 이르러 독일에서 학습자 중심의 교육 방법이 강조되기 시작하면서 나타난 성경체험운동을 말한다.[6] 이 운동을 통해 성서는 우리 삶과 연결되고 적용되도록 이미 '알려진' 자료이며, 우리가 성서 이야기 안으로 뛰어들 때에 성서는 더 이상 '본문 분석'이 아닌 '통합적 참여'의 방법으로 접할 수 있는, 전에는 '알려지지 않은' 자원이 된다. 이를 통해 하나님은 성경 속의 인물들뿐 아니라 지금-여기에서 우리 역시 만나 주고 구원하는 창조주로 경험되며, 성경 본문은 더 이상 우리와 상관없는 고대문헌이 아니라 우리의 삶 한가운데서 우리 이야기를 '살아 있는 인간문서'로 만들어 주는 최고의 자원이 되는 것이다.

더하여, 1970년대에 독일 개신교 신학계는 '몸으로 성서를 읽는 작업'에 대한 새로운 성서해석운동을 시작했는데, 그 주창자는 게르하르트 마르틴(G. M. Martin)이었다. 그는 성서의 독자들로 하여금 성서 본문 중에 특별히 극적인 요소를 많이 내포하고 있는 곳에서 펼쳐지는 신비스럽고 놀라운 경험을 맛보도록

---

2008: 276, 278).

독려하였다. 성서의 가장 중요한 부분은 '텍스트 자체'이기보다는 그 텍스트를 가능하게 하는 '다양한 모티브'와 그것이 표현될 때 전달되는 '생생한 묘사'를 통한 경험적 깨달음에 있다고 본 것이다. 그리고 성서의 본문을 보고 읽는 데서 그치지 않고 성서 이야기 안으로 직접 '몸'으로 들어가 텍스트를 경험하도록 하는 작업을 시작했다.[7] 이를 통해 그는 '머리'만이 아닌 '몸'으로 경험하는 전인적 성서 탐구의 세계를 열었고, 이에서 비롯되는 극적인 요소의 경험을 통해 성서의 참의미를 맛보게 하였다. 이것이 바로 현대 비블리오드라마 성서체험운동의 효시라 볼 수 있다.

한편, 같은 시기에 미국에서도 '신체동작을 통한 인간 변화의 성경공부운동'이 전개되고 있었다. 진보적 신학자 월터 윙크(W. Wink)가 성서는 몸을 움직이면서 표현하며 그 안으로 들어가야 총체적으로 이해할 수 있다고 주장한 것이다.* 월터 윙크는 히브리 사람들이 '네페쉬(nephesh)'라고 부르는 완전한 존재, 즉 '생명과 영혼이 깃든 몸'을 경험하는 일이 '육신을 갖게 된 자아의 통합된 전체'를 경험할 때만 가능하다고 했다.** 즉, 성서해석에 있어 몸과 마음을 분리할 수 없다는 것이다. 하나님이 세상을 구원하고 창조를 회복하는 작업도 통합의 방식으로 이룬 것으로 보았다. 육신(몸)을 입고 이 세상에 찾아온 하나님, 예수는 그렇게 성육신을 입은 하나님으로서 분열된 세계를 통합의 방법으로 일하는 그리스도라고 소개했다. 그리고 이러한 그리스도의 성육신 행위는 또한 우리 인간들 사이에도 구현되어야 하는데, 성경을 더 이상 머리로 읽는 읽음의 대상으로 분리하지 말고 신체동작으로 직접 경험하여 깨닫는 방법을 적극 활용하라고 촉구한 것이다. 바로 '육체와 영혼, 마음과 감정, 성과 영성을 통합하는 일'이 곧 '네페쉬를 되찾는 일'이며, 이는 성경을 친히 몸으로 경험하는 비블리오드

---

* 윙크는 성서를 '머리'로만 이해하는 것은 몸과 감정으로부터 분리된 이성이 모든 것을 지배하는 것을 말하며, 이는 "데카르트의 사상(서구 사회의 이분법을 가져온 철학)에 따라 우리를 '문화적 정신병(culturally insane)' 상태로 만든 것을 의미한다."고 혹평한다(Wink, 2008: 253-254).

** 그는 진정한 성경공부의 목표가 "우리의 몸이 우리 안에 거하시는 성령의 성전이라는 의식을 회복하는" 것이라고 본다. 그래서 몸으로 하는 성경공부인 비블리오드라마가 필요하며, 이를 통해 우리는 성육신의 신비를 경험할 수 있다는 것이다(Wink, 2008: 254, 264).

라마를 통해 가능하다고 본 것이다.[8]

그리고 드디어 1980년대에 이르러 '몸으로 읽는 성서' 운동은 더욱 구체적인 성서교수법 혹은 집단치유운동으로 발전하게 되었다. 사이코드라마를 접목한 비블리오드라마의 운동으로 미드라쉬 방법론을 도입한 피터 핏젤(P. Pitzele)의 공헌이 컸다. 그는 성서의 본문 자료들을 경험하여 신체동작을 통해 성경의 행간이나 여백 안으로 들어가는 행위를 강조했다. 그리고 이와 같은 행위의 성서체험이야말로 성서가 보여 주는 '검은 불꽃'과 '흰 불꽃'을 모두 발견하는 계기가 된다고 보았다. '검은 불꽃'이란 성서의 내용을 담고 있는 글자들을 의미하며, '흰 불꽃'이란 그 성서의 진리를 찾기 위해 독자들이 성서 안으로 뛰어들어 성서의 본문과 씨름하며 경험하는 세계, 즉 성서의 행간 및 여백에 담긴, 우리의 삶과 연결하여 성서를 경험하도록 허용된 공간을 말한다.[9] 검은 불꽃의 세계가 종전의 역사 및 문헌비평적 성서해석, 즉 '머리'를 사용한 성경연구의 방법으로 펼쳐진 관념적 신학의 자원이라면, 흰 불꽃은 이제 전인적인 성서경험, 즉 '온몸'을 기반으로 체현화(enactment)하여 얻는 깨달음과 변화의 계기가 된다. 그는 이렇게 흰 불꽃에서 펼쳐지는 성서 드라마에 사람들을 참여하도록 이끌기 위해 집단상담치료자 야콥 레비 모레노(J. L. Moreno)의 사이코드라마의 기법들을 도입했다. 드라마치료를 적극 도입하여 성서를 통한 집단상담체계로 발전시킨 것이다.

## 3. 성서와 드라마치료의 만남을 통한 통합적 상담효과

그렇다면 성서와 집단상담의 통합을 이루는 데 도입된 야콥 레비 모레노의 사이코드라마는 미드라쉬적 집단 활동과 어떤 공통 요소들을 보이는가? 한마디로 말하자면, '몸'과 '행위'에 의한 치료적 통찰력과 카타르시스의 경험적 변화가 바로 그것을 말한다고 할 수 있다.

야콥 레비 모레노는 20세기 초반에 활발히 시작된 프로이트(S. Freud)의 정신분석운동에 있어서 환자들에게 '언어'를 도구로 하여 정신내적 세계를 탐구하던 방식에 반기를 든 정신의학자였다. 그는 '말'만 치유의 도구로 삼는 정신분석을 넘어서서 '몸'과 '행위'로 표출되는 전인적인 인간의 이야기를 심리치료의 가장 중요한 도구로 삼아야 한다고 주장하며 몸을 움직여 이야기를 체현화하는 '사이코드라마'로 집단치유운동을 시작했다. 사이코드라마는 '정신'을 뜻하는 psycho와 '행위'를 가리키는 drama라는 두 단어의 합성어이다. 즉, 사이코드라마란 정신 혹은 영혼이 담긴 이야기가 행위로 표출되는 심리치료의 기법을 말하는 것으로, 이는 단순히 '정신'-고전적 정신분석이 행하던 심리적 내면세계만을 언어로 다루는 치료가 아니었다. 온몸과 마음을 담아 드라마를 통해 포괄적으로 접근하는 통합적 심리치료의 기법을 의미했다.[10] 한국에 사이코드라마를 도입하여 정착시킨 정신과 의사 최헌진은 이러한 모레노 심리치료의 특징을 다음과 같이 말한다.

사이코드라마는 분명 정신분석과 다르다. …… 인간 정신에 대한 그 어떤 가설적 구조 혹은 추상적 도식화 모델에 입각한 이론이 아니다. 그것은 정신뿐 아니라 우리의 몸과 행위를 중심으로 우리의 사소한 일상 삶에서부터 우주적 존재로서 삶의 양식을 모델로 삼는 총체적 인간학이다.[11]

인간의 마음이 담긴 이야기가 이렇게 '행위'로 표출될 때 우리는 비로소 '드라마'가 시작된다고 할 수 있다. 그리고 드라마에서 펼쳐지는 내용은 인간 내면세계이든 혹은 외부 현실이든 거기서 경험되는 '갈등'을 담고 있는 이야기를 말한다. 그리고 드라마치료는 그 '갈등 극복'의 과정을 향해 전개된다. 인간 삶의 애환과 고통, 상처와 아픔을 표출하는 행위의 기회가 펼쳐지며, 그런 계기를 통해 억눌린 욕구의 분출과 감정의 정화는 물론, 새로운 통찰과 현실 직면에 필요한 자아의 역할연습까지 한꺼번에 이룰 수 있는 총체적 경험이 가능하게 된다. 드라마가 아주 오래전부터 우리의 삶을 보여 주는 '거울'에 비유되는 이유가 바로 여기에 있다.[12] 드라마라는 거울에 반사된 이미지를 통해 우리는 세상을 살아가는 삶의 감각을 얻어 새로운 통찰력의 주인공이 되는 것이다.

이러한 전인적 사이코드라마(영혼의 드라마)가 성서의 이야기를 통해 펼쳐지는 비블리오드라마에서 우리는 성서와 상담이 조화를 이루며 창조해 내는 통합적 치유의 모형의 특색을 다음과 같이 발견하게 된다.

## 1) 잉여현실의 전인적 체험

언어와 해석에 집중하는 기존 정신분석적 심리치료가 과거에 형성된 심성의 내면화나 트라우마에 집중하여 고통의 원인을 분석하고 이에 대한 통찰을 통한 인간 치유를 목표로 한다면, 드라마치료는 '지금-여기'에서 갈등의 이야기를 행위로 표출함으로써 얻게 되는 새로운 경험과 통찰 그리고 삶의 변화를 위한 역할연습을 주된 치료의 목표로 삼는다. 이러한 행위의 표출을 통해 드라마 참여자는 감정의 정화를 경험하고 전에는 살아 보지 못했던 삶을 살아 보는 '잉여현실(surplus reality)의 체험'을 하게 된다. 모레노는 잉여현실이란 마땅히 살아야 할 삶이었지만 그것을 경험하지 못하여 아파하고 신음하는 이들에게 마땅히 돌려주어야 할 삶의 경험을 의미한다고 말했다. 잉여현실 기법을 통해 드라마치료에 참여한 이들은 과거에 할 수 없었던 말들, 표현하지 못했던 감정과 욕구를 자유롭고 안전하게 지금-여기에서 분출하게 되며, 또한 자신을 둘러싸고 있던 굴레를 벗어던지고 참된 자아를 찾는 삶을 경험하게 된다.[13], * 우리는 여기서 다시 한번 모레노가 프로이트에게 했던 말을 상기할 필요가 있다.

1912년에 비엔나 대학교 정신과 클리닉에서 일하고 있을 때 나는 프로이트의 강의에 참가했다. 프로이트는 막 정신감응적인 꿈에 관한 그의 분석을 끝낸 후였다. 학생들이 나갈 때 그는 나에게 무슨 일을 하고 있냐고 물었다. 나는 프로이트 박사에게 말했다. "나는 당신이 멈춘 곳에서 새 일을 시작하는 사람입니다. 당신은 사무실이라는 인위적 장소에서 환자들을 만나지만 나는 사람들을 거리와 그들의 집에서, 그들의 자연스러운 환경 속에서 만납니다. 당신은 그

---

* 이에 대한 자세한 설명으로 다음 자료를 참조하라. 황헌영, 2018b: 329-355; Moreno, 2005.

들의 꿈을 분석해 주지만 나는 그들에게 꿈을 다시 꿀 수 있는 용기를 주고 있습니다." 프로이트 박사는 당혹스러운 듯이 나를 바라보았다.[14]

이는 심리치료가 단순히 과거의 아픔을 상기시키고 그 아픔의 원인을 찾아내어 그것과 연결된 요소들을 발견하는 데서 그치는 것이 아니라 그 아픔을 지금-여기에서 새롭게 경험하고 실제 현장을 향하여 담대하게 직면하고 나아갈 수 있도록 인도하는 경험이 되어야 함을 말한다. 모레노에게 심리치료는 단순한 언어의 교환이나 훈습에 머무는 것이 아닌 행위로 자신을 얽어매고 있는 것들을 벗어던지고 참된 자아를 찾게 해 주는 경험이었다. 잉여현실은 새로운 용기를 가져오며, 참여자는 이를 통해 자발성을 얻어 일상의 현장에서 가져온 삶의 곤고함과 애환, 상처와 고통, 갈등과 회복의 과정을 모두 '안전한 무대'를 통해 드라마 행위로 표출하는 경험을 갖는다. 이러한 일은 드라마치료에서 디렉터의 인도함에 따라 아주 자연스럽게 이루어지며 아주 짧은 시간 안에 즉흥성을 가지고 일어나는 것이 보통이다. 또한 드라마로 표현할 때 많은 감정은 정화되어 내담자들은 다른 어떤 집단상담에서 얻는 효과를 능가하는 경험을 하게 된다. 심층적인 감정을 찾아내 해소시켜 주기 때문에 성격을 변화시키거나 문제행동을 개선하는 데도 효과가 크다.[15]

비블리오드라마 역시 성서의 이야기를 집단상담에 도입함에 있어서 참여자들의 자발성을 높여 즉흥적으로 성경 인물이 되어 이야기 안으로 뛰어들도록 돕는다. 성경이 그 집단원들 모두에게 주어지는 공통된 텍스트요 모두가 함께 소유하는 이야기가 되기 때문에 사람들은 극중 인물로 뛰어드는 데 주저함이 없다. 그런데 성경의 이야기가 드라마로 펼쳐지면서 참여자들은 곧 성경 인물이 경험한 내면세계에 동일시되어 그 인물 자신이 되고 그 성경 인물 안에 포함된 정서와 사고를 직접 경험하게 된다. 그리고 성서의 인물들이 보여 준 역할들 및 사회적 관계와도 동일시되어 감정과 사고를 행위로 표출하게 되는데, 이는 인간의 삶에서 보편적으로 발견되는 갈등과 다르지 않음을 알게 된다. 바로 이때에 자신의 감정과 사고가 함께 맞물려 그것을 성경 인물의 입장이 되어 표출하게 되는데, 여기서 생성되는 감정 정화와 통찰은 잉여현실의 놀라운 치유적 경험을 일으킨다.

예를 들어, 신약 성서 누가복음 15장에 나오는 탕자의 비유를 비블리오드라마의 주제로 선정하는 경우, 이 이야기를 집단에서 함께 읽으며 사람들은 그날따라 자신의 심정에 와닿는 성서 인물(탕자, 아버지, 탕자의 형)을 선택할 수 있다. 그리고 갈등의 상황을 설정하는데, 탕자와 탕자의 형의 갈등구조가 자연스럽게 올라온다. 디렉터는 집단을 두 그룹으로 나누고 소그룹에 속하여 성서 인물인 탕자 혹은 탕자의 형의 입장이 되어 상대 인물을 향한 갈등의 감정과 생각을 충분히 나누게 한다. 그리고 자원자들을 성서 드라마의 인물이 되도록 초청한다. 사람들은 성서 이야기 속의 갈등을 연기하다가 자기도 모르게 자신의 삶의 경험들과 연결된 부분에서 상호 간 갈등을 표출한다. 보통 디렉터는 표출되는 갈등이 아주 극렬하게 전개될 때까지 시간을 허용한다. 그러다가 갑자기 '역할 바꾸기'를 선언한다. 이제는 형이 아우, 아우가 형이 되고 종전에 비난하던 상대 입장이 되어 자기 자신에게 갈등의 감정을 쏟아붓는다. 처음엔 어색해하지만 놀라운 일이 벌어진다. 탕자가 형의 입장, 형이 탕자의 입장이 되면서 역지사지의 경험이 일어난다. 갈등의 상대방을 서로가 이해하는 놀라운 일이 벌어지는 것이다. 물론 탕자와 아버지 사이, 탕자의 형과 아버지 사이의 갈등도 드라마로 올려질 수 있다. 결국 말미에는 서로가 부둥켜안고 화해의 시간을 갖게 되는데, 이는 성서 속의 탕자의 비유가 의도하고 있는 본래의 의미로 다가오기도 한다. 이제 성서의 이야기는 더 이상 나와 상관없는 고대 문서가 아니다. '나'에 관련된 살아 있는 인간문서이며 참여자들 모두의 '우리' 이야기가 된다.

비블리오드라마는 이와 같이 전에는 경험하지 못했던 삶을 살아 보는 경험, '잉여현실'을 체험하게 한다. 즉, 성경 이야기의 참여자가 됨으로써 지금까지 누려 보지 못한 '아직 살아 보지 못한 삶'을 경험하게 하여 그동안 쌓여 온 아픔과 상처 혹은 편견이나 고정관념과 같은 굴레까지도 벗어던지는 경험을 맛보는 것이다.[16] 성경은 이러한 '잉여현실'을 제공하는 보편적 인간 이야기의 보고이며, 비블리오드라마는 이러한 이야기들 속에 담겨 있는 갈등을 표출하여 극복할 수 있도록 돕는 집단상담의 도구가 된다. 성서는 우리에게 '알려진' 이야기에 참여하여 아직 '알려지지 않은' 이야기를 새롭게 깨달으며 그 효과를 맛보게 하는, 은유를 활용한 깨달음과 치유 및 성장의 자원이 되는 것이다. 독자들을 잉여현실 체험으로 이끌어 신앙과 상담의 통합적 경험을 맛보게 하는 것이다.

## 2) 놀이와 몰입의 자발성

그렇다면 비블리오드라마를 포함한 모든 드라마치료에서 강조하는 이 잉여현실 체험을 실제적으로 가능하게 하는 주요 동력은 무엇이며, 어디서 나오는 것일까? 드라마치료에 활용되는 여러 기법이 있지만 어떤 것을 활용하든 간에 그 초점은 '놀이와 몰입'을 불러오는 데 있다. 놀이와 몰입이야말로 비블리오드라마에 참여한 집단원들에게 자신의 삶의 갈등을 극복하고 문제 해결을 위한 집단적 동기화를 마련해 주기 때문이다. 이는 모레노가 드라마치료를 고안하게 된 최초의 깨달음이기도 했다. 그는 어린 시절 '천사 놀이'를 통하여 천사의 입장 그리고 하나님의 입장이 되어 하늘을 날려다 부상을 당한 경험이 있었다. 그리고 훗날 비엔나에서 의학수업을 하던 중 놀이터에서 아이들을 만나 이야기를 들려줄 때, 그들이 상상의 나래를 펼치면서 이야기 안으로 몰입해 들어가 주인공으로 놀기 시작하고 스스로 마음을 달래며 또한 감정의 정화를 경험하고 용기를 얻어 놀이세계 밖으로 나오는 것을 발견했다. 그는 이런 경험들을 회상하면서 드라마치료의 준비 단계는 놀이와 몰입으로 이루어져야 함을 주장하였고, 급기야 '즉흥극장' 그리고 '살아 있는 뉴스페이퍼'의 사이코드라마 무대를 만들면서 도입 부분의 주요 구성요소로 도입했다.[17]

이후의 심리치료에 있어서도 놀이의 중요성과 효과는 정신역동적 심리치료의 큰 도구와 자원으로 받아들여졌다. 소아과 의사였다가 대상관계론 정신분석가로 활동한 도널드 위니컷(D. W. Winnicott)은 이를 다음과 같이 주장했다.

아이들이 정신적인 상처에서 회복될 때 나타나는 대표적인 현상은 '놀이'에 다시 몰두할 수 있게 된다는 것이다. 아이들은 심각한 스트레스나 트라우마를 경험하게 될 때 놀이의 특성을 잃어버리는 경향이 있는데, 사실 '놀이'를 심리치료에 도입하는 순간 놀라울 정도로 빠른 회복의 효과를 나타낸다.[18]

도널드 위니컷의 이론은 심리치료에 있어서 환자가 거쳐 가야 할 전이현상(혹은 중간공간, transitional phenomenon)과 전이대상(transitional object)을 필수적인 요소로 보는데, 그 가운데 가장 기본적이며 중요한 특징을 놀이에서 찾는다. 놀이를 통하여 유아는 서서히 주관적 세계와 객관적 외부 현실을 연결하는 도구를 확보하며 종전의 '엄마'를 대신하는 힘을 얻게 된다는 것이다. 그는 심리치료의 현장 역시 이러한 치유를 가져오는 놀이의 현장이 되어야 한다고 보았다. 환자가 치료자와 더불어 소통하기 시작하는 것은 그 현장이 '두 사람이 노는 자리'가 될 때 가능한 것이고, 치료에 진전을 가져오는 것 역시 마치 놀이의 공간을 만들어 상상의 놀이를 통해 외부 현실을 능히 대처할 힘을 기르는 것과 같다고 본 것이다.

비블리오드라마에서도 성서의 본문 이야기로 들어가기 전에 디렉터는 부담 없이 즐길 수 있는 레크리에이션으로 몸풀기를 함으로써 집단원의 응집력을 모은다. 주로 술래가 없이 즐기면서 서로 하나가 될 수 있는 게임으로 몸을 푸는 동작을 갖는데, 이를 '웜업(warm-up)'이라 한다. 그리고 자연스럽게 구성되는 소그룹에서 소속되어 가는 '텔레(tele)'를 경험한다.[19] 즉, 자석처럼 서로 밀고 당기는 마음의 거리를 느끼며 사람들은 이러한 마음의 만남을 통해 드라마 안으로 몰입해 들어갈 자발성을 얻게 된다. 흥미로운 것은 이 소그룹 속에서 성서 이야기의 인물과도 텔레를 느끼고 이미 공감을 하게 된다는 것이다. 그리고 드라마가 시작될 때에는, 오늘 되어 보고 싶은 성경의 인물을 '지금-여기'에서 자원하며 '나'가 그 성경의 인물이 되는 경험을 가능하게 한다. 놀이와 몰입은 이렇게 드라마 참여로의 행위갈증, 즉 성서 인물의 역할을 경험해 보고 싶은 욕구를 불러일으킨다.

집단상담의 대상으로 하기에는 너무 어렵다고 여겨지는 아동이나 청소년 그룹들은 물론, 정신증 환자들에게도 '놀이와 몰입'의 방법이 얼마나 크고 놀라운 효과를 가져오는지는 이미 잘 알려진 사실이다. [20], * 이러한 이유로 놀이와 몰입을 통한 표현예술치료가 최근 통합적 상담의 주요 트렌드가 되고 있는데, 비블리오드라마는 이러한 표현예술치료와 맥을 같이하며 통합적 상담기법을 사용하고 있음을 다시금 확인할 수 있다. [21]

## 3) 역할확장과 창조성

이제 놀이와 몰입을 통해 자발성을 가지고 드라마치료에 뛰어들게 된 참여자들은 드라마 속에서 주인공이 되어 지금 자신의 삶 속에서 나타난 역할을 소화하며 역할확장의 세계까지 경험한다. 모레노의 드라마치료에 있어서 역할이란 자아가 현실을 대할 때 외부적으로 표현되는 존재의 단면을 말한다. [22] 그런데 여기서 나타나는 역할들은 이미 인간의 사회적 상호작용을 통해 자아에 형성된 것들이다. 드라마치료에서는 바로 이 사회적 연결망을 '사회원자(social atom)'라 부르는데, 이는 곧 '지금-여기'의 자기 삶을 구성하고 있는 강한 요소를 말한다. [23] 인간은 언제나 이 사회원자에 둘러싸여 있다. 아기 때부터 지금까지 어느 순간도 혼자 존재한 적은 없다. 그리고 이 사회원자들은 내가 참된 나를 실현해 가는 데 있어서 필연적으로 교류하면서 새롭게 창조해 가는 관계들이다.

비블리오드라마는 집단원들에게 텔레에 따른 사회관계성 측정(sociometry)에 맞추어 소그룹에 들어가 자신의 현재 삶을 구성하고 있는 사회원자 이야기를 소그룹 구성원들과 나누며 교감을 갖게 한다. 이때 소그룹에서 새로운 사회원자 구성의 경험을 할 수 있으며, 새로운 삶의 창조를 위한 자발성이 더욱 커진다. 예를 들어, 탕자의 이야기에 들어가기 전에 디렉터는 지금까지 평생 동안 가장 많이 허비했던 돈의 액수대로 줄을 세워 볼 수 있다. 작은 액수부터 무한대까지

---

* 실제로 아동과 청소년 상담가들은 움직임을 요구하는 세대에 언어에 의존한 상담이 그 한계를 보일 수밖에 없으며, 신체동작을 통한 집단상담이 언어적이고 해석적인 기술들보다 더욱 효과적임을 증거한다.

집단원들은 자신이 허비한 재산을 주관적으로 계산하며 줄을 선다. 그러면 자기 옆에는 비슷한 경험을 한 사람들이 서 있게 되는데, 이들은 실제로 사회관계성이 비슷한 집단원들이다. 이들을 통해 소그룹이 형성되고 거기서 자신의 과거와 현재 사회원자 경험들을 나눌 수 있다.

이렇게 사회원자를 자유롭게 나누다 보면 성서 본문이 주는 인간관계는 나의 사회원자로 다가와 나의 이야기가 된다. 나도 그 이야기의 주인공으로 동일시되며 그 갈등 속에 들어가 해결함을 받고 싶어진다. 그 이야기를 넘어서는 초월적 이야기의 주인공으로 태어나고 싶어진다. 비블리오드라마를 예로 들자면, 어느새 나는 성서 이야기 속의 인물 '탕자'가 되어 모든 재산을 허비하고 거지 행각을 벌이다가 돼지가 먹는 쥐엄열매를 먹으면서 '아버지'를 만나야 하나 말아야 하나 고민하는 내적 갈등의 주인공이 된다. 이윽고 결심을 하고 아버지에게 달려간다. 바로 자기극복의 창조성이 시작된 것이다. 이때 기뻐하며 자신을 받아주는 아버지와의 포옹 속에 남다른 느낌을 갖는다. 비블리오드라마는 이미 내 안에 아버지와의 새로운 만남을 통해 새로운 내가 창조되는 경험을 하게 하며, 자신이 이야기를 새롭게 쓰는 기쁨에 들어서게 한다.

이때 경험하는 창조성은 현실의 삶을 직면하여 적용할 수 있는 새로운 역량과 역할확장의 경험을 말한다. 드라마 속의 인물들과 씨름하며 지금까지 맡아온 역할의 한계를 넘어서서 새로운 자아가 탄생되며 현실을 대하는 자아의 새로운 역할 역량은 강화된다.[24] 심지어 갈등 상황까지도 그것을 안전한 공간(무대)에서 표출하고 역할연습을 함으로써 현실을 직면할 수 있는 용기를 얻게 한다.

성서 속의 인물들은 대체로 처음에는 불완전하고 미숙하며 깨닫지 못한다. 그러나 하나님의 인도함으로 자신을 얽어매던 모든 내적·외적 갈등을 극복하고 참된 인간으로, 궁극적으로는 하나님의 사람으로 변화된다. 마찬가지로, 비블리오드라마에서 참여자들은 성서 인물을 연기하면서 그 인물의 변화와 성숙의 과정에 참여하고 변화되는 자신을 경험하게 된다. 역할은 새롭게 확장되며, 현실과 맞설 수 있다는 자신감을 얻는다. 바로 드라마치료를 통해 삶의 변화, 실용적 기술, 정서와 신체 그리고 영적인 통합을 경험하며 개인적 성장이 일어나

는 창조를 경험하게 되는 것이다.[25]

## 4) 성서에 기반을 둔 기독상담으로서의 정체성

마지막으로, 이 통합적 상담모형이 성서에서 드라마의 가장 본질적인 자원을 제공받는다는 점을 강조해야 할 것이다. 물론, 독서치료나 이야기치료처럼 비블리오드라마(Bibliodrama)를 도서드라마(bibliodrama)로 변형하여 일반인들이 잘 알고 있는 동화나 민담 등을 통해 기독교 공동체 밖에서 같은 기법으로 적용할 수도 있다. 하지만 비블리오드라마는 성서 속에서 갈등과 극복의 이야기를 찾아 드라마로 올리며 참여자들로 하여금 그 안으로 뛰어들게 한다. 이들이 가진 신앙의 이야기로 함께 공감대를 이루며 성서 인물들로 동일시되어 참여자들의 영적인 문제들도 함께 평행선에서 풀 수 있도록 돕기 위함이다. 물론, 비블리오드라마의 참여자들은 피터 핏젤이 말한 대로 검은 불꽃인 글자들에 얽매이지 않는다. 오히려 흰 불꽃이라 하는 성서의 여백 가운데 담겨 있는 성서 인물들의 내면세계와 애환, 그리고 사회적 관계경험을 주로 드라마에 올린다. 이를 통해 참여자들은 더욱 쉽게 성서 이야기 가운데로 들어가 자신의 이야기를 성서의 여백에 올리는 것이다. 이처럼 비블리오드라마의 모든 드라마는 결국 성서의 본문으로 돌아와 끝을 맺는다. 본문의 빛 아래서 하나님이 어떻게 성서 인물을 만나 주는지 바라보면서 또한 자신도 어루만지고 회복하는 하나님을 대면할 수 있기 때문이다.

정리하자면, 비블리오드라마는 드라마치료의 이론들과 기법들을 활용하는 점에 있어서 심리극치료와 공통점이 있지만, 결국 성서로 최대의 자원을 삼는다는 것에서 차이를 보인다. 극본이 없이 순전히 자발성과 창조성에 의하여 드라마가 만들어지는 점은 여타 드라마치료와 다르지 않다. 하지만 비블리오드라마는 성서의 본문에서 시작하고 마친다. 그 사이의 여백에 참여자들의 이야기를 허용하는 것이다. 이렇듯 성서가 주된 자원이요 주된 무대가 되고 또한 드라마를 지키는 울타리(boundary)가 된다는 점에서 비블리오드라마의 정체성은 분명해진다. 이는 신앙의 공동체가 상담의 필요에 의해 모였을 때 일반 상담의 이론과 기법을 사용하여 치유의 계기를 열어 간다 할지라도 신앙의 최고 자원인 성서를 통하여 갈등해결과 문제해결의 근거를 찾을 수 있다는 의미가 된다. 드라마를 통해 표현되는 이야기는 하나님과의 영적인 관계 선상에 서게 되는 마지막 장면으로 이어지는데, 이것이 바로 비블리오드라마가 기독상담의 정체성을 가지고 집단상담을 완성시키는 특성이 된다.

지금까지 통합적 기독상담모형으로서 비블리오드라마를 제시하면서 기독교 신앙의 최대 근거요 유산인 성서가 어떻게 상담의 실제 현장에서 그 치유의 힘을 발휘할 수 있는지 비블리오드라마의 특성들과 그 효과를 통해 살펴보았다. 비블리오드라마는 한마디로 신앙과 일반 상담의 첨단이 어우러지는 융합의 상담기법이라 할 수 있다. 비블리오드라마는 기독교 신학과 일반 학문, 특히 현대 심리학이 만나는 지점에서 참된 통합의 요소, 즉 '머리'만이 아닌 '몸'을 활용하는 전인적 치유 임상세계를 열게 한다. 정서와 신체가 한데 어우러지고 삶의 가치와 실제 적용이 조화를 이루어 인간 전 존재에 자유와 치유를 선사하도록 돕는 현대 표현예술통합치료와 맥을 같이함을 보여 주는 것이다.

무엇보다도 의미 있는 것은 비블리오드라마가 기독교 신앙공동체 안에 일반 상담이론의 수용 및 적용에 있어서 긍정적 태도와 자신감을 불러온다는 사실이다. 특히 성서가 치유의 현장에서 아주 적극적으로 사용될 수 있는 자원이 되어 기독상담계는 더 이상 일반 상담이론과 기법들에 위축될 필요가 없어진다. 성서 이야기로 구성되는 드라마야말로 다양한 역할과 갈등 그리고 주인공이 처한 현실을 주관적으로 체험하게 하며 해결점을 찾게 하는 신비를 불러일으킨다. 물론 비블리오드라마를 실행함에 있어서 조심스러운 비판도 있다. 혹시 비블리오드라마가 성서의 텍스트를 손상하지는 않는가 하는 우려인데, 이는 비블리오드라마의 근본적 접근 방법을 다시 이해한다면 곧 풀리는 문제이다. 피터 핏젤이 언급한 대로, 비블리오드라마는 성서의 글자들('검은 불꽃')을 변형하거나 왜곡하지 않는다. 본문의 이야기에 충실하면서 그 글자들의 행간('흰 불꽃')에 담긴 인간의 심리 내적·외적 갈등과 애환 그리고 인간의 상황을 다루는 것이기에 성경의 내용이나 이야기의 손상은 있을 수 없다.[26] 오히려 비블리오드라마를 통해 신앙의 유산인 성경이 수천 년간 담당해 온 인간 영혼 치유의 세계가 본문의 텍스트를 넘어서서 우리 인간의 삶 안으로 깊이 들어오게 된다. 참여자는 성서와의 이러한 새로운 만남 기법을 통해 성서의 본문이 자신을 향하여 비추는 새로운 빛을 맛보며 하나님과의 관계도 새롭게 조명하는 경험을 하게 된다. 비블리오드라마는 성서가 지닌 치유의 힘과 일반 상담인 드라마치료가 만나 신앙과 상담의 의미 있는 협업을 이루는 통합적 상담모형으로서, 우리 기독공동체가 일반 학계에 자랑스럽게 제시할 수 있는 치료방안이라 할 수 있다.

## 🖋 미주

[1] Le Fevre, 1984: 84-89.

[2] Tracy, 1981: 159.

[3] Browning, 1987.

[4] 황헌영, 2018a: 270, 271.

[5] 이희철, 2018: 68, 69.

[6] 황헌영, 2018c: 38-40.

[7] Martin, 2010: 55.

[8] Wink, 2008: 254-255.

[9] Pitzele, 2016: 38-39.

[10] 최헌진, 2010: 18.

[11] 최헌진, 2010: 17.

[12] 김용수, 2008: 6.

[13] 최헌진, 2010: 46.

[14] 최헌진, 2010: 87.

[15] 이현미, 2010: 100.

**[16]** Johnson, 2011: 23-25, 175.

**[17]** Johnson, 2011: 23-25, 513.

**[18]** Winnicott, 2005: 51-70.

**[19]** Cossa, 2017: 113-119.

**[20]** 심혜숙, 이정희, 1998: 253.

**[21]** Johnson, 2011: 38-42.

**[22]** Moreno, 1961: 518-523.

**[23]** Johnson, 2011: 106, 470.

**[24]** Johnson, 2011: 248, 364.

**[25]** 이현미, 2010: 100-101.

**[26]** Pitzele, 2016: 39.

 **참고문헌**

고강호, 정순선(2014). 가출청소년의 비블리오드라마 경험에 관한 연구: 청소년 쉼터 여자 청소년을 중심으로. 한국사이코드라마학회지, 17(2), 83-101.

고원석(2016). 기독교교육의 새로운 접근: 비블리오드라마. 기독교교육정보, 48, 1-31.

김경(2013). 대중의 정신건강을 위한 목회상담: 공공신학으로서의 목회신학적 관점에서. 신학과 실천, 36, 355-387.

김나함(2008). 목회상담에 있어서 심리학과 신학의 관계에 대한 연구. 신학과 실천, 14, 141-166.

김용수(2008). 연극연구: 드라마 속의 삶, 삶 속의 드라마. 서울: 연극과 인간.

김정두(2013). 경험과 영성과 신학의 관계성에 관하여: 윌리엄 제임스의 종교심리학을 바탕으로. 신학과 실천, 35, 485-506.

박노권(2008). 목회상담에서 신학과 심리학의 관계: 돈 브라우닝. 한국기독교상담심리학회 편, 기독(목회)상담 연구방법론(pp. 17-34). 서울: 학지사.

심혜숙, 이정희(1998). 심리극과 사회극의 상담효과 요인 및 상담과정 비교분석. 한국심리학회지, 10, 251-271.

안석(2013). 영성인가? 아니면 상담심리치료인가?: 영성지향적 상담심리치료로서의 기독교(목회) 상담. 신학과 실천, 35, 435-458.

오수진(2011). 노인 여가활동으로서의 비블리오드라마 효과. 한국사이코드라마학회지, 14(2), 91-111.

여한구(2015). 기독교 상담에서의 성서와 심리상담. 신학과 실천, 44, 229-254.

이현미(2010). 게오르크 뷔히너의 보이첵을 통해 살펴본 드라마 치료의 효율성. 현대영미문학, 28(1), 89-103.

이희철(2018). 안톤 보이슨: 신학과 심리학의 대화. 한국기독교상담심리학회 편, 기독(목회) 상담 연구방법론(pp. 57-88). 서울: 학지사.

임경수(2018). 신학자 폴 틸리히의 '중심된 자기'의 존재론적 양극성 관점에서 본 기독(목회) 상담의 정체성. 한국기독교상담심리학회 편, 기독(목회)상담 연구방법론(pp. 89-116). 서울: 학지사.

장동진, 김용태(2014). 기독교상담에 대한 기독교 상담자들의 인식유형 연구. 한국기독교상담학회지, 25(3), 249-277.

최금례(2017). 비블리오드라마와 자아의 상호작용: 사이코드라마기법을 활용한 비블리오드라마의 효과. 한국기독교상담학회지, 28(3), 177-206.

최헌진(2010). 사이코드라마: 이론과 실제(2판). 서울: 학지사.

황헌영(2007). 비블리오드라마(Bibliodrama): 새로운 유형의 치유 성경공부. 목회와 상담, 9, 218-240.

황헌영(2018a). 사이코드라마의 잉여현실과 종교적 은유: 단 브라우닝의 수정된 상관관계론에 따른 심리치료와 종교의 대화. 한국기독교상담심리학회 편, 기독(목회)상담 연구방법론(pp. 263-290). 서울: 학지사.

황헌영(2018b). 기도와 신비적 체험에 대한 심층심리학적 이해. 신학과 실천, 58, 329-355.

황헌영(2018c). 성경이 살아나는 비블리오드라마. 서울: 현대드라마치료연구소.

황헌영(2019). 통합적 기독상담모형으로서 비블리오드라마. 신학과 실천, 67, 319-345.


Browning, D. S. (1987). *Religious thought and the modern psychologies: A critical conversation in the theology of culture*. Philadelphia: Fortress Press.

Cossa, M. (2017). 이유 있는 반항: 액션 기법으로 청소년과 작업하기 (*Rebels with a cause: Working with adolescents using action techniques*). (김세준, 김은희 공역). 서울: 창지사. (원저는 2006년에 출판).

Johnson, D. (2011). 현대드라마치료의 세계: 드라마치료의 역사와 현재적 접근 (*Current approaches in drama therapy*). (김세준 역). 서울: 시그마프레스. (원저는 2009년에 출판).

Krondorfer, B. (2008). 비블리오드라마 (*Body and bible: Interpreting and experiencing bibliocal narratives*). (황헌영, 김세준 공역). 서울: 창지사. (원저는 1992년에 출판).

Le Fevre, P. (1984). *The meaning of health: Essays in existentialism and psychoanalysis and religion*. Chicago: Exploration Press of the Chicago Theological Seminary, 84-89.

Martin, G. (2010). 몸으로 읽는 성서: 비블리오 드라마 (*Sachbuch Bibliodrama: Praxis und Theorie*). (손성현 역). 서울: 라피스. (원저는 1995년에 출판).

Moreno, J. L. (1961). The role concept, a bridge between psychiatry and sociology. *American Journal of Psychiatry, 118*(6), 518-523.

Moreno, Z. T., Blomkvist, L. D., & Rutzel, T. (2005). 사이코드라마와 잉여현실: 드라마치료의 기원과 실제 (*Psychodrama, surplus reality and the art of healing*). (황헌영, 김세준 공역). 서울: 학지사. (원저는 2000년에 출판).

Pitzele, P. (2016). 비블리오드라마로의 초대: 성경을 여는 창 (*Scripture windows: Towards a practice of bibliodrama*). (고원석 역). 서울: 한국장로교출판사. (원저는 1998년에 출판).

Tracy, D. (1981). *The analogical imagination: Christian theology and the culture of pluralism*. New York: Crossroads.

Waskow, A. (2008). 하나님의 몸과 미드라쉬 과정, 그리고 토라의 구현. 비블리오드라마 (*Body and bible: Interpreting and experiencing bibliocal narratives*, pp. 273-292). (황헌영, 김세준 공역). 서울: 창지사. (원저는 1992년에 출판).

Wink, W. (2008). 인간의 변화를 위한 성경공부와 신체동작. 비블리오드라마 (*Body and bible: Interpreting and experiencing bibliocal narratives*, pp. 251-272). (황헌영, 김세준 공역). 서울: 창지사. (원저는 1992년에 출판).

Winnicott, D. W. (2005). *Playing: A theoretical Statement. playing and reality*. London: Routledge Classics.

# 제6장

# 비블리오드라마와
# 상호작용적 독서치료*

김현희

> 너 자신이 되라. 다른 사람은 이미 있으니까.
>
> -오스카 와일드(Oscar Wilde)-

## 1. 상호작용적 독서치료

### 1) 상호작용적 독서치료의 정의

독서치료(bibliotherapy)의 어원은 그리스어의 'biblion(책, 문학)'과 'therapeia (도움이 되다, 병을 고쳐 주다)'라는 두 단어에서 유래되었다. 책이나 문학작품이 치유의 힘을 가졌다는 기본 가정에서 출발한다고 볼 수 있다.

---

\* 이 장은 "김현희(2008). 비블리오드라마와 독서치료. Korean Jr. of Psychodrama, 11(1), 11-42."에 수록된 내용과 "김현희(2019). 독서치료와 비블리오드라마. 한국비블리오드라마협회 학술대회 자료집"에 실린 내용을 수정한 것이다.

독서치료라는 용어를 처음으로 사용한 크로더즈(S. Crothers) 이후 많은 연구자가 독서치료에 대해 정의를 내려 왔다. 독서치료 관련 박사학위논문을 처음으로 썼던 슈로드즈(C. Shrodes)[1]는 독서치료를 "독자의 인성과 문학의 상호작용 과정"으로 정의하였다. 1980년대 후반부터 하인즈(A. Hynes)와 하인즈-베리(M. Hynes-Berry) 등이 독서치료의 효과를 높이기 위해 구체적 활동과 상호작용을 강조하기 시작하였다. 필자는 앞으로 구체적 활동과 상호작용을 강조한 독서치료를 상호작용적 독서치료로 명명하고자 한다. 상호작용적 독서치료는 독서자료를 읽거나 들은 후에 정서에 초점을 둔 이야기를 나누고, 역할놀이, 창의적인 문제해결 활동, 치유적 글쓰기, 미술활동 등 구체적으로 계획된 활동을 함으로써 통찰을 얻을 수 있도록 돕는다.

앞의 여러 가지 정의를 종합하면, 상호작용적 독서치료의 대상은 우리가 흔히 이야기하는 상담 대상과 치료 대상 모두를 포함한다. '발달적 독서치료'로 분류하는 상담 대상은 정상적인 발달과업 중에 갈등을 겪고 있는 참여자를 이야기한다. '임상적 독서치료'로 분류하는 치료 대상은 특정하고 심각한 문제를 가지고 있는 참여자를 포함한다.[2]

상호작용적 독서치료의 목표는 자신의 적응과 성장을 돕고 당면한 문제들을 해결하도록 도움을 주는 것이다. 이러한 목표를 위해 촉진자는 다양한 문학작품과 자기계발서 등을 매개로 하여 이야기 나누기, 글쓰기, 그림 그리기, 역할극 등 여러 가지 방법의 구체적 활동과 상호작용을 한다.

상호작용적 독서치료 자료에는 인쇄된 글, 시청각 자료, 자신의 일기와 자서전 등 글쓰기 작품들이 모두 포함될 수 있다.[3]

## 2) 독서치료 용어의 사용

우리나라에 독서치료가 처음 소개된 것은 1960년대이다. 유중희가 해니건(M. Hannigan)의 글을 '도서관과 비부리오세라피'[4]로 번역하여 소개했고, 김병수[5]가 처음으로 '인성 치료를 위한 독서요법'이라는 용어를 사용했다.

우리나라는 1970년대 후반부터 독서치료 연구가 시작되었다. 일본의 독서치료 연구 흐름처럼 학교생활에 적응하지 못한 학생과 비행청소년을 대상으로 한 연구가 주류를 이루었다. 이 시기에는 일본어를 그대로 번역한 '독서요법'이라는 용어를 사용했다.

독서치료를 받아들이면서 학자마다 용어를 달리 사용하고 있다. 부산대학교 김정근 교수와 공주대학교 변우열 교수를 포함한 문헌정보학자들은 '독서요법'이라는 용어로, 심리학 배경을 가진 초대 한국독서치료학회장인 필자는 '상호작용적 독서치료'라는 용어로, 국문학자인 건국대학교 정운채 교수는 '문학치료'로, 독어독문학자인 경북대학교 변학수 교수는 '통합문학치료'라는 용어로 처음 사용하기 시작했다. 모두 비블리오테라피를 번역하며 사용한 용어이다. 문학치료는 자료를 문학작품으로 한정시키고 있다.

이 장에서 다룰 상호작용적 독서치료는 자료로서 그림책을 비롯한 문학작품뿐 아니라 자기계발서 등도 포함하며, 자료의 읽기와 상호작용 과정에서 병행하는 구체적 활동으로서 이야기 나누기와 글쓰기, 극화활동 등 모두를 포함한다. 어떤 학자들이 독서치료를 수용적 차원에서만 다룬다고 이야기하지만 읽기뿐 아니라 글쓰기와 같은 표현적 차원, 미술활동과 극화활동까지 광범위한 활동과 상호작용을 포함하고 있다. 최근에는 발달적 독서치료와 임상적 독서치료를 '문학상담'과 '문학치료'로 분류하기도 한다.[6]

## 3) 상호작용적 독서치료의 목표

조슈아(J. Joshua)와 디메나(D. DiMenna)[7]는 자기계발서가 임상 실제에서 매우 효과가 있다고 보았다. 그들은 독서치료의 목표를 정보제공, 통찰, 문제에 대한 토의 격려, 새로운 가치와 태도 나눔, 다른 사람도 비슷한 문제를 가지고 있다는 인식, 문제의 현실적 해결책 제시 등으로 제시하였다. 하인즈와 하인즈-베리[8]는 상호작용을 강조하면서 크게 네 가지로 독서치료의 목표를 설명하였다.

### (1) 자기 삶에 대하여 반응하는 능력을 향상시키기

상호작용적 독서치료가 자료나 일상의 삶에 대해서 느끼는 이미지와 정서 반응을 촉진하고 풍부하게 만든다는 것이다. 구체적으로 자신의 감정을 인식하도록 도와주며, 상호작용적 독서치료 자료가 참여자의 사고와 상상력을 자극함으로써 편견과 선입견을 해소할 수 있다. 상호작용적 독서치료는 주의를 집중할 초점을 제공함으로써 반응능력을 증가시킨다.

### (2) 자신에 대한 이해를 증가시키기

자료에 대한 단순한 반응만으로도 자아를 확인하도록 해 주며, 과거를 회상하고 자신의 의견을 표현함으로써 그들의 내적 자아를 발견하고 확인한다. 상호작용적 독서치료는 참여자가 자신의 의견을 표현하기에 매우 안전하다.

### (3) 대인관계를 명료화하기

자신과 밀접한 관계를 맺고 살아가는 타인과의 상호관련성에 대해 잘 인식할 수 있도록 한다. 이것은 사람의 보편적인 감정과 타인에 대한 인식 그리고 다른 사람의 감정에 대한 이해를 발전시킴으로써 가능하다.

### (4) 현실을 보는 관점을 넓히기

현실을 보는 관점을 확장함으로써 현실에 적응하도록 돕는다. 상호작용적 독서치료는 참여자에게 실존적 문제에 직면하도록 도와주며, 그 과정을 통해 실존적 문제를 탐색하고 통합하기 위한 기회를 준다. 즉, 상호작용적 독서치료 과정은 현실을 보는 개인의 관점을 폭넓게 바꾸어 준다.[9]

## 4) 상호작용적 독서치료의 이론적 기초

상호작용적 독서치료는 심리학, 문학, 교육학, 문헌정보학 등 여러 학문이 연계되어 있다. 특히 심리학은 발달심리이론을 비롯하여 상담심리학, 심리측정 및 검사 등 여러 부분에 걸쳐 많은 도움을 받고 있다.

### (1) 심리학 이론

상호작용적 독서치료의 이론적 기초로서 심리학 이론에는 정신분석이론, 게슈탈트이론, 사회학습이론, 집단상담이론, 내담자 중심 이론, 인지행동치료 이론, 위니컷(D. Winnicutt)의 중간대상이론, 아들러(A. Adler)의 개인심리학 이론 등이 있다.[10]

### (2) 상호작용적 독서치료에 사용되는 문학작품의 특성

상호작용적 독서치료에 사용되는 문학작품들은 친밀감(immediacy)을 제공하여 독자들을 몰입하게 한다. 그러나 다른 한편으로 문학작품은 거리감을 제공함으로써 독자 자신을 관찰자처럼 느끼고, 문제를 평가하고, 객관적인 판단을 내리도록 도와준다. 슈로드즈[11]는 문학작품들이 가지고 있는 이러한 거리감과 깊은 몰입의 패러독스가 독자들이 경험할 수 없는 다른 세계를 경험하게 해 준다고 주장했다.

### (3) 독자반응이론

독자반응이론은 문학작품을 이해하고 평가할 때 독자의 반응을 중요하게 생각해야 한다는 이론이다.[12] 이것은 본문(text)을 이루고 있는 요소들에 관심을 가지고 본문만이 가치 있는 연구대상이라고 생각하는 신비평 이론의 문제점을 보완하기 위해 나온 이론이다.

신비평 이론의 대안으로서 독자를 중요하게 생각하는 독자 중심의 문학이론은 독자의 지위를 확고하게 자리매김해 주었다. 부분적으로 독자의 존재를 의식하던 문학이론이 본격적으로 문학작품의 이해와 연구에서 독자의 중요성을 부각하기 시작한 것은 유럽에서는 1930년대 독일의 문학이론가 잉가르덴(R. Ingarden)의 현상학적 예술이론부터이다.[13] 이 이론은 1967년에 독일의 문학이론가인 야우스(H. Jauß)가 콘스탄츠 대학교에 취임하면서부터 시작하여 이저

(W. Iser)에 이르러 논리적으로 확충되고 체계화되었다.

미국에서도 1920~1930년대에 독자반응이론이 생성되었다. 미국의 학자 중 로젠블랏(M. Rosenblatt)은 1938년부터 책에 대한 독자 반응의 중요성을 강조하기 시작했다. 로젠블랏[14]은 본문(text)과 독자(reader)가 이야기를 만들기 위해 상호교류한다고 하면서, 반응은 독자가 작품과 심미적 교류를 하는 동안이나 그 후에 생성된다고 보았다. 반응은 독자가 본문의 경험에 동참하고, 등장인물과 동일시하거나 그들에 대한 갈등과 느낌을 나누는 것으로서 인지적 영역과 정의적 영역을 다 포괄한다.

독자반응이론은 똑같은 작품이라도 독자와 읽는 시기에 따라서 다르게 반응할 수 있다는 것을 전제로 한다. 작품을 해석하여 반응하는 것에 있어서 옳고 그름을 정한다는 것은 불가능하다는 것이다. 이것은 독자가 책을 읽으면서 자유롭게 탐험하고 탐구할 수 있도록 하며, 정답이나 오답의 두려움 없이 자유롭게 토의할 수 있도록 새로운 가능성을 열어 주었다.[15] 독서치료는 아마도 독자반응이론이 없었다면 이론적 근거가 약했을 것이다.

## 5) 상호작용적 독서치료의 단계[16]

### (1) 준비를 위한 단계

처음 만나서 편안한 마음으로 서로 이야기를 나누려면 가장 먼저 참여자와 신뢰관계를 형성하는 것이 중요하다. 준비를 위한 단계에서는 참여자들의 문제를 정확하게 진단하는 것이 일반적인 목표이며, 문제의 정도와 정확한 특성을 찾아내도록 해야 한다. 가장 좋은 진단방법은 관찰과 면접에 의한 것이며, 필요한 경우에는 내담자의 상태에 대하여 심리검사 등의 부가적인 평가를 한다.

### (2) 자료 선택 단계

내담자의 문제를 정확하게 안 후에는 그 문제를 해결하기 위해 자료를 선택하게 된다. 자료를 선택할 때는 내담자의 독서 수준과 흥미에 맞으면서 예술적으로 질이 높은 책을 골라야 한다. 또한 내담자가 앞에서 확인했던 문제를 이해하도록 도와주는 자료를 선택하고, 내담자의 문제 상황에 성공적으로 적용할 수 있는 해결책을 제공하며 긍정적으로 문제를 해결하는 자료를 고른다.

### (3) 자료 제시 단계

선택한 자료를 제시할 때는 내담자가 흥미를 느낄 수 있도록 해야 한다. 자료에 대하여 정서적으로 건강하지 못한 반응이나 심각한 걱정거리를 보이면 그 반응과 염려를 조정해 주고 완화해 준다.

### (4) 이해-조성 단계

자료를 본 후에 여러 가지 활동을 통하여 문제에 대한 통찰을 얻게 해 주며 과거의 상처에 대해 정서적으로 깊이 느낄 수 있는 단계이다. 관련 질문을 함으로써 내담자가 책에 나오는 주인공들과 중요한 문제들을 검토하는 것을 도와주고, 주인공이 어떤 방식으로 행동하도록 이끄는 그 동기에 특별한 관심을 기울이게 한다. 이 단계에서 자료를 읽은 후에 이야기를 나누며 치유적 글쓰기 활동을 할 수도 있다. 책 속의 핵심적인 장면과 등장인물에 대해 그림을 그리거나 역할놀이와 극화활동도 한다.[17]

### (5) 추후 활동과 평가

자신의 문제와 그 문제에 대한 원인 등을 안 후에 행동의 변화가 있도록 도와주는 단계이다. 내담자가 성공 가능한 구체적이고 합리적인 계획을 발전시킬 수 있도록 도와준다. 치료를 계속 진행하면서 행동계획의 효과를 위해 필요한 만큼 실행 방법을 바꾸고 재시도를 한다. 문제가 해결되었는지 입증하기 위해 장기간 추후 검사를 하는 단계이다.

## 2. 상호작용적 독서치료와 비블리오드라마

비블리오드라마라는 말의 어원은 그리스어의 'biblion(책, 문학, 성경)'과 'dran(행위하다)'[18]이라는 두 단어에서 유래되었다. 즉, 책의 내용을 행동으로 옮겨 극화하는 것이다. 독서치료와 비블리오드라마는 'biblion'이라는 같은 어원으로 시작하여 텍스트를 사용한다는 공통점을 가지고 있음을 알 수 있다.

비블리오드라마(Bibliodrama: B)는 신앙교육이 주목적이어서 참여자의 신앙의 깊이를 더하고 영성을 체험하도록 돕는다. 참여자의 개인적인 문제에 대해서는 다루지 않는다. 핏젤(P. Pitzele)[19]은 이를 '본문 중심의 비블리오드라마'라고 하면서 역할극을 활용함으로써 성경에 대한 새로운 시각을 주려 한다고 했다.

비블리오드라마(b)는 성경으로부터 유도된 개인적 느낌, 풀리지 않고 있던 개인적 문제, 표현되지 않았던 정서 표현에 초점을 맞추어 개인 사이코드라마를 경험할 수 있도록 연결한다. 주목적은 감정 표현을 통한 카타르시스의 경험이며, 이와 더불어 인간관계를 개선하고 행동의 변화를 모색하는 데에 있다. 핏젤[20]은 비블리오드라마(b)를 '참여자 중심의 비블리오드라마'라고 지칭하였다. 성경을 집단이나 개인 활동을 위한 웜업 자료로 사용하며 본문 중심의 비블리오드라마보다 집단의 신뢰와 역동성을 훨씬 많이 필요로 하고 치유를 목적으로 한다는 것이다.

### 1) 상호작용적 독서치료와 비블리오드라마의 공통점

상호작용적 독서치료와 비블리오드라마의 가장 큰 공통점은 읽기 자료, 즉 텍스트를 읽은 후 활동을 하면서 상호작용하는 것이다. 텍스트 없이 독서치료를 할 수 없듯이, 비블리오드라마도 반드시 텍스트가 있어야 한다. 텍스트를 정확하게 이해해야 함은 성경 교수법과 독서지도나 독서교육에서 강조해 왔다.

그러나 상호작용적 독서치료와 비블리오드라마에서는 때로 텍스트에 대한 정확한 이해보다 상호작용이 더 강조되기도 한다. 김세준과 황헌영[21]에 의하면 "비블리오로그(Bibliolog)는 텍스트에 말을 걸고 질문하고 그에 답해 보면서 성경에 대한 다양한 시각을 경험하는 단계이다. 기승전결의 플롯 없이 텍스트와 상호작용하는 정도에서 마무리되며 간단한 역할극 등 단순한 극적 형식을 취하는 것까지 포함한다. 여기에서는 텍스트에 대한 이해보다는 텍스트와의 '상호작용' 그 자체에 더 비중을 두어야 한다."라고 하였다. 때로는 책을 읽은 후 내담자의 정서를 불러일으키기만 한다면 텍스트에 대한 정확한 이해보다 정서에 대해 나누는 상호작용이 더욱 중요하다고 한 점은 상호작용적 독서치료에서도 같다.

## 2) 상호작용적 독서치료와 비블리오드라마의 본문 선정 기준

상호작용적 독서치료와 비블리오드라마의 자료, 즉 본문 선정 기준은 공통점과 차이점을 같이 가지고 있다.

### (1) 비블리오드라마 본문 선정의 세 기준

핏젤[22]은 긴 형태의 비블리오드라마를 진행할 때 가장 중요한 것이 흥미를 유발하고 도전을 주며 의미 체험을 할 수 있는 이야기를 고르는 것이라고 하였다. 본문 선택을 접근성, 주제, 결말 면에서 살펴보고자 한다.

#### ① 접근성

이야기에 쉽게 접근한다는 것은 이야기로 쉽게 들어갈 수 있음을 의미한다. 비블리오드라마의 본문으로는 참여자들이 부담을 느끼지 않고 점진적으로 드라마에 참여할 수 있는 부분을 선택해야 한다. 상상을 통해 해당하는 장면의 세계로 다양하게 접근할 수 있도록 도입 부분을 모색하는 것이다. 신중하게 시작 질문을 하면서 집단을 이야기의 주변부에서 중심부와 클라이맥스로 가장 잘 인도할 수 있어야 한다.

### ② 주제

비블리오드라마(b) 관점에서의 주제는 성경 이야기 장면들이 우리의 삶을 어떻게 변화시키고 우리의 마음을 어떻게 움직이는지와 관련이 있다. 비블리오드라마(b)에서 다루기 좋은 본문 중에는 탄생, 결혼, 죽음, 인생의 전환점과 같은 인생 주기의 사건을 담고 있는 것이 많다. 성경 이야기의 의미 있는 순간을 연기할 때 참여자들은 자신의 삶 속에서 일어나는 의미 있는 순간을 연기하게 된다.

비블리오드라마 디렉터는 인간의 원형적 차원의 이야기를 찾으려고 노력해야 한다. 독서치료 자료가 보편적 주제를 가지고 있어야 한다는 것과 같은 맥락으로 이해할 수 있다. 디렉터가 본문의 주제 수위(사랑, 죽음, 이별, 증오 등)를 정함으로써 참여자들에게 살아 있는 현실로 다가가게 할 수 있다.

### ③ 결말

핏젤은 긍정적이고 희망적인 결말, 가능하면 사람들이 희망을 느낄 수 있는 이야기를 선정하는 것이 좋다고 했다. 상호작용적 독서치료에서도 지나치게 비관적인 결말보다는 긍정적이고 합리적으로 문제를 해결해서 독자가 바람직한 행동을 본받을 만한, 관찰학습을 할 수 있는 결말이어야 한다고 강조한다.

본문을 선정할 때 디렉터의 욕망이나 기호가 영향을 많이 줄 수 있는데, 웜업을 통해 본문과 디렉터 자신의 관계를 살피는 것이 매우 중요하다.

이 외에 김세준과 황헌영[23]은 본문을 선정할 때 우선 참여 집단이 비블리오드라마를 통해 얻고자 하는 목표가 무엇인지와 집단의 성격, 신앙 정도, 모임의 지속성 여부(지속적/일회적)를 고려해야 한다고 제안한다. 그러기 위해 먼저 질문을 함으로써 참여자의 욕구를 파악하고 그 욕구에 적합한 본문을 선정하는 것이 좋다.

## (2) 상호작용적 독서치료의 자료 선정 기준[24]

### ① 잘롱고의 견해

잘롱고(M. Jalongo)는 독서치료 자료가 내담자가 이해할 만한 플롯, 배경, 대화, 인물로 구성되어 있는지, 정서적 반응의 원인이 잘 나타나 있는지, 개인차를 중요시하고 있는지를 살펴야 한다고 했다. 문제해결책이 합리적이고 긍정적이어서 모방할 만한 것인지, 위기 상황을 낙관적이고 극복할 수 있는 방식으로 제시하고 있는지도 중요하다.

### ② 파덱 부부의 견해

파덱 부부(J. Pardeck & J. Pardeck)는 독서치료 자료에 매력적인 그림이 들어가 있는 것이 좋고, 사건의 전개가 논리적이고 실제로 있을 만한 인물이 등장하는 재미있는 이야기여야 한다고 했다. 내담자가 이해하는 범위 내에서 유용한 정보를 포함하고 있고, 즐길 만한 정도의 유머와 친숙하면서도 즐거움을 주는 후렴 부분을 포함하고 있는 자료일수록 좋다.

### ③ 하인즈와 하인즈-베리의 견해

하인즈와 하인즈-베리는 독서치료 자료를 주제와 문체로 나누어 선정 기준을 제시했다. 첫째, 주제는 독자가 자신과 동일시할 만한 정서와 경험을 다루고 있어서 쉽게 공감할 수 있는 보편적 주제여야 한다. 둘째, 이해 가능한 주제여야 하는데, 독서치료에 있어서 특히 중요한 기준으로서 각 참여자가 그 내용을 접하는 순간 거의 즉각적으로 이해할 수 있어야 한다. 마지막으로, 긍정적인 주제를 다루어야 한다. 독서치료를 전체적으로 이해할 때 가장 핵심이 되는 선정 기준이다. 너무 사실적인 분노, 질투, 절망, 자살 충동을 드러내는 작품은 적합하지 않으며, 희망과 자신감을 담은 내용이면서도 현실감을 갖춘 것이라야 한다.

문체는 리듬감이 있고, 뚜렷하고 구체적인 이미지를 떠올릴 수 있어야 한다. 그리고 쉽고 정확하고 간결한 언어로 쓴 문장이 좋다. 정확한 단어들은 좋은 이

미지를 만들어 내는 데 도움을 준다(비블리오로그에서 단어놀이를 할 때도 도움을
받을 수 있다). 또한 적당한 길이와 간결하고 명확한 문장이어야 한다.

## 3. 상호작용적 독서치료와 비블리오드라마의 상호 적용 가능성

### 1) 상호작용적 독서치료를 적용한 비블리오드라마

비블리오드라마를 실행할 때 상호작용적 독서치료를 적용할 가능성은 두 가
지 면에서 살펴볼 수 있다. 바로 텍스트 선택 시에 장르를 확장하는 것과 상호작
용적 독서치료 관련 질문을 비블리오드라마에 적용하는 것이다.

#### (1) 폭넓은 장르의 텍스트 선택

텍스트를 선택할 때 폭넓은 장르로 확장할 수 있다. 비블리오드라마(B)에서는
성경을, 상호작용적 독서치료에서는 문학작품과 자기계발서를 활용한다. 지금
까지 비블리오드라마(b)에서는 주로 『청개구리 이야기』나 『미운 오리 새끼』 같은
동화를 활용한 예가 많았으나, 상호작용적 독서치료 자료에서 활용하는 시나 그
림책, 우화, 자기계발서로 그 장르를 확장할 수 있다. 비블리오드라마(b)를 실시
할 때 웜업 과정에서도 이러한 자료를 활용하여 쉽게 몰입할 수 있도록 도와줄
것이다. 나아가 비블리오드라마가 더욱 역동적이고 폭넓은 주제를 다룰 가능성
을 열어 줄 것으로 기대한다.

#### (2) 비블리오드라마에 대한 상호작용적 독서치료 관련 질문의 적용

상호작용적 독서치료에서 활용하는 관련 질문을 비블리오드라마에서 적극적
으로 활용할 수 있다. 이 질문은 상호작용적 독서치료 과정 중 '이해-조성 단계'
에서 할 수 있는 질문이다. 자료를 읽은 후 상호작용을 할 때 활용할 수 있는 관

런 질문의 유형은 다음과 같다.[25]

① 슈로드즈(1949)의 정신분석학적 견해의 질문 유형
- 동일시 관련 질문은 작품 속의 등장인물과 비슷하거나 같게 느끼는 부분에 대한 질문이다.
  예) "등장인물 중에서 나와 가장 비슷한 사람은 누구인가요?" "어떤 면이 그런가요?" "이 작품과 비슷한 사건을 경험하거나 등장인물과 같은 사람을 알고 있나요?" "그 사람은 누구인가요?" "이 작품을 극으로 한다면 등장인물 중 어떤 주인공 역할을 하고 싶은가요?" 등
- 카타르시스 관련 질문은 감정 배출과 정화를 위한 질문이다.
  예) "주인공처럼 울고 싶을 때, 화가 날 때 어떻게 하나요?" "그렇게 하고 나면 기분이 어때요?" 등
- 통찰 관련 질문은 문제를 객관적으로 들여다보고 문제를 구성하는 요소들을 통합하여 문제에 대한 해결책을 찾게 하는 질문이다.
  예) "이 책을 읽고 난 후 읽기 전과 달라진 생각이 있나요?" "새롭게 알게 된 것은 무엇이에요?" 등

② 하인즈와 하인즈-베리(1994)의 질문 유형
하인즈와 하인즈-베리가 설명한 독서치료의 네 단계 과정을 토대로 만들어진 관련 질문이다. 이 질문은 네 단계의 순서에 맞추어서 할 필요는 없으며, 모두 하지 않아도 된다. 각 단계에 대한 설명과 구체적인 예는 한국독서치료학회에서 나온 독서치료 관련 책[26]과 『현장에서 효과적인 독서치료』[27]에 자세히 나와 있다.

- 전반적 인식을 돕는 질문은 자료를 다 본 후에 책에 대한 전반적인 느낌과 책에 대한 이해를 파악하는 질문이다.
  예) "이 책(시, 이야기 등)을 읽으면서 가장 기억에 남는 것이 무엇인가요?"

"가장 마음에 와닿는 부분은 무엇인가요? 왜 그런가요?"

- 이해 및 고찰을 돕는 질문은 책의 내용을 구체적으로 살펴보고 사건 간의 관계, 책 내용과 자신의 생각을 보다 심도 있게 연결 지어 보는 단계이다. 주로 등장인물이 지닌 문제에 대한 질문, 등장인물이 한 행동과 동기에 대한 질문이다. 보통 '왜?' '어떻게?' 형태의 질문 유형이 많다.
  예) "왜 까마귀 소년은 혼자서 사팔뜨기 놀이를 했을까요?"(『까마귀 소년』)

- 병치 질문은 본문에서 일어나지 않았던 사건이나 일어날 수 있는 다양한 사건을 생각해 보고 결과를 예측하는 단계이다. 가능한 다른 해결책을 생각해 내고 비교해 보면서 만든 새로운 대안을 묻는다.
  예) "이 책에서는 주인공이 전학을 갔는데, 주인공이 전학을 가지 않을 다른 방법은 없을까요?"(『양파의 왕따 일기』)
  "까마귀 소년이 이소베 선생님을 만나지 못했다면 어떻게 되었을까요?"(『까마귀 소년』)

- 자기 적용을 위한 질문은 책을 통해 얻은 느낌이나 인식한 감정이 실제 자기에게 어떤 의미가 있는지 탐구하는 과정이다. 등장인물이 지닌 문제와 자신의 문제 사이의 유사성을 발견하도록 돕는 질문이다. 통찰과 자기적용을 돕는다.
  예) "땅꼬마 아이가 같은 반 아이였다면, 당신은 어떻게 했을까요?"(『까마귀 소년』)

## 2) 상호작용적 독서치료 과정 중 비블리오드라마의 극화활동 적용

상호작용적 독서치료 과정 중 이해-조성 단계는 여러 활동을 시도하는 단계이다. 이 단계에서 극화활동으로 비블리오드라마를 할 수 있다. 본문을 읽은 후 관련 질문을 하면서 역할극으로 연결하는 것은 비블리오로그처럼 참여자의 문제에 더 쉽고 깊게 접근할 수 있게 한다. 그 어느 것이든 커다란 방어 없이 자신의 이야기를 끌어내도록 도와준다. 상호작용적 독서치료를 진행하는 동안 비블리오드라마를 활용한다면, 진정한 자아인식은 물론 깊은 정서적 체험을 함으로써 강력한 힘을 발휘할 것이다. 시나 짧은 우화를 가지고 비블리오드라마를 시도할 수 있는 예를 들어 보자.

(1) 류시화의 '날지 않는 매를 날게 하는 법'(『신이 쉼표를 넣은 곳에 마침표를 찍지 말라』)[28] 중에서

① 대상

활동 대상은 자신이 발전 없이 정체되었다고 느끼며 더 나은 방향으로 성장하고 싶은 사람이나 똑같이 반복되는 무기력하고 답답한 상황에서 탈출하고 싶은 성인 등이다.

② 줄거리 요약

어떤 왕이 이웃 나라의 군주로부터 매우 아름다운 매 두 마리를 선물로 받았다. 왕은 나라 안에서 가장 실력이 뛰어난 매 조련사에게 새들을 훈련하도록 했다. 두세 달 후 조련사는 왕과 사람들 앞에서 잘 훈련받은 매 한 마리가 장엄하고 당당하게 나는 모습을 보여 주었다. 그러나 나머지 한 마리는 어떤 방법을 써도 날개를 펼치려는 시도조차 하지 않았다. 그 매가 날도록 하기 위해 소문난 조류 전문가, 조류심리학자와 주술가, 현자까지 동원했지만, 매는 날기를 거부했다. 그러던 어느 날 두 번째 매가 장엄하게 날개를 펴고 첫 번째 매처럼 기품 있고 당당하게 나는 것을 보게 되었다. 평범한 농부가 그저 새가 앉아 있던 나뭇가지를 자르기만 했을 뿐인데 날게 되었다고 한다.

③ 활동 방법

글을 읽은 후 마음에 와닿는 부분이 무엇인지, 또 그 이유는 무엇인지에 대한 이야기를 나눈다. 전체 이야기를 네다섯 단락으로 나눈 후 단락별로 전지에 써서 벽에 붙인다. 그 후 참여자들에게 마음에 드는 단락을 선택하도록 하여 종이

위에 이미지를 그리게 할 수 있다. 그리고 같은 단락을 고른 사람끼리 집단을 만들어 즉흥극을 만들어 발표한다.

다른 집단 형성 방법은 지금 내가 움켜쥐고 있는 나뭇가지(안전기지)는 무엇인지, 높이 날지 못하도록 나를 붙잡고 있는 것이 무엇인지 이야기를 나눈 후 그 내용이 같은 사람끼리 집단을 만드는 것이다. 모인 사람들끼리 그 내용을 가지고 드라마를 즉흥적으로 만들고, 조별로 발표하고 이야기를 나눈다. 언제 나뭇가지를 자를지 구체적으로 이야기를 나누는 것도 실행에 도움이 된다.

(2) 포시아 넬슨(P. Nelson)의 〈다섯 개의 짧은 장으로 된 자서전(Autobiography in Five Chapters)〉


Ⅰ.
나는 길을 걸어갑니다.
보도 위에 깊은 구멍이 있습니다.
나는 그 구멍에 빠집니다.
길을 잃고 맙니다… 무기력한 나.
내 잘못은 아닙니다.
밖으로 나오는 길을 찾는데 영원처럼 긴 시간이 걸립니다.


Ⅱ.
나는 똑같은 길을 걸어갑니다.
보도 위에 깊은 구멍이 있습니다.
나는 못 본 척 합니다.
다시 그 깊은 구멍에 빠집니다.
같은 곳에 다시 빠져 있다는 것이 믿기지 않습니다.
하지만 내 잘못이 아닙니다.
밖으로 나오는데 여전히 긴 긴 시간이 걸립니다.

Ⅲ.

나는 똑같은 길을 걸어갑니다.

보도 위에 깊은 구멍이 있습니다.

나는 그 구멍을 봅니다.

나는 다시 그 구멍에 빠집니다... 습관이 되어서... 하지만

두 눈을 뜨고 있습니다.

내가 어디에 와 있는지 알고 있습니다.

내 잘못입니다.

나는 얼른 빠져나옵니다.


Ⅳ.

나는 똑같은 길을 걸어갑니다.

보도 위에 깊은 구멍이 있습니다.

나는 그 길을 돌아갑니다.


Ⅴ.

나는 다른 길로 걸어갑니다.


① 대상

활동 대상으로는 나는 누구인지 자아정체성을 찾고 싶은 청소년 이상 성인이나 우울감에서 빠져나오고 싶은 성인 등이 포함될 수 있다.


② 활동 방법

시를 두세 번 정도 함께 낭독하거나 참여자 중에서 지원자가 읽도록 한다. 가장 마음에 와닿는 부분이 무엇인지, 나는 현재 어디쯤 와 있는지, 연 중에 몇 연에 속하는지 발표한다. 같은 연에 속한 집단끼리 모여 즉흥 드라마를 꾸미게 한다. 즉, 내가 Ⅲ 연에 속한다고 발표했다면 Ⅲ 연에 속한다고 발표한 사람들끼리

모인다. 하나의 연에 사람이 너무 많이 몰리면 집단을 여러 집단으로 나눌 수도 있다. 일반적으로 Ⅲ 연에 속해 있는 사람이 많이 나오는데, 너무 많으면 4~5명을 한 집단으로 나누어 즉흥 드라마를 할 수 있다.

다른 집단 형성으로는 '내가 자주 빠지는 구멍이 무엇인지'에 대한 이야기를 나눈 후 같은 구멍(게으름, 남의 비판에 대한 지나친 민감성 등)을 이야기한 사람들끼리 모여 즉흥극을 꾸며 볼 수도 있다. 시 중에서 고치고 싶은 부분이 있다면 고쳐 쓰기를 하고 낭송한다.

## 📝 미주

[1] Shrodes, 1949, 1960.

[2] Doll & Doll, 1997: 7.

[3] 김현희 외, 2004, 2010.

[4] 유중희, 1964: 133-139.

[5] 김병수, 1968.

[6] 진은영, 김경희, 2019: 68, 69.

[7] Joshua & DiMenna, 2000.

[8] Hynes & Hynes-Berry, 1994.

[9] 김현희 외, 2010: 51-64.

[10] 김현희, 2019: 4-6.

[11] Shrodes, 1949.

[12] 김현희 외, 1999.

[13] 권혁준, 1997.

[14] Rosenblatt, 1978.

[15] 김현희 외, 1999.

[16] Doll & Doll, 1997: 10-13.

[17] 김현희, 이동희, 2012, 2013.

[18] 박정자, 2019: 66.

**[19]** Pitzele, 2016: 314.

**[20]** Pitzele, 2016: 314-315.

**[21]** 김세준, 황헌영, 2018: 88.

**[22]** Pitzele, 2016: 155-165.

**[23]** 김세준, 황헌영, 2018: 54.

**[24]** 김현희, 이동희, 2013: 7-11.

**[25]** 김현희, 이동희, 2013: 13-18.

**[26]** 김현희 외, 2003, 2004, 2010, 2015.

**[27]** 이임숙, 2018.

**[28]** 류시화, 2019: 20-23.

## 참고문헌

강현국(1998). 반응중심 문학론의 시 교육 적용 연구. 대구교육대학교 교육대학원 석사학위논문.

권혁준(1997). 문학이론과 시교육. 서울: 도서출판 박이정.

김병수(1968). 인성치료를 위한 독서요법에 관한 연구. 전라북도교육연구회지: 교육연구, 25, 12-14.

김상욱(1993). 신비평과 소설교육: 소설교육론. 서울: 평민사.

김세준, 황헌영(2018). 성경이 살아나는 비블리오드라마. 서울: 현대드라마치료연구소.

김현희(2008). 비블리오드라마와 독서치료. Korean Jr. of Psychodrama, 11(1), 11-42.

김현희(2019). 독서치료와 비블리오드라마,『비블리오드라마의 전망』. 한국비블리오드라마협회 제2회 학술대회 발표집.

김현희, 김세희, 강은주, 강은진, 김재숙, 신혜은, 정선혜, 김미령, 박연식, 배옥선, 신창호, 이송은, 이임숙, 전방실, 정순, 최경, 홍근민(2003). 독서치료의 실제. 서울: 학지사.

김현희, 김세희, 박상희, 서정숙, 유수옥, 유승연, 임영심, 채종옥, 최재숙, 현은자, 강은진, 김양선, 김은자, 변윤희, 신혜은, 심향분, 최경(1999). 아동문학의 연구방법. 한국 어린이 문학교육연구회 편, 환상 그림책으로의 여행. 서울: 다음세대.

김현희, 김재숙, 강은주, 나해숙, 양유성, 이영식, 이지영, 정선혜(2010). 상호작용을 통한 독서치료. 서울: 학지사.

김현희, 김주열, 노창숙, 박순희, 신혜은, 이안나, 이지혜, 이현자(2015). 청소년과 함께 하는 상호작용 독서치료. 서울: 학지사.

김현희, 서정숙, 김세희, 김재숙, 강은주, 임영심, 박상희, 강미정, 김소연, 정은미, 전방실, 최경(2004). 독서치료(2판). 서울: 학지사.

김현희, 이동희(2012). 상호작용적 독서치료를 위한 자료 분석 및 활동. 서울: 비블리오드라마.

김현희, 이동희(2013). 상호작용적 독서치료를 위한 자료 분석 및 활동 II. 서울: 비블리오드라마.

류시화(2019). 신이 쉼표를 넣은 곳에 마침표를 찍지 말라. 서울: 더숲.

박정자(2019). 아리스토텔레스의 시학. 서울: 인문서재.

유중희(1964). 도서관과 비부리오세라피. 국회도서관보, 1(3), 133-139.

이임숙(2018). 현장에서 효과적인 독서치료. 서울: 학지사.

진은영, 김경희(2019). 문학, 내 마음의 무늬 읽기: 문학상담의 이론과 실제. 서울: Xbooks.


Doll, B., & Doll, C. (1997). *Bibliotherapy with young people: Librarians and mental health professionals working together.* Englewood, Colorado: Libraries Unlimited, Inc.

Hynes, A. M., & Hynes-Berry, M. (1994). *Biblo/poetry therapy-The Interactive process: A handbook.* St. Cloud, MN: North Star Press of St. Cloud.

Joshua, J. M., & DiMenna, D. (2000). *Read two books and let's talk next week; Using bibliotherapy in clinical practice.* New York: John Wiley & Sons.

Pardeck, J. A., & Pardeck, J. T. (1984). An Overview of the bibliotherapeutic treatment approach: Implications for clinical social work practice. In B. Doll & C. Doll (1997). *Bibliotherapy with young people: Librarians and mental health professionals working together* (pp. 8-13). Englewood, Colorado: Libraries Unlimited.

Pitzele, P. (2016). 비블리오드라마로의 초대: 성경을 여는 창 (*Scripture windows: Towards a practice of bibliodrama*). (고원석 역). 서울: 한국장로교출판사. (원저는 1998년에 출판).

Rosenblatt, L. M. (1978). *The reader, the text, the poem: The transactional theory of the literary work.* Carbondale and Edwardsville: Southern Illinois University Press.

Shrodes, C. (1949). Bibliotherapy: A Theoretical and clinical-experimental study. In S. B. Gornicki (1981). Using fairy tales to change perceptions of self and others.

Paper presented at the annual conventions of the American Personnel and Guidance Association에서 재인용.

Shrodes, C. (1960). Bibliotherapy: An application of psychoanalytic theory. *American Image, 17*, 311-319.

# 제3부

# 실제

# 제7장

# 비블리오드라마의 놀이와 웜업

이미숙

비블리오드라마는 놀이(play)를 바탕으로 한 성경의 극적 놀이로, 성경의 검은 불꽃, 즉 검은 글자가 울타리 쳐 있는 본문의 열린 공간에서 일어난다.[1] 열린 공간을 만드는 데 있어 놀이는 매우 중요하다. 필자가 비블리오드라마 수련을 받을 때 늘 들었던 말 또한 '놀이 정신'이다. 아무리 좋은 활동을 준비해도 디렉터에게 놀이 정신이 없으면 재미없다는 말이다.

웜업은 비블리오드라마의 전체 과정 중 첫 단계로, 몸과 마음이 자발적으로 행동할 수 있도록 돕는다. 이 장에서는 디렉터에게 필요한 놀이 정신과 비블리오드라마에서의 웜업을 소개하고자 한다.

## 1. 놀이에 대한 이해

인류학자들에 의하면 몸과 행위가 생활의 전부였던 원시사회는 축제와 오락의 사회였으며, 전통적인 농경사회 또한 삶이 축제와 놀이로 구성되어 있었다.[2] 노동과 놀이는 따로 구분되어 있는 것이 아니라 둘이 함께 삶을 즐겁게 전환해 주는 행위였다. 고대 그리스 철학자들은 지혜를 놀이하고 철학으로 놀이했다. 아리스토텔레스(Aristoteles)는 무엇이든 그 자체로 즐기는 것이야말로 가장 훌륭한 삶이라 여겼으며, 무엇이든 그 자체로 즐기는 태도는 인간의 가장 탁월한 능력으로 이를 통해 생각하고 느끼고 반성하며 창조하고 또 배울 수 있다고 보았다.[3] 놀이에는 인간에게 필요한 휴식이자 덕으로서 유트라펠리아(eutrapelia, 유희와 익살), 즉 한 개인이 자신의 삶에 진지할 수도 있으면서 동시에 진지함을 벗어나 여유로울 수 있는 능력이 있다. 이는 어른이지만 소년처럼 자유롭게 놀 수 있는 사람으로서 철부지 장난만이 아니라 어른의 정신세계에서 펼치는 진정한 자유를 의미한다.[4]

이성을 통해 사회의 무지를 타파하고 현실을 개혁하자는 계몽주의는 인간성의 상실을 야기했다. 이를 미적 성품의 형성을 통해 치유하고자 했던 프리드리히 실러(Friedrich Schiller)는 『미학편지(Briefe über die ästhetische Erziehung des Menschen)』에서 놀이가 심미적 발전에 아주 중요하다고 주장했다.[5] 인간이 진정한 의미에서의 인간이 될 때 놀 수 있게 되며, 인간은 놀 때 비로소 진정한 인간이 된다는 것이다. 놀이의 주 행위자이자 유희와 익살을 진정으로 즐길 수 있는 자야말로 성인이며, 인간은 놀이를 통해 도덕적이고 자연적인 제한을 벗어던지고 진정한 자유의 가치와 아름다움을 경험하게 된다.[6]

19세기는 진화론적 인식이 크게 작용하여 놀이를 어린아이의 행동으로 생각해 생물학적으로나 문화적으로 미숙한 사람들이 행하는 '열등한' 행위로 보고 놀이가 그들을 위한 교육에 필요하다고 보았다. 놀이를 단지 아이들을 위한 교육과 이를 위한 과학적인 연구의 관심 대상으로 한정 지은 것이다.[7] 이후 산업혁명과 자본주의의 발달은 놀이를 게으른 베짱이의 삶으로, 부지런하고 성실한 개미는 바람직한 모습으로 교육하며 놀이를 부정적인 이미지로 만들었다. 이러한 관점에 의문을 제기하는 움직임이 20세기 초에 이르러 일어났고, 요한 하위징아(Johan Huizinga)는 『호모 루덴스: 놀이하는 인간(Homo Ludens: A study of the play element in culture)』(1938)이라는 책을 통해 놀이야말로 문화의 가장 기본적인 기능이라고 강조하면서, '놀이하는 인간'이라는 새로운 인간형을 제시했다.[8] 호모 사피엔스는 생각하는 사람으로서 사려가 깊으나 행동적이지 않고, 호모 파베르는 도구를 사용하는 사람으로서 부지런하고 계산적이며 쓸모가 있는 대상에만 관심을 기울인다. 그러나 호모 루덴스는 사유나 노동을 뛰어넘는 '놀이'에 의해 '문화'를 만들어 냈다. 단순한 기능과 기본적인 욕구 충족 이상의 재미와 상상력, 심미적 요소들이 더해져 밥그릇은 도자기가 되고, 무덤은 피라미드가 되며, 단순한 옷은 패션이 된 것이다.[9] 빅터 터너(Victor W. Turner)는 놀이를 단순히 '재미를 보는' 행위가 아니라 브리콜라주 미술처럼 인생의 내부 세계와 외부 세계 전 영역에서 그 자료를 취해 동시대에 속한 온갖 경험을 망라하는 최대의 퍼포먼스로 보았다.[10] 빅터 터너의 시각은 점차 다양한 영역에서 '놀이적 인간, 놀이하는 인간'의 행위자로서의 모습을 주목하게 했다. 이후 자율성과 다양성을 중시한 포스트모더니즘은 놀이를 한 영역에 국한시키지 않고 각 개인과 공동체의 전통, 문화 등 현실 세계에 맞추어 새로운 형태로 접목하게 되었다.[11] 이런 관점은 비블리오드라마에서도 중요한 의미가 된다.

놀이가 없는 현대사회에 대해 한병철은 『피로사회』라는 책에서 다음과 같이 말한다. "21세기는 성과사회라고 말할 수 있다. 성과사회는 'Yes, we can'이라는 복수형 긍정, 무한정한 '할 수 있음'을 긍정적 조동사로 삼는다."[12] 자기주도적으로 될 것, 자기 자신이 될 것을 요구하지만 사회적 무의식 속에는 생산을 최대화하고자 하는 숨은 열망이 있다. 과다한 노동과 성과를 향한 압박은 성과의 주체자에게 자기 자신과의 전쟁을 벌이게 해 외부 활동과 업적에 매달리게 하고, 외적으로는 화려하지만 내면은 허무함과 상처받기 쉬운 연약한 상태가 되어 자기착취적 파괴의 순환 고리를 형성한다.[13] 여전히 노동이 인간의 중요한 가치이자 인생의 목적일 때, 놀이가 노동을 다시 하기 위한 스트레스 해소와 재충전을 위한 방법이 되고 노동을 보다 효율적으로 하기 위한 수단이 된다. 어느덧 놀이는 노동의 그림자로서 화려하게 포장된 '여가 상품'이 되었고, 사람들은 여가 상품들을 소비하며 돈 없이는 놀지 못하는 현실에 처하게 되었다.[14] 정연득은 우리의 놀이문화를 이끌어 가는 중요한 요소로 놀이를 경험할 '장소', 놀이를 지속하는 '시간', 놀이를 향유하는 '활동'에 강조점을 둔다. 경제적 능력에 따라 '장소의 질' '시간의 양' '활동의 종류'가 결정된다고 본 것이다.* 결국 사람들은 제대로 놀기 위해 더 많은 돈을 버는 위치로 올라가야 하며, 먹고살기 위해 돈을 버는 모습과 쉼을 얻기 위해 레저를 추구하는 모습이 별 차이가 없게 된다. 현대인들은 놀이 과잉의 시대에서 놀고는 있지만, 경제적 여건에 의해 놀이가 제한되거나 성과를 강조하는 현대사회에 속박되어 놀이의 주체자로서 진정한 놀이를 경험하지 못하고 있다.[15]

'세계는 놀이이다.'라는 말처럼 놀이는 '어떤 세계에서 살 것인가'를 결정하게 한다. 때가 되면 학교를 졸업하고, 직장에 취직하고, 결혼해서 아이를 낳아 기르고. 이렇게 때가 되면 해야 하는 현실의 규칙에 매여서 놀지 못하는 것은 어떤 변화 가능성도 없는 딱딱한 세계를 만드는 일이며, 논다는 것은 미래를 개방하고 무수한 가능성에 자신을 열어 둔다는 의미이다.[16] 오늘날 우리 사회에서의 놀이는 어떠할까? 스마트폰, 소셜미디어, 온라인 게임 등 최근 기술의 발달은 거대한 디지털 콘텐츠 산업이 되었다. 소셜 네트워크로 우리는 쉽고 빠르게 사람들과 소통할 수 있게 되었고, 로봇과 상호작용하는 미래를 앞두고 있다. 실러나 하위징아가 인간성 상실과 비극의 역사 속에서 인간의 가능성을 '놀이'에서 찾았던 것처럼, 이제는 새로운 디지털 시대에 인간 본연의 가치와 진정한 인간관계의 의미를 생각해 볼 때이다.

> 놀이는 특정 시간과 공간 내에서 벌어지는 자발적 행동 혹은 몰입 행위로서, 자유롭게 받아들여진 규칙을 따르되 그 규칙의 적용은 아주 엄격하며, 놀이 그 자체에 목적이 있고 '일상생활'과는 다른 긴장, 즐거움, 의식을 수반한다.
>
> -하위징아-[17], **

---

* 페이스북과 같은 SNS 속에서도 공간, 시간, 활동이라는 세 가지 요소를 주로 이야기한다. 한병철은 『투명사회』에서 이런 오늘의 문화를 "전시사회"라고 명명하고 있다.

** 하위징아가 이야기하는 놀이의 본질과 의미는 다음과 같다. ① 놀이는 특정 시간과 공간 내에서 벌어지는 자발적 행동 혹은 몰입 행위이다. ② 자유롭게 받아들여진 규칙을 따르되 그 규칙의 적용은

'play(놀이)'라는 말은 고대 영어 'plegan(스스로 연습하다, 활발하게 움직이다)'과 같은 어원의 중세 독일어 'pleyen(춤추다)'에서 나왔다.[18] 놀이는 '무엇'을 하느냐로 한정되는 명사가 아니라 노는 '움직임'이며,[19] 그 행동 자체에 가치를 부여한다.[20] 하위징아는 세상에 존재하는 놀이 형태 중에서 가장 순수하고 가장 완벽한 것이 춤이며, '리드미컬한 움직임'인 춤은 놀이와 본질적으로 동일한, 구체적이면서도 완벽한 형태라고 보았다.[21],* 놀이의 모습은 춤을 주제로 한 영화 〈쉘 위 댄스(Shall We Dance?)〉**에 잘 나타나 있다. 다음은 영화 〈쉘 위 댄스〉의 줄거리이다.

매일같이 어김없이 출근하고 퇴근하는 성실한 주인공 수기야마는 20대에 결혼을 하고, 30대에 부모가 되고, 40대가 되어 융자를 받아 집 장만을 해서, 융자금을 갚기 위해 열심히 일만 하는 중년의 직장인이다. 그러던 어느 날 전철을 타고 귀가하던 중 우연히 사교댄스 교습소의 창가에 서 있는 여인 마이를 보게 되고, 밋밋한 그의 일상에 예기치 않은 술렁임이 일기 시작한다. 그 여인은 수기야마에게 한없이 호기심을 자아냈고, 수기야마는 완전히 생소한 사교댄스의 세계에 발을 들여놓게 된다. 마이에 대한 관심에서 시작된 사교댄스였지만 춤을 추는 과정에서 수기야마는 순수한 즐거움을 발견하게 되고 일상생활에 활력이 생기게 된다. 수기야마에게 호기심을 불러일으켰던 마이는 작은 교습소에서 춤을 가르치고 있지만, 훌륭한 프로 댄서이다. 마이의 아버지는 슬럼프에 빠져 있는 딸에게 "(함께 추는) 상대가 중요한 게 아니라 너 자신의 춤이 중요한 것이다."라고 조언하지만 마이에게는 감정만 상할 뿐이다. 그러나 수기야마의 춤에 대한 순수한 열정을 보며 그녀 자신도 새롭게 깨닫고 춤에 대한 순수한 즐거움을 회

---

아주 엄격하다. ③ 그 자체에 목적이 있고 일상생활과는 다른 긴장, 즐거움, 의식을 수반한다. ④ 질서를 창조하고 그다음에는 스스로 하나의 질서가 된다. ⑤ 경쟁적 요소, 즉 남보다 뛰어나려는 충동이 강하다. ⑥ 신성한 의례에서 출발하여 축제를 거치는 동안 자연스럽게 집단의 안녕과 복지에 봉사한다(Huizinga, 2010: 421).

* 현대 춤에서 놀이 특질이 희미해지는 경향도 있지만 놀이와 춤의 관계는 너무나 밀접해서 설명이 불필요하다고 말한다.

** 1996년 일본에서 만들어진 영화이다.

복하게 된다. 마이는 변화된 자신을 다음과 같이 말한다. "상대를 진정으로 신뢰하지 않고 혼자서 춤춰 왔다는 걸 깨닫게 됐죠. 상대를 신뢰하고 춤추는 아름다움, 그리고 무엇보다도 춤추는 즐거움을 생각나게 해 줬어요."

영화 속 다른 등장인물들도 춤을 추고 있으면 모든 것을 잊게 되고, 심장이 뛰고, 머릿속은 황홀하고, 날아오를 것 같은 기분을 이야기한다. 이 영화를 만든 수오 마사유키(Masayuki Suo) 감독은 자신이 속한 세계 외에 다른 세계가 있다는 것을 깨닫고 그 세계에 도전해 보라는 의도에서 영화를 만들었다고 한다.[22] 영화는 모범적이고 성실한 세계 바깥의 다른 세계인 놀이, 춤을 통해 자아를 되찾아 가는 과정을 그렸으며, 이러한 의미에서 "다시 한번 내 인생의 주인공이 되자."라는 문장이 영화 포스터에 들어 있다. 주인공 수기야마는 춤을 통해 온전한 인간이 된 것이다. 그리고 영화는 줄곧 이렇게 이야기한다. "춤은 스텝이 아니라 음악을 느끼면서 즐겁게 추면 된다."

놀이의 본질은 바로 '재미'이다.[23] 춤이라는 다른 세계와의 접촉이 호기심에서 시작되었지만 재미가 열정으로 커지면서 수기야마는 자신에게 익숙한 삶의 세계를 변화시킨다. 그러나 재미가 외부의 자극에 수동적으로 반응하고 조금씩 마비 상태가 되어 더 큰 자극을 욕망하는 것은 놀이가 아니다.[24], * 혼자 하는 시체놀이, 한 분야에 열중하며 혼자 노는 오타쿠 역시 놀이가 아니다. 놀이는 개인의 취미활동이 아니라 관계가 확장되며 집단을 이루는 속성이 있다. 그래서 혼자 노는 것은 '놀이하는 인간'의 고유한 속성이 아니다.[25], ** 하위징아는 『호모 루덴스』의 주제가 놀이와 문화의 관계이므로 "놀이가 사회적으로 어떻게 구체화"되는지를 다루고, 이것은 "놀이의 가장 높은 형태"라고 하였다.[26] 즉, 하위징아는 놀이를 개인과 개인 또는 개인과 집단 간의 틀로 생각하며 놀이의 구체적 행위보다 관계의 유형을 매우 중요하게 보았고, 인간의 놀이는 사회적 현상이기에

---

\* 중독된 즐거움으로 알코올 중독을 예로 들고 있다. 게임 중독 역시 모니터 안에 만들어진 세계에 집착하고, 아이템을 모으고 가지려고 한다. 중독된 자는 결코 즐기는 자가 아니다.

\*\* 오타쿠에 대해서는 '호모 파베르가 가로채는 오타쿠의 성과'(노명우, 2011: 241-243)를 참고하라. 노명우는 타인에 대한 냉혹한 무관심이 오타쿠의 긍정성을 제한하며, 자신만의 취미의 제국에서 나와 사회로 눈을 돌려야 한다고 말한다.

'집단'을 전제로 한 것이다.[27]

　놀이는 '관계 만들기'로 신과 함께, 자연과 함께, 이웃과 함께 논다는 것이 중요하다.[28] 제임스 H. 에반스 주니어(James H. Evans Jr.)는 놀이가 바로 삼위일체 하나님을 믿는 기독교신앙의 핵심부에 놓여 있다고 보았다.[29] 삼위일체는 하나님을 성부, 성자, 성령의 세 인격(person)으로 표현해, 서로 고립되고 독립된 자아들이 아니라 서로 관계를 맺는 가운데 자신의 정체성을 가진 사랑하는 인격들의 어울림을 의미한다.[30] '페리코레시스(perichoresis)'는 춤을 뜻하는 헬라어로, 지극히 역동적이고 상호관계적인 삼위일체의 성격을 강조하기 위해 은유적으로 사용한 용어이다. 춤이 존재하려면 움직임의 파트너십이 있어야 한다. 파트너를 향해 자신을 표현하는 동시에 상호-행위, 상호-진행의 움직임이 있다. 서로 주고받고 또 주고받는 과정 속에서 서로를 둘러싸며 스며들고 감싸며 뻗어 나가는 등 하나의 물 흐름 같은 움직임을 경험하게 된다.[31] 춤은 서로 '안에 거하며', 서로를 위하여 '자리를 만들어 주고', 서로가 서로를 지극히 환대한다.[32] 삼위일체는 하나님의 활기 넘치는 활동적 삶, 춤에 참여하라는 부르심이자 초대이고 우리를 거룩한 창조, 거룩한 구원, 거룩한 공동체라는 삼위일체적 행동 속으로 끌어당긴다.[33] 이와 같이 무기력한 삶, 개인주의적 자아 안에 갇힌 삶, 지루하고 무미건조한 삶에서 새로운 삶 속으로 뛰어들게 하는 에너지, 서로 다른 다양한 사람들 사이로 각자의 틀을 넘나들며 공동체를 창조해 내는 리드미컬한 움직임이 바로 놀이이다.[34],*

---

* 유진 피터슨(Eugene H. Peterson)은 공동체의 한 속성으로서의 거룩을 프랑스 혁명에 빗대어 설명했지만, 필자는 이것을 놀이의 본질로서 차용했다. 전국재는 놀이의 장점을 이렇게 정리했다. ① 참여자의 내적 동기를 유발시켜 창의적이고 자기주도적이 되도록 촉구한다. ② 놀이는 참여자들이 호기심과 기대를 가지고 재미있고 즐거운 마음으로 참여하도록 해 준다. ③ 놀이가 가진 재미와 즐거움이 참여자들에게 안정감과 긍정적인 태도를 가지도록 해 준다. ④ 놀이는 참여자들의 불안을 해소하여 방어기제를 쉽게 내려놓을 수 있도록 도와준다. ⑤ 놀이는 참여자들이 '지금-여기'에서의 느낌, 생각, 경험에 몰입하도록 해 준다. ⑥ 놀이는 집단 초기의 불안을 감소시켜 주고 집단원들 간의 친밀한 인간관계를 형성해 준다. ⑦ 놀이는 집단의 역동을 활성화한다. ⑧ 놀이는 참여자들의 상호작용을 촉진하고 응집력을 강화시켜 준다. ⑨ 놀이 규칙은 참여자들이 집단규칙, 규범을 쉽게 이해하고 편안하게 준수할 수 있도록 해 준다. ⑩ 놀이는 참여자들이 결과 중심에서 벗어나 과정에 관심을 기울이도록 해 준다. ⑪ 놀이의 심리사회적 요소들은 참여자들의 사귐, 나눔, 조력, 협동, 책임의식을

## 2. 비블리오드라마에서의 놀이

비블리오드라마에서의 놀이와 웜업을 쉽게 이해할 수 있도록 또 다른 영화 〈나니아 연대기: 사자, 마녀, 그리고 옷장(The Chronicles Of Narnia: The Lion, The Witch And The Wardrobe)〉을 추천하고 싶다. 이 영화는 C. S. 루이스(C. S. Lewis)의 판타지 소설을 바탕으로 한 영화로, 마법의 옷장을 통해 환상의 나라 나니아에 들어가게 되면서 펼쳐지는 모험 영화이다. 다음은 영화 〈나니아 연대기〉의 줄거리이다.

제2차 세계대전 중, 주인공 네 남매는 전쟁을 피해 먼 친척인 노교수의 시골 별장으로 가게 된다. 저택을 관리하는 맥크레디 부인은 아이들이 머무를 방으로 안내하면서 같이 지내기 위해 꼭 지켜야 할 사항을 이야기한다.

"시끄럽게 떠들어서는 안 돼. 뛰어도 안 되고 계단에서 장난도 안 돼. 절대로! 골동품에 손대지 마. 가장 중요한 건, 교수님을 성가시게 해서는 절대 안 된다."

아이들은 독일군의 공습 소식과 낯선 환경에 우울한 밤을 보내지만 내일 재미있는 놀이를 하자고 약속을 하며 잠이 든다. 그러나 기대했던 내일은 주룩주룩 비가 오는 날씨여서 밖에 나가 놀 수 없게 되고, 논리적이며 현실적인 성격의 둘째는 단어 뜻을 알아맞히는 놀이로 동생들과 놀아 주려고 하지만 동생들은 엄청 재미없는 놀이라며 별 관심을 주지 않는다. 이때 막내 여동생이 숨바꼭질을 제안하고, 아이들은 숨을 장소를 찾아 계단을 뛰고 골동품에 손을 대고 이곳저곳을 누비면서 꼭 지켜야 할 규칙은 온데간데없이 사라지게 된다. 어느 날, 아이들은 저택 밖에서 야구를 하다 유리창을 깨게 되어 맥크레디 부인을 피해 도망을 가다가 마법의 옷장을 통해 환상의 나라 나니아로 들어간다. 나니아는 말을 하는 동물들과 신화 속에나 나오던 존재들이 살고 있는 평화로운 세계이지만, 마녀의 마법에 빠져 영원히 겨울만 계속된다. 아이들은 위대한 사자 아슬란과

축진시켜 준다. ⑫ 놀이에서 가진 느낌, 생각, 경험은 실제 생활에서의 문제와 장애를 극복하는 데 도움이 된다(전국재, 2018: 25-26).

함께 위험에 빠진 나니아를 구한다.

아이들이 우연히 발견하게 되는 옷장은 평범한 옷장이 아니라 현실과 또 다른 신비의 세계를 연결하는 통로로, 이야기 전체를 상징하는 핵심적인 소품이다.[35] 서로 다른 세계를 자연스럽게 연결하는 옷장처럼 아이들과 옷장을 연결하는 통로가 되어 준 것이 바로 온몸으로 노는 숨바꼭질이었다. 놀이는 숨바꼭질에서만 끝나는 것이 아니라 옷장 너머의 세계를 비롯해 영화 전체가 놀이의 과정이라고 말할 수 있다. 비블리오드라마에서도 전 과정이 놀이이며, 놀이는 현실 세계에서 성경의 세계로, 성경의 세계에서 현실 세계로 두 세계를 넘나들며 끊임없이 자신을 새롭게 창조해 가는 움직임이 된다. 웜업은 이 움직임이 자연스럽게 흘러갈 수 있도록 시동을 걸어 주고 물꼬를 터 주고 사이사이 본 활동에서 하게 될 활동들을 미리 맛보게 함으로써 호기심과 기대를 높이고 본 활동의 연습이 되도록 하는 첫 과정이다. 영화 속 주인공들은 이미 모든 것이 다 준비된 상태로 모험을 하지 않는다. 모험을 통해 어느새 그들은 용기를 갖게 되고 다른 사람들을 위해 희생하고 서로 사랑하는 마음과 자세를 갖게 되는 것처럼, 비블리오드라마의 모든 과정은 서로 유기적으로 연결되어 있다. 그렇기 때문에 나니아의 세계로 들어가는 통로였던 옷장이 비블리오드라마에서는 웜업이라고 단정 지어 말할 수 없고, 또 웜업에서 모든 것이 준비되지도 않는다. 영화의 마지막에서, 나니아의 세계로 다시 가고 싶어 하는 아이에게 노교수는 이렇게 말한다. "늘 주위를 잘 살펴보렴." 이처럼 비블리오드라마의 모든 과정은 성경의 세계로 들어가는 문이 된다.

비블리오드라마를 진행하는 디렉터에게는 참여자들이 아무 말도 하지 않는 것과 진행 과정에서 통제력을 잃게 되는 것에 대한 불안[36]이 있으며, 자신이 가지고 있는 불안으로 인해 놀이가 생명력을 잃게 될 수 있다. 드라마치료에서도 디렉터 자신이 웜업을 충분히 하면서 불안을 수용하고 활용하는 것을 배우는 것이 매우 중요하다. 디렉터가 불안과 두려움을 경감시키는 방법을 찾지 못한다면 집단에서 디렉터나 참여자들의 자발성은 발휘되지 못하고 참여자들이 행위화하는 데 어려움을 겪게 되기 때문이다. 디렉터는 자신을 웜업시킴으로써 집단을 이끌어 가기 위한 준비를 해야 한다. 디렉터는 집단과 하나가 되기 위하여 자신의 자발성을 개발할 필요가 있으며, 자신이 가질 수 있는 어떤 저항을 혹은 자신이나 집단에 대한 기대를 알아야 한다. 또한 집단에 들어가기 전에 자신의 두려움과 불안을 구조적으로 다룰 줄 알아야 한다.[37]

필자의 경험을 바탕으로 디렉터의 놀이 정신에 대해 살펴보면 다음과 같다. 첫째, 디렉터에게 놀이 정신이 없으면 일로서, 성과로서의 활동에 머무를 수밖에 없다. 심지어 좋은 결과를 내야 하고 유용한 존재로서의 압박을 느끼게 되면 긴장하고 불안하게 된다. 디렉터로서 어떤 틀을 가졌는지 생각해 보고 참여자에게도 다양한 배경에서 형성된 틀이 있음을 이해하고 존중한다. 각 개인의 웜업 수준과 속도는 다르며, 결과보다는 과정으로 보는 것이 중요하다. 놀이에는 각자의 틀 안에서 벗어나 열린 공간으로 들어오게 하고 새로움을 만들어 내는 힘이 있다.

둘째, 〈쉘 위 댄스〉의 등장인물들처럼 함께 춤을 추는 초대로서의 놀이 진행이다. 당신이 이제 처음으로 춤을 배운다면 어떤 분위기에서 어떤 인도자에게 배우고 싶은가? 꼭 춤이 아니라 몸으로 하는 어떤 운동을 새로 시작할 때 가장 큰 두려움은 무엇이며, 어떤 전문가를 만나고 싶은가? 아마 대부분 첫 번째로 재미있게, 또 하고 싶은 마음이 들게끔 하는 전문가를 만나고 싶을 것이다. 이 하고 싶은 마음이 바로 자발성*이다. 참여자들 역시 마찬가지이다. 이 외에 집단의 분위기, 활동의 난이도, 활동의 목적, 전문가의 전문성 등 세부적 요인들이 있겠지만, 처음에는 재미와 즐거움을 가진 모델로서의 '놀이 불씨', 따뜻한 격려와 지지로 첫발을 내디딜 수 있도록 용기를 주는 '안내자', 놀이의 리드미컬한 움직임이 잘 흘러갈 수 있도록 물꼬를 터 주는 '촉진자'로서의 자세가 중요하다.

셋째, 예측불가의 상황을 즐기는 것이 놀이이다. 주사위 놀이처럼 예측할 수 없는 주사위의 우연과 의외성이 놀이를 더욱 흥미진진하게 한다. 어디로 가야 할지의 고민은 놀이를 멈추게 한다. 위니컷(D. W. Winnicott)이 말하는 '완벽함'

---

* 집단심리치료의 창시자인 모레노(Moreno)는 자발성을 주어진 환경에 대해 과하지도 부족하지도 않은 적절한 반응으로 정의했다(Dayton, 2012: 85-88 참고).

이 아닌 '충분히 좋은' 놀이 환경을 제공해 주는 디렉터로서의 태도가 중요하다.

마지막으로, 지금-여기에 머무를 수 있는 마음의 여유이다. 끊임없이 이어지는 활동으로 전개되는 체험이 아니라 참여자들의 정체성을 표현해 줄 몸의 이야기, 삶의 이야기를 잘 보고 들으며 공동체 안에 담아낼 수 있는 여유가 필요하다. 이야기는 우리를 현실에 참여하게 해 주는 가장 자연스러운 방법으로, 너무 익숙해서 놓치고 있었거나 자신과 무관하게만 여겼던 삶의 영역과 측면들을 활짝 열어 보여 주고[38] 참여자들 간의 상호작용은 세계 간의 연결 작업이며 관계망 구축과 내적 연결점을 만들어 준다.[39]

## 3. 웜업의 이해

놀이는 자신의 내면에 굳어 있는 고정관념과 현실원칙에서 자유로울 수 있게 해 주기에, 놀이와 웜업은 서로 분리되기보다는 놀이가 곧 웜업이 될 수 있고 웜업이 곧 놀이가 될 수 있다.[40] 드라마치료와 레크리에이션에서도 웜업을 활용한다. 드라마치료에서는 웜업을 통해 치료적 환경을 조성하고 치료적 개입을 쉽게 하며, 레크리에이션에서는 노동과 일상에 젖어 있는 참여자들에게 현실을 떠나 새로운 에너지를 주기 위해 실시한다.

에바 리브턴(Eva Leveton)은 웜업의 가장 큰 목적이 짧은 시간에 자발적이고 신뢰감을 줄 수 있는 분위기를 만드는 것이며 이를 통해 집단원들이 연대 의식을 가질 수 있게 하는 것이라고 한다.[41] 일반적으로 웜업은 참여자들의 참여의식*과 집단의 응집력을 높여 주고 그들이 기꺼이 극적 놀이에 참여하고자 하는 자발성을 높이는 데 있다. 또한 다음 작업(장면)에 대한 준비를 하게 하고 역할놀이에 친숙해지도록 한다. 최헌진은 웜업의 목적을 크게 세 가지로 말한다. 첫째, 잠자고 있는 자발성을 일깨우고 증진시키는 것, 둘째, 상호 만남과 이해를

---

* 모두 함께 공동 창조 작업에 참여한다는 의식이자 놀이의 세계에 함께 동참한다는 의미이다(최헌진, 2010: 549).

촉진시키고 집단의 결속력을 다지는 것, 셋째, 역할놀이와 자기표현을 보다 익숙하고 자유롭게 하는 것이다.[42]

웜업을 진행할 때는 주변에서 중심으로, 집단의 특성에 맞게, 시간을 계산해서 참여자들 간의 신뢰와 집단의 응집력을 촉진하고 자발성을 높이는 방향으로 실시한다. 디렉터는 웜업을 통해 참여자들의 준비도라든가 자발성의 정도를 알 수 있으므로 참여자 개개인의 상태를 세심히 살펴보아야 한다. 자발성이 큰 사람은 누구인지, 참여하기 힘들어하거나 거부하는 사람이 있는지 살피고 이들을 고려해서 전략을 세워야 한다. 그리고 신체 접촉을 거부하거나 상호 간 활동에 거부 의사를 나타내는 참여자가 있는지 살펴 웜업의 강약을 조절하고, 많을 경우에는 과도하게 신체를 접촉하는 웜업을 삼가도록 한다.[43] 또한 단순한 유희가 아닌 자신을 드러내고 자신을 비우고자 하는 방향으로 나아가야 한다. 오락이나 게임에 몰두하다 보면 자발성보다는 오락성이, 자기노출보다는 경쟁심이, 만남보다는 경쟁의 후유증에 시달릴 수 있다. 더불어 지금-이 순간의 상황에 가장 적절한 창조적 방식으로 변형·활용되어야 한다.[44]

집단의 분위기는 대체로 합리적이고 종종 심각하며 추상적이고 경계심이 많다. '냉정하고 침착해야 한다.' '더 많이 알아야 한다.' '말하기 전에 생각해야 한다.' '아이처럼 굴어서는 안 된다.' '점잖게 있어야 한다.' '틀리면 안 된다.' '너무 앞에 나서서는 안 된다.' 등의 생각이 자발성을 가로막는 경우가 있다.[45] 자발성이 발휘되기 위해서는 신뢰감과 안전감, 불합리하고 부정적인 감정도 받아들여진다는 수용적 분위기, 모험을 드러내 보일 용기와 새로운 것을 해 보려는 도전 의식들이 필요하다. 이를 위해 디렉터가 부드럽고 편안한 분위기 속에서 웜업을 진행하면 소극적인 참여자일지라도 쉽게 참여할 수 있고 지지와 격려를 함으로써 자발성이 촉진될 수 있다.[46]

웜업의 뜻은 "본격적인 운동이나 경기를 하기 전에, 몸을 풀기 위하여 하는 가벼운 운동"이다. 즉, 본격적으로 어떤 활동을 하기 전에 연속된 과정으로서 준비하는 활동이다. 따라서 어떤 활동을 하는지에 대한 인식이 먼저 필요하다. 비블리오드라마가 무엇인지는 이 책에서 계속 다루고 있으므로, 필자는 비블리오드라마에서 중요한 몰입과 상호작용에 초점을 맞추어 비블리오드라마의 웜업을 설명하고자 한다.

비블리오드라마는 서로 다른 세계인 현실과 성경의 세계, 현재와 과거가 '지금-여기' '나에게' 체현되어야 그 의미가 있고, 서로 다른 이 요소들이 몰입과 상호작용에 의해 연결되어야 한다. 가상현실 분야에서도 가상을 현실처럼 느낄 수 있도록 '몰입감'을 중요하게 고려하는 것과 같다. 몰입은 우리 몸의 감각기관을 다양하게 쓸 때 더욱 잘 일어난다. 인간의 몸은 바로 자신으로서 세상의 대상을 인식하는 주체이다. 인간은 몸을 통해서 주위 세계에 반응하고 그 세계에 영향을 받으며 서로 상호관계를 유지한다.[47], * 또한 현실을 기반으로 다른 세계를 관찰할 수 있으며 스스로 두 개의 현실을 구성하고 이들 세계와 상호작용한다.[48] 몸은 단순히 수동적인 대상이 아니라 적극적으로 세계를 파악하고 받아들이는 존재로 세계 속에 있으면서 세계를 향해 나아가고 세계를 초월하는 존재이다.[49] 몸은 지금-여기를 경험하는 주체로서, 신앙의 체험이란 하나님의 세계를 느끼는 것이다. 따라서 웜업에서는 의식을 지닌 상태로 머문 몸의 감각을 활성화하고 나 자신과 외부 환경(참여자와 성경의 세계)의 상호작용이 활발하게 진행될 수 있도록 준비한다.

## 4. 웜업의 실제**

웜업 기법은 워낙 많고 다양하며 이와 관련된 여러 좋은 책이 있다. 비블리오드라마에서의 웜업도 드라마치료의 웜업이나 레크리에이션 기법을 활용하여

---

* 전통적인 서양 철학은 이성을 강조한 철학으로, 17세기에 데카르트(Descartes)는 세계를 정신과 몸, 주체와 객체, 의식과 물질이라는 이분법에 기초한 관념론으로 보고 "나는 생각한다. 고로 존재한다."라고 주장했다. 이는 자기 속에서 존재적 의미를 갖는 것이다. 이에 반해 20세기 후반의 철학자 메를로 퐁티(Merleau-Ponty)는 "나는 느낀다. 고로 행동한다."라고 하였다.

** "김세준, 황헌영(2018). 성경이 살아나는 비블리오드라마. 서울: 현대드라마치료연구소."에 있는 웜업을 재구성했다.

지금-여기에서 성경의 세계로 들어가기 위해 준비한다. 여기서는 몸으로 하는 활동, 마음을 나누는 활동, 이미지 조각과 역할 바꾸기 활동을 소개하고자 한다. 웜업이 너무 길어지면 드라마와 나누기 시간이 부족해지므로 전체 시간을 고려해야 하고, 참여자의 인원과 특성, 공간의 크기를 고려해서 웜업을 선택한다.

웜업이 적절하게 이루어지지 않으면 활동이 중단되거나 로봇과 같이 지루한 예의범절 속에서 임무를 달성하고 목표를 완성하는 것처럼 보인다.[50] 참여자들이 점점 더 빨리 참여하고 서로에게 의례적·형식적 반응이나 경직된 반응이 아니라 열린 마음으로 소통하고 이완되면 웜업이 최적의 기능을 한 것이다.[51]

## 1) 몸으로 하는 웜업

인간은 몸을 통해 다른 인간과 관계하고 접촉한다. 처음 접촉은 얼굴과 얼굴을 마주 보는 방식이다. 얼굴을 마주 본다는 것은 상대방도 나와 같은 감정을 가지고 있다는 것을 인정하는 태도이며, 단절이나 분리보다는 '연결' '연속' '소통'이 있는 인격적 동등성을 가지게 된다는 뜻이다.[52] 웜업은 대체로 두 명 또는 세 명을 기본으로 시작하고, 점차 참여자들이 많아지거나 짝이 바뀌면서 새로운 만남을 만들어 간다.

### (1) 몸 인사하기
① 모두 함께 장소를 돌아다니면서 무릎과 무릎을 맞대고 인사를 나눈다.
② 이번에는 등과 등을 맞대어 인사를 나눈다.
③ 어깨, 손, 팔꿈치, 무릎 등 다양한 신체 부위로 인사를 나눌 수 있다.

남녀노소를 막론하고 참여자들이 가장 쉽고 편하게 할 수 있는 활동이다. 참여자들은 보통 의자에 앉아 있는 상태에서 시작하기에 일단 자리에서 일어나게 하면서 우리에게 익숙한 걷기를 통해 몸을 준비시키고, 다양한 신체 부위로 인사를 나누면서 몸의 감각 및 창의성을 일깨운다. 또한 모인 공간을 입체적으로 느껴 보게 하고 이리저리 섞이면서 함께 하게 될 참여자들과 가볍게 마주 보며 인사하게 한다. 마지막에 인사한 사람들과 짝을 지어 다음 활동으로 넘어가기에도 좋다.

(2) 고리 풀기
① 두 명씩 마주 보고 선다.
② 양손을 앞으로 내밀고 손바닥을 위로 향하게 한다.
③ 책장을 넘기듯 오른팔을 왼쪽으로 넘긴다. 이때 팔은 ×자 모양이 되고, 왼손은 손바닥이, 오른손은 손등이 위를 향한다.
④ 그 상태에서 앞 사람과 손을 잡는다.
⑤ 앞 사람과 손을 맞잡은 채 엇갈린 팔을 풀어 11자로 만든다.
⑥ 이번에는 네 명이 모여서 이와 같은 방법으로 손을 맞잡는다.
⑦ "절대 놓지 않는다."를 외친 후 고리를 풀어 본다.
⑧ 점차 인원수를 늘려 마지막으로 전체가 모여 같은 방법으로 고리를 풀어 본다.

둘씩 짝이 되어 서로 마주 보고 손을 잡는 행위는 몸과 몸의 만남으로, 나의 몸과는 다른 느낌의 몸을 느끼게 된다. 고리 풀기는 두 명이 함께 할 때와 서너 명 이상이 함께 할 때 푸는 방법이 달라지며, 다양한 방법으로 풀 수 있다. 질문을 받으면 자연스럽게 질문에 대한 답을 생각하듯, 문제가 생기면 풀어 보고자 하는 심리가 작동한다. 집단의 자발성과 소통 분위기를 쉽게 파악할 수 있는 활동이자 나와 다른 타인이 서로 받아들여지고 엮여 가게 하는 작용을 한다.

(3) 피그, 하우스, 스톰(Pig, House, Storm)
① 세 명씩 한 그룹을 이룬다.
② 두 명이 마주 본 상태에서 양손을 잡아 공간(house)을 만든다.
③ 나머지 한 명은 다른 두 명이 만든 하우스로 들어가 돼지(pig)가 된다.

④ 그룹에 포함되지 않은 한 명을 술래로 정하고, 술래는 피그, 하우스, 스톰 중 한 가지를 외친다.

⑤ '하우스'를 외치면 하우스끼리 자리를 바꾸어 새로운 돼지를 찾아간다.

⑥ '피그'를 외치면 피그끼리 자리를 바꾸어 새로운 집을 찾아간다.

⑦ '스톰'을 외치면 모두 흩어져 새로운 역할로 피그, 하우스를 만든다.

⑧ 술래는 다른 참여자들이 자리를 옮길 때 자리를 빼앗아 들어간다. 술래에 게 자리를 뺏겨 자리를 찾지 못한 사람이 다음 술래가 된다.

이 활동은 어디에서나 분위기를 활기차게 한다. 몸을 빨리 움직이게 하고 참여자들이 서로 섞이게 만들며 자연스럽게 내가 아닌 '돼지'와 '집'의 역할놀이를 몸으로 이해하게 한다. 같은 방법이 이름을 달리해 '진주-조개-파도' 또는 '노른자-흰자-계란프라이'로 소개되기도 하는데, 그만큼 창의적인 이름을 붙일 수 있다. 즐거운 긴장감 속에서 계속 뛰어다녀야 하기에 몇 번째로 술래가 된 사람에게 벌칙을 주어 잠시 이완한다. 필자는 마음을 나누는 웜업으로 자연스럽게 연결할 수 있도록 『스위치 카드』[53]의 질문을 활용한다. 카드에 있는 질문에 따라 처음에는 1, 2단계의 가벼운 질문으로 술래들의 이야기를 듣고, 활동을 마칠 때는 3, 4단계의 깊이 있는 질문으로 참여자들끼리 이야기를 나누게 한다.

## 2) 마음을 나누는 웜업

몸으로 하는 웜업을 통해 끌어올린 에너지와 자발성은 대화를 촉진시키는 원동력이 된다. 마음을 나누는 대화는 '나'와 '너'의 관계 속으로 들어가게 한다. 서로의 삶 속으로 들어가 삶을 마주 대하고, 접촉하고, 상대방의 입장이 되어 공감하는 것은 무엇인가를 해 주는 doing이 아닌 함께하는 being의 의미이다.* 이는

---

\* 마틴 부버(Martin Buber)는 '나-너'의 관계 속에 있는 인간을 자유인이라 했으며, 이를 운명과 마주선 자로 규정했다. 자유와 운명이 만나는 가운데 생의 의미가 부여된다고 본 것이다(이미정, 2011: 100, 116).

서로 다른 세계와의 만남이자 성경의 세계, 하나님을 만나는 통로가 된다.


(1) 마음의 온도계
① 공간 중앙에 한쪽 끝은 가장 높은 수치이고 반대편 끝은 가장 낮은 수치인 가상의 선이 있다고 가정한다.
② 디렉터가 참여자가 횟수/정도(수치화)로 답할 수 있는 질문을 한다(예: 지금 있는 장소에서 집까지 거리, 평생 가장 크게 잃은 돈 액수, 진정한 친구라고 생각되는 사람 수, 사람들과 관계에서 가면을 얼마나 쓰나).
③ 가상의 선상에 자신의 위치를 정해 줄을 선다.
④ 디렉터는 줄을 선 사람들의 위치를 모두가 알 수 있도록 확인한다.


마음의 온도계는 집단심리치료의 창시자인 모레노의 사회측정학 방법이다. 경험을 수치화하고 자신의 자리를 찾아 움직이면서 참여자들은 머리로 미처 깨닫지 못했던 자신의 상태를 인식하게 된다. 또한 비슷한 경험을 한 사람들끼리 그룹을 지어 경험을 공유함으로써 자기 자신을 더 개방*하게 되며 질문에 따라 그룹이 계속 바뀌게 되므로 참여자들 간의 내적 연결점이 생긴다. 필자는 액션메소드의 이미지 조각하기 방법과 혼용하기도 한다. 그룹에서 나온 이야기를 눈으로 볼 수 있도록 시각화하며 비블리오드라마에서 활용할 수 있도록 미리 준비시킨다.


(2) 스위치 on
① 3~4인이 한 그룹이 된다.
② '스위치 카드' 25장의 이미지 중 마음에 와닿는 그림을 한 장 고른다.
③ 그림을 고른 사람이 진행자가 되어 카드의 뒷면에 있는 질문을 한다.

---
* '실제의 자기', 나 자신이 된다는 것으로 가식 없이, 순간순간 변화하는 자신의 감정을 무시하거나 부인하지 않고 알아차리며, 감정과 태도를 이해하고 받아들이는 개방성이다. 그러므로 치료적 관계는 양방향에서 일어난다(이미정, 2011: 109).

④ 질문에 대해 서로 돌아가며 이야기 나눈다.

⑤ 이야기를 다 마친 후 각자 느낀 점, 떠오른 생각들을 나눈다.

단순히 정보를 묻고 답하는 방식이 아니라 이미지와 연결해 누구나 쉽게 이야기할 수 있는 일상적 질문부터 그것과 연결된 지나온 삶, 현실의 내면적 질문, 소망·열망에 대해 자연스럽게 이야기를 나누게 된다. 이미지와 연결된 기억을 이야기하면서 정서와 느낌이 표현되고 정서적 자발성이 살아나게 된다. 정서적 자발성과 자기 이해를 촉진하면 타인에 대한 이해와 정서적 시각이 형성되며, 정서적 상호작용은 개인과 집단을 더욱 친밀하게 연결한다.

## 3) 이미지 조각하기

지각(perception)은 감각경험을 조직하고 해석하는 행위로, 우리의 뇌는 감각경험을 의미 있는 개념들로 변형하여 의미를 부여한다.[54] 조각은 무언가를 연상시키는 이미지이고, 조각가는 자신이 주체가 되어 자신의 내적 세계를 이미지로 보여 주는 것이고, 바라보는 참여자들은 자신들의 경험으로 이미지를 해석하게 되며, 서로의 상호작용은 의미를 재생성하게 한다. 자신이 주체가 되어 참여하고 상호작용하는 것은 스포츠 경기장 밖에서 관찰하던 위치에서 경기장 안으로 들어가는 것과 같으며 몰입하게 된다.

### (1) 사물로 이미지 조각하기

① 3~4인이 한 그룹이 된다.

② 그룹 안에서 한 사람씩 돌아가면서 조각가가 되어 본다.

③ 조각가는 자신이 본 TV 프로그램, 영화, 책 중에서 재미있게 본 장면을 떠올린다.

④ 조각가는 떠올린 장면을 주위의 사물을 활용해 만들어 본다.

⑤ 만들어진 이미지를 잠시 감상한 후 다른 참여자들에게 소개한다.

⑥ 각자 소감을 나누어 본다.


(2) 스톱모션(stop motion)

① 4~6인이 한 그룹이 된다.

② 한 사람은 조각가, 다른 사람들은 조각상이 된다.

③ 조각가는 자신의 버킷리스트 중에서 하나를 떠올려 본다.

④ 조각가는 떠올린 장면을 조각상들로 만들어 본다.

⑤ 만들어진 이미지를 잠시 감상한 후 다른 참여자들에게 소개한다.

⑥ 각자 소감을 나누어 본다.


신문 기사를 보면 사진과 함께 사진과 연관된 기사 내용이 있다. 조각가는 그룹에서 나온 이야기나 자신의 이야기를 사진 한 컷으로 만드는 것이다. 이 활동을 할 때는 말로 설명하면서 하기보다 떠오른 이미지에 집중하면서 조각상들을 배치하고 동작을 만들어 보는 것이 좋다. 조각상들로 참여하는 참여자들 역시 무엇을 하는 모습인지 먼저 물어보기보다, 조각가가 만드는 자신의 몸에 집중해 무엇을 하는 동작인지 몸으로 먼저 느껴 본 후 조각에 대해 떠오른 생각이나 느낌을 나누도록 한다.


## 4) 역할놀이

앞으로 전개될 비블리오드라마의 역할놀이를 준비한다. 비블리오드라마에서 매우 중요한 활동이고 이 책에서 계속 나오는 부분이므로 자세한 설명은 생략한다.


(1) 선생님과 학생

① 둘씩 짝이 된다.

② 한 사람은 선생님 역할, 다른 사람은 학생 역할을 한다.

③ 학생이 먼저 "선생님, 저 부르셨어요?"라고 시작하고, 선생님이 마지막으로 "가 봐라." 하면 역할놀이가 끝난다.

④ 학생의 시작 대사와 선생님의 마지막 대사 사이에는 자유롭게 대화한다.


(2) 부모와 자녀

① 둘씩 짝이 된다.

② 한 사람은 부모 역할, 다른 사람은 자녀 역할을 한다.

③ 자녀가 먼저 "다녀왔습니다."라고 시작하고, 부모가 마지막으로 "가서 쉬어." 하면 역할놀이가 끝난다.

④ 자녀의 시작 대사와 부모의 마지막 대사 사이에는 자유롭게 대화한다.


# 📝 미주

[1] Pitzele, 2016: 38-39.

[2] 한경애, 2007: 29-31.

[3] 한경애, 2007: 73-75.

[4] Krondorfer, 2008: 42-43.

[5] 정낙림, 2006: 167.

[6] Krondorfer, 2008: 44.

[7] Krondorfer, 2008: 40-45.

[8] Krondorfer, 2008: 51.

[9] 노명우, 2011: 38-42.

[10] Krondorfer, 2008: 39.

[11] Krondorfer, 2008: 29.

[12] 한병철, 2012: 23-24.

[13] 정연득, 2015: 186-187.

[14] 한경애, 2007: 60-66.

**[15]** 정연득, 2015: 179-180.

**[16]** 한경애, 2007: 79.

**[17]** Huizinga, 2010: 78.

**[18]** Turner, 1996: 56.

**[19]** 한경애, 2007: 72-73.

**[20]** Huizinga, 2010: 30.

**[21]** Huizinga, 2010: 313-314.

**[22]** 매일경제, 2010. 5. 3.

**[23]** Huizinga, 2010: 33.

**[24]** 한경애, 2007: 83.

**[25]** 노명우, 2011: 62-63.

**[26]** Huizinga, 2010: 41.

**[27]** 노명우, 2011: 62-63.

**[28]** 한경애, 2007: 107.

**[29]** Evans Jr., 2013: 13.

**[30]** Migliore, 1994: 111.

**[31]** Peterson, 2006: 593: Lacugna, 1973: 272에서 재인용.

**[32]** Migliore, 1994: 114.

**[33]** Peterson, 2006: 94.

**[34]** Peterson, 2006: 402-403.

**[35]** 네이버 영화 제작 노트 참고. https://movie.naver.com/movie/bi/mi/basic.nhn?code=39907

**[36]** Pitzele, 2016: 173-174.

**[37]** Karp, Holmes, & Tauvon, 2005: 96, 105.

**[38]** Peterson, 2006: 36.

**[39]** 김세준, 황헌영, 2018: 58.

**[40]** 홍정희, 2001: 122.

**[41]** Leveton, 2002: 58.

**[42]** 최헌진, 2010: 554.

**[43]** 김세준, 황헌영, 2018: 58.

**[44]** 최헌진, 2010: 555.

**[45]** Leveton, 2002: 75.

**[46]** 최윤미, 1999: 69.

[47] 권택영, 2011: 589.

[48] 유현주, 2012: 194.

[49] 강미라, 2008: 33.

[50] Condon, 2009: 12.

[51] Leveton, 2002: 59.

[52] 이미정, 2011: 105.

[53] 액션메소드연구소, 2019.

[54] Feist & Rosenberg, 2011: 126.

 ## 참고문헌

강미라(2008). 메를로-퐁티의 '몸-주체'와 푸코의 '몸-권력' 비교. 한국외국어대학교 대학원 박사학위논문.

권택영(2011). 교감 이론으로서 메를로퐁티의 '상호 엮임'. 한국영어영문학회, 57(4), 581-598.

김세준, 황헌영(2018). 성경이 살아나는 비블리오드라마. 서울: 현대드라마치료연구소.

노명우(2011). 호모 루덴스, 놀이하는 인간을 꿈꾸다(주니어클래식 10). 경기: 사계절.

액션메소드연구소(2019). 스위치카드. 서울: 액션메소드.

유현주(2012). 서로 다른 현실들. 카프카 연구, 28, 191-211.

이미정(2011). 기독교철학과 상담심리와의 만남: 마틴 부버의 "나-너" 관계와 칼 로저스의 치료적 관계의 비교연구. 기독교철학, 12, 97-121.

전국재(2018). 행복한 만남과 사귐(초등학생용): 사회적 기술개발을 위한 집단상담(구조화된 놀이상담 시리즈 6). 서울: 시그마프레스.

정낙림(2008). 놀이에 대한 철학적 연구-니체의 놀이 개념을 중심으로-. 니체연구, 14, 159-189.

정정득(2015). 하나님 앞에서 머뭇거리며 놀기: 놀이의 목회신학. 신학사상, 168, 177-213.

최윤미(1999). 심리극(2판). 서울: 중앙적성출판사.

최헌진(2010). 사이코드라마: 이론과 실제(2판). 서울: 학지사.

한경애(2007). 놀이의 달인 호모 루덴스: 이제 배짱이들의 반격이 시작된다!. 서울: 그린비.

한병철(2012). 피로사회 (*Müdigkeitsgesellschaft*). (김태환 역). 서울: 문학과지성사. (원저
　는 2010년에 출판).

홍정희(2001). 한국적 사이코드라마의 창조: 한국적 놀이방식과 워밍업 기법. 한국사이코드
　라마학회지, 4(1), 117-128.

Condon, L. (2009). *The warm-up ring: Keys to energizing your group* (3rd edition).
　Self-Published.

Dayton, T. (2012). 상담 및 집단치료에 활용하는 사이코드라마 매뉴얼 (*The living stage:
　A step-by-step guide to psychodrama, sociometry and experiential group
　therapy*). (김세준 역). 서울: 시그마프레스. (원저는 2005년에 출판).

Evans Jr., J. H. (2013). 놀이: 넘치는 기쁨을 노래하는 인생의 음표(일상의 신학 시리즈 4)
　(*Playing: Christian Explorations of daily living*). (홍병룡 역). 서울: 포이에마.
　(원저는 2010년에 출판).

Feist, G. J., & Rosenberg, E. L. (2011). 커넥션의 심리학 (*Psychology: Making
　connections*). (손정락, 강혜자, 김교헌, 박순권, 박창호, 이민규, 최영은 공역). 경
　기: 교보문고. (원저는 2009년에 출판).

Huizinga, J. (2010). 호모 루덴스: 놀이하는 인간 (*Homo Ludens: A study of the play
　element in culture*). (이종인 역). 경기: 연암서가. (원저는 1938년에 출판).

Karp, M., Holmes, P., & Tauvon, K. B. (2005). 심리극의 세계 (*Handbook of
　psychodrama*). (김광운, 박희석 공역). 서울: 학지사. (원저는 1998년에 출판).

Krondorfer, B. (Ed.) (2008). 비블리오드라마 (*Body and Bible: Interpreting and
　experiencing biblical narratives*). (황헌영, 김세준 공역). 서울: 창지사. (원저는
　1992년에 출판).

Lacugna, C. M. (1973). *God for us: The trinity and christian life*. San Francisco:
　Harper.

Leveton, E. (2002). 임상현장에서의 사이코드라마 (*A Clinician's guide to psychodrama*).
　(최윤미 역). 서울: 시그마프레스. (원저는 2001년에 출판).

Migliore, D. L. (1994). 기독교 조직신학 개론: 이해를 추구하는 신앙 (*Faith seeking
　understanding*). (장경철 역). 서울: 한국장로교출판사. (원저는 1991년에 출판).

Peterson, E. H. (2006). 현실, 하나님의 세계 (*Christ plays in ten thousand places: A
　conversation in spiritual theology*). (이종태, 양혜원 공역). 서울: 한국기독학생회
　출판부(IVP). (원저는 2005년에 출판).

Pitzele, P. (2016). 비블리오드라마로의 초대: 성경을 여는 창 (*Scripture windows: Towards*

*a practice of bibliodrama*). (고원석 역). 서울: 한국장로교출판사. (원저는 1998년
에 출판).

Turner, V. W. (1996). 제의에서 연극으로: 인간이 지니는 놀이의 진지성 (*From ritual to
theatre*). (이기우, 김익두 공역). 서울: 현대미학사. (원저는 1955년에 출판).


매일경제(2000. 5. 3.). 〈쉘 위 댄스〉 수오 마사유키 감독 인터뷰. https://www.mk.co.kr/
news/home/view/2000/05/49318


네이버 영화 제작 노트 https://movie.naver.com/movie/bi/mi/basic.nhn?code=39907

# 제8장

# 비블리오드라마의 연기

이봉섭

## 1. 비블리오드라마의 몸

비블리오드라마의 연기는 성경을 묵상하는 과정을 몸을 통해 표현하고 공동체 안에서 상호작용하는 해석학적 놀이를 하는 것이다. 비블리오드라마에서 몸을 통한 묵상과 표현이 중요한 것은 우리의 몸이 상호작용하는 관계 속에서 타인과 소통하는 중요한 도구이기 때문이다. 우리는 몸을 통해 타인과 접촉하고 눈 맞춤을 하며 자신의 움직임을 통해 생각과 마음을 표현한다. 비블리오드라마는 성경에 대한 자신의 생각과 지식을 초월하여 성경을 읽으며 다양한 차원의 시각을 가지고 몸이 느끼는 의문과 불편함에 대해 성경에 질문을 던진다. 비블리오드라마에서 몸은 성경을 묵상하는 과정의 첫 번째 통로로 작동한다.

우리는 그동안 성경을 묵상하는 과정에서 인지적인 활동을 중시하고 교리적인 부분에 치중함으로 인해 우리 몸이 성경에 반응하고 대응하는 것에 대한 관심이 부족했다. 우리는 성경을 묵상하면서 경험하게 되는 자신의 몸의 반응에 민감해질 필요가 있다. 그 이유는 성경을 읽고 묵상하며 그 안에서 신앙의 길을 따라가는 우리는 분명히 성경의 이야기와 내 삶의 이야기가 공명하거나 충돌하는 경험을 갖게 되기 때문이다. 성경의 본문 중 내가 불편해하는 이야기에서 내 몸의 어디가 어떻게 반응하는지, 어떤 이야기에서 내 몸이 어떻게 편안한지를 알아차릴 수 있다면, 이는 비블리오드라마에서 몸이 충분히 해석학적으로 첫 번째 관문의 역할을 제대로 하고 있다는 신호이다. 이 신호에 충분히 민감하지 못하면 성경 앞에서 몸은 성경과 소통하지 못하고 교리적 해석에만 충실하여 자신이 읽고 느낀 것을 표현하고 전달할 수 없는 자기폐쇄적 상태가 될 수도 있다.

몸의 신호를 알아차릴 수 있다면 몸을 통한 성경의 표현 역시 수월해진다. 우리의 언어는 우리가 경험한 것을 충분히 표현하지 못한다. 우리는 얼굴을 찡그리는 것으로 우리의 불편함을 "불편해요"라고 말하는 것보다 더 효과적으로 표현할 수 있다. 성경을 읽고 해석하는 과정의 몸은 단지 생각과 감정을 표현하기 위한 도구에 그치지 않는다. 성경의 이야기에 내 삶이 적극적으로 반응하고 나의 생각과 감정이 성경의 이야기와 공명하여 전에는 경험하지 못한 해석학적 즐거움을 표현하게 된다. 그리고 성경의 위로를 받고 성경이 내 인생을 인정하고 돌봄을 받는 경험을 몸을 통해 느끼고 표현할 수 있게 된다. 우리는 이 과정을 비블리오드라마의 연기라고 표현한다.

## 1) 몸과 행위를 통한 성경이해

비블리오드라마의 과정은 성경을 읽고 묵상하는 것을 포함하지만 몸을 통해 수용하고 표현하고 관찰하는 특징을 갖는다. 몸을 통해 표현한다는 것은 성경에 대해 몸이 느끼는 솔직한 감정을 연기라는 과정으로 드러내는 것을 의미한다.

비블리오드라마의 특징은 성경 본문 지향적이면서 동시에 성경을 대하는 사람의 경험지향적이라는 것이다.[1] 우리의 삶의 경험은 기억 속에 기록되고, 우리 몸에도 기록된다. 성경이 가지고 있는 경험이 우리 안에 들어오는 첫 번째 통로는 우리의 경험을 기억하고 있는 몸이다. 비블리오드라마에서 몸은 성경의 경험을 전달받는 첫 번째 통로이며, 우리가 가지고 있는 경험을 타인에게 전달하는 중요한 통로로 작동한다.

창세기 22장의 아브라함이 이삭을 하나님 앞에서 번제물로 드리는 장면에서 한 참여자는 다음과 같은 고백을 했다.

이삭은 아무런 저항도 하지 못했습니다. 아빠의 힘을 감당할 수 없었죠. 아빠는 억센 팔로 이삭을 짓눌렀고 한 손에는 칼을 들고 있었습니다. 이삭은 소리를 지를 수도 없었습니다. 광야 한가운데에 아무도 없었습니다. 아빠의 눈과 이삭의 눈이 마주쳤을 때 그때서야 이삭은 소리를 지를 수 있었습니다. "아빠, 나예요. 아빠, 나예요. 아빠 아들 ○○이에요." 그래도 아빠는 손에 든 칼을 놓지 않았습니다. 저는 지금도 이 성경을 대하면 그때 아빠의 넋이 나간 눈빛이 기억이 나고, 제 몸은 굳어서 꼼짝할 수 없으며, 여전히 심장은 미친 듯이 뛰게 됩니다.

어려서 가정폭력을 당한 참여자는 아브라함이 하나님의 명령에 순종해서 아들인 이삭을 하나님께 번제물로 드리는 장면에서 자신의 아동학대의 기억이 되살아나고 그때 느꼈던 신체적인 위협을 다시 느끼게 되었다고 고백했다.

창세기 3장의 선악을 알게 하는 나무의 열매를 대하는 아담과 하와의 이야기를 드라마로 작업한 예는 개인의 몸의 경험이 성경을 대하는 과정에서 어떻게 작용하는지 잘 보여 준다.

하와는 아담에게 돌아서서, 저기 있는 나무를 가지고 무엇을 할 수 있을까 하고 물었다. 아담은 수줍어하며 자신들은 그 나무의 과일을 따 먹으면 안 된다고 성급히 말했다. 하와는 더 호전적으로 되묻는다. "당신은 늘 그렇게 겁쟁이죠?" …… 이렇게 시작한 대화는 남자와 여자 사이에 긴장을 만들었고 의사소통이 일어났다. …… 하와가 아담에게 물었다. "아담, 당신은 행복한가요? 정말 행복한가요?" 그러자 남자는 가만히 하와를 지켜보더니 예측하지 못했던 반응의 말을 했다. "내 안에는, 당신이 그렇게 질문하는 것을 좋아하지 않는 무언가가 있어."[2]

아담의 역할을 연기한 사람은 왜인지 알 수는 없으나, 아내에게 질문을 받고 자신이 당황하고 있다는 것을 알았으며, 기억에는 없으나 몸이 과거의 그 순간의 긴장과 불편함을 기억하고 표현하고 있음을 알았다. 단순히 과거의 경험이 기억에만 남아 있다면 비슷한 상황에서 몸의 경직이나 행동의 제약이 느껴질 만큼의 긴장은 일어나지 않는다. 과거의 경험이 기억에만 남은 것이 아니고 몸에도 기억되어 유사한 경험을 했을 때 우리 몸은 그때의 경험을 다시 느끼게 된다. 비블리오드라마의 몸은 성경의 본문과 성경을 묵상하는 개인의 경험의 연결점이고, 성경이 우리와 만나고 우리 인생을 읽어 주는 중요한 통로 역할을 하며, 성경의 이야기와 참여자의 삶이 공명하는 중요한 공간으로 작용한다. 그리고 몸을 사용하여 연기함으로써 자신의 해석학적 놀이를 시작하는 것은 비블리오드라마의 연기의 시작이며, 비블리오드라마의 무대가 개인의 경험에서 시작되어 공동체의 경험으로 확장됨을 의미한다.

## 2) 표현의 무대인 몸

비블리오드라마에서의 몸은 또 다른 의미를 갖는데, 마르틴(G. Martin)은 비블리오드라마의 무대로서 몸이 갖는 의미에 대해 말했다.[3]

비블리오드라마는 성경을 묵상하고 개인의 이야기를 나누고 각자의 몸으로 연기하는 과정을 통해 성경 인물의 감정과 생각 그리고 갈등을 드러내고, 타인과의 소통을 통해 타인의 표현과 해석을 수용하는 과정을 갖는다. 이 과정에서 몸은 해석한 성경을 보여 주는 무대가 된다. 이 무대 위에서 각자의 성경해석을 표현하고, 서로의 해석을 수용하며 성경해석 과정에서 위로를 경험하게 된다.

표현의 무대인 몸을 통해 자신의 경험이 연기의 과정으로 성경과 만나게 되고 성경과 자신이 몸의 연기를 통해 시공간적으로 만나는 경험을 갖게 된다. 바울의 표현처럼 우리의 몸이 하나님의 성전이라면(고린도전서 3:16), 성전의 가장 중요한 역할 중 하나인 하나님을 만나는 성소가 우리의 몸이자 하나님과의 사귐이 있는 곳이 된다. 그리고 우리의 몸은 타인과의 아름다운 사귐을 가능하게 하는 거룩한 무대가 된다.

### (1) 극적 놀이인 연기

비블리오드라마의 연기는 몸을 사용하는 것에서 시작된다. 핏젤(P. Pitzele)은 비블리오드라마의 연기에 대해 폭넓은 관점을 가지고 있는데, 참여자들이 성경 인물이 되어 역할연기를 하는 순간, 예를 들면 성경 인물처럼 말하고 있는 것만으로도 연기를 시작한 것으로 보며, 말을 하지 않아도 자세를 바꾸는 것 또는 말투를 살짝 바꾸는 것만으로도 연기를 시작했다고 본다.[4] 비블리오드라마의 연기는 성경해석활동이며, 이 과정에서 디렉터는 참여자들이 자신감을 갖고 성경을 해석하고 신체언어를 통해 다양한 의미를 전달할 수 있는 길을 제시해야 한다.

비블리오드라마의 연기는 무대와도 관련이 깊다. 비블리오드라마는 구분된 무대가 존재하지 않는다. 또한 정해진 연기자도 없다. 참여자들이 성경 인물이 되어 말하고 움직이며 행동하기 시작하는 것으로 그곳이 무대가 되며 연기가 시작된다.

웜업 단계에서 성경을 자신만의 시각을 통해 해석할 수 있는 자발성을 증대시키고, 수동적인 기대나 이분법적 사고에서 벗어나 다양한 관점으로 성경을 해석할 수 있는 준비가 되었다면, 비블리오드라마의 연기를 위한 준비가 끝난 것이다. 참여자들이 성경을 자신만의 방법으로 해석하고 표현하기 시작하면(한숨을 쉬는 것, 얼굴을 돌리는 것, 자리에서 일어서는 것 같은 작은 표현을 포함하여) 연기는 시작된 것이다.

### (2) 답을 찾는 학습이 아닌, 신비로움 안에 머무는 놀이

비블리오드라마의 연기는 성경 본문을 알고 이해하는 데 머무는 것이 아닌, 성경 본문에 대해 자신만의 질문을 던지고 성경에서 삶의 문제를 수용할 수 있는 실마리를 찾아가는 과정이다. 슈람(T. Schramm)은 비블리오드라마가 극적 놀이를 통해 성경을 우리의 몸과 영혼, 감성과 지성으로 이해하는 데 도움을

준다는 입장을 견지한다.[5]

비블리오드라마의 극적 놀이 과정은 성경 인물의 고민 및 갈등과 성경에 드러나지 않는 성경 인물의 내면의 번뇌를 찾아가는 과정이다. 이 과정의 끝에는 신앙의 정답이 아닌, 신앙을 가지고 살아가는 인생에 대한 신비로운 경험이 기다리고 있다. 예수의 제자인 베드로가 예수의 빈 무덤 앞에서 가졌던 의문과 감정을 극적 놀이를 통해 경험하는 것이 비블리오드라마에서 신앙의 신비를 경험하는 과정의 예가 될 수 있을 것이다.

우리는 비블리오드라마를 통해 부활한 예수가 갈릴리 바닷가에서 제자들을 위해 불을 피우고 식사를 준비하는 이야기를 읽고, 예수를 중심으로 둘러앉은 제자들이 죽은 줄 알았던 예수가 다시 살아나 자신들을 위해 식사를 준비하고 함께 음식을 나누는 경험을 재현하고 경험할 수 있으며 부활의 신비로움을 우리 몸으로 체험할 수 있다.

기존의 성경 묵상과 성경 공부가 신앙의 교리적 정답을 찾는 과정이었다면, 비블리오드라마의 성경 묵상과 성경 공부는 문자로 쓰여 있는 본문에 연기적 방법을 통해 목소리와 움직임을 부여하여 참여자를 통해 본문이 말하고 움직일 수 있도록 생명을 부여하는 과정이다.[6] 성경 속의 인물에게 말을 걸고, 성경 속의 인물이 되어 그의 목소리를 내 보고 그의 행동을 연기하는 것으로 성경 속 인물의 삶에 다가서며 그 인물의 삶과 공명함으로 그 인물이 경험한 신앙의 신비를 경험하게 된다.

비블리오드라마의 극적 놀이를 통해 우리는 성경 본문 속 인물들의 경험을 공유하고 우리의 지나간 경험들을 성경에 비추어 봄으로 오늘의 현실에 맞게 재구성하고 지금-여기에서 생명력을 불어넣어, 전에 만나 보지 못한 오늘을 만날 수 있는 기회를 얻게 된다. 성경 안에서 신앙의 정답을 찾는 것이 아니라, 성경이 이야기하는 신앙의 신비로움을 자신의 삶의 경험과 마주하게 하고, 성경의 경험으로부터 자신의 삶의 경험이 인정받고 위로받는 경험을 하는 것이 비블리오드라마의 극적 놀이의 지향점이다.

### (3) 하나님의 몸, 한 몸을 경험하는 놀이

"말씀이 육신이 되어 우리 가운데 거하시매 우리가 그의 영광을 보니 아버지의 독생자의 영광이요 은혜와 진리가 충만하더라."(요한복음 1:14) 하나님의 말씀은 예수 그리스도를 통해 육신을 입어 우리가 보고 만질 수 있는 존재가 되었다. 비블리오드라마의 연기는 읽고 생각으로 묵상하던 형체가 없는 성경 말씀을 극적 놀이인 연기의 과정을 통해 보고 만지고 잡을 수 있는 몸으로 형상화할 수 있다.

하나님의 말씀은 하나님의 자녀들의 연기에 의해 육신을 입고 연기의 과정 속에서 숨 쉬고 울고 고통스러워하고 웃고 행복해한다. 예수의 옷자락을 만지기만 해도 병이 나을 것이라 여긴 혈루병을 앓았던 여인의 간절한 심정을 우리는 비블리오드라마를 통해 경험해 볼 수 있다. 눈앞에 나부끼는 천 조각을 직접 만져 보는 것만으로도 우리는 혈루병을 앓았던 여인의 간절함이 나의 간절함이 되는 것을 경험할 수 있다. 하나님의 말씀은 그 말씀을 연기하는 사람들에 의해 육신을 입고 서로에게 다가서고 안아 주며 의지하고 격려한다.

비블리오드라마의 연기는 말씀이 육신이 되어 모두가 보고 만질 수 있게 하며 서로에게 하나님을 경험하게 하는 놀이가 된다.

### (4) 하나님의 자리: 하나님이 여기 계심을 경험

비블리오드라마는 성경의 사건을 재연하는 과정에서 성경의 등장인물에 대한 연기를 통해 성경 본문의 사건을 지금-여기로 가져온다. 이 과정을 통해 성경의 사건 속에 임재하는 하나님을 지금-여기에서도 경험할 수 있게 한다. 이것이 비블리오드라마의 연기가 가지고 있는 놀라운 비밀이다. 사이코드라마나 드라마치료에서의 역할연기나 액션메소드 작업은 그때 거기에서의 일을 지금-여기에서의 일로 재연하여 과거의 불완전한 기억을 재구성하거나 미해결 감정을 해소하고 개인적 세계를 재창조하며 타인과의 상호작용을 만들어 내려는 목적을 가지고 있다.[7]

비블리오드라마는 성경의 사건을 우리의 삶으로 불러들이고 지금 바로 여기에서 살아 있는 말씀으로 살려 내는 것이 목표이다. 슈람은 비블리오드라마의 해석학적 작업이 마르틴 루터(Martin Luther)의 종교개혁의 열망에서 나온 성경 연구의 통찰에 근거한 것이라 설명한다.[8] 비블리오드라마는 성경 본문의 사건을 반복적으로 재연하여 실존적 차원에서 그때 거기의 사람들처럼 하나님을 만나고 예수와 이야기 나눌 수 있게 한다. 비블리오드라마는 성경의 사건을 분석하거나 해석하는 과정에서 끝나는 것이 아니고 성경의 경험을 각자의 경험으로 바라보고 성경이 열어 주는 새로운 경험을 통해 성경의 사건 속에서 자신만의 이야기를 기록할 수 있게 한다.

이 과정은 하나님의 임재를 경험하는 과정이며, 성경의 분석과 해석만으로는 경험할 수 없는 하나님의 여기 계심의 경험을 체험할 수 있는 비블리오드라마의 독특함이다.

## 2. 주요 연기 기법

성경의 사건을 행위로 체현하는 비블리오드라마는 다양한 행동 기법을 사용한다. 비블리오드라마의 연기 기법은 성경의 이야기와 참여자의 삶의 경험이 상호작용하는 것을 가능하게 하는 것이다. 이 과정을 통해 성경의 사건이 참여자의 삶을 통해 구체화되고 실현되는 현장에서 치유의 힘을 경험하게 된다.[9]

### 1) 성경 본문 접근 방법

비블리오드라마는 성경 본문에 말을 걸고 질문하고 그에 답하면서 성경을 바라보는 다양한 시각을 경험하고 훈련하는 과정이다. 성경 본문 접근 단계는 간단한 역할극이나 스킷드라마 같은 단순한 극 구조를 경험하는 수준에서 마무리되어야 한다. 이 과정의 목표는 성경 본문과의 상호작용을 경험하는 데 있기 때문이다.[10]

각 활동에는 마지막에 경험 나누기와 이야기하기의 단계가 있다. 이 과정은 비블리오드라마 활동에서 중요한 단계로, 자신이 경험한 것을 타인과 나누고 타인의 경험을 수용하는 과정에서 자신만의 유일한 경험이라고 믿어 왔던 것이 타인도 경험하고 있는 보편적인 것이었음을 깨닫고 공동체 안에서 깊은 유대감을 나눌 수 있게 한다.[11]

이 단계에서는 세 명 내지 네 명의 사람들이 모여서 이야기를 나누는 것이 좋은데, 서로에 대한 경계감이 줄고 자신이 깊이 드러나지 않는 분위기 속에서 타인의 이야기에 자신을 숨길 수 있는 편안함이 있기 때문이다. 다섯 명 이상으로 늘어나면 이야기를 나눌 수 있는 시간이 부족해지고 산만해질 가능성이 있다.

소그룹으로 나누어 소감을 나눌 때 이야기를 하고 싶지 않은 참여자는 이야기를 나누지 않아도 된다는 것을 알려 주어야 한다. 비블리오드라마는 자발성과 창조성의 울타리 안에서 무한 확장하는 구조이다. 이야기하고 싶지 않은데 분위기나 디렉터의 제안에 마지못해 이야기를 하고 나면, 그 이후의 활동에 적극적으로 참여하기보다는 소극적이 되고 타인의 눈치를 보며 활동할 가능성이 커지기 때문이다.

비블리오드라마의 모든 참여자는 참여하지 않고 관찰자로 남을 권리가 있다.[12] 자신의 이야기를 하고 싶지 않은 사람들에게는 이야기를 하고 싶지 않다는 사인을 주어 편안하게 참여할 수 있는 방법을 알려 주어야 한다(이야기를 하지 않고 참여하고 싶지 않을 때는 '패스'라고 말하는 것이 가장 편하다).

### (1) 다양한 방법으로 성경 읽기

시각, 청각, 촉각, 후각 등 다양한 몸의 감각을 이용하여 성경을 읽고 그 느낌을 지금-여기에서의 관점으로 표현한다.

① 몸으로 읽는 성경
- 성경 본문을 여러 번역본으로 출력하여 준비한다.
- 두 명씩 짝을 이루어 출력된 성경 본문을 가지고 실외로 나가 편안한 곳에

자리 잡는다.

- 한 사람은 성경을 읽고, 한 사람은 눈을 감고 가만히 듣는다(걷거나 자리에 앉아서 진행한다).
- 성경을 듣는 사람은 오감을 통해 전달되는 주변의 환경에도 주의를 기울이며 읽어 주는 성경을 듣는다.
- 성경을 읽고 나면, 성경을 읽어 준 사람과 성경을 들은 사람이 각자의 느낌을 이야기한다. 이때 오감을 통해 전달된 느낌을 위주로 이야기한다.
- 소감을 나눈 뒤 역할을 바꾸어 진행한다.
- 다 함께 모여서 각자의 경험을 이야기 나눈다.

이 활동을 통해 우리는 성경 이야기가 글자로만 존재하는 것이 아니라, 각자의 오감을 통해 다양한 방법으로 우리에게 다가올 수 있음을 알게 하고, 성경을 읽을 때 다양한 감각을 사용하는 것이 성경 이야기에 대한 이미지적 읽기를 가능하게 하고 풍부한 상상력을 갖게 하여 그때 거기에서의 일이 아닌 지금-여기에서의 성경 이야기로 생명력을 부여할 수 있다는 점을 알게 한다.

② 성경 본문에 그림 그리기
- 성경 본문을 전지에 기록하고 참여자들이 나와 단어와 문장, 여백 등에 떠오르는 이미지를 그리거나 새로운 단어를 추가하는 낙서 작업을 한다.
- 디렉터는 참여자들이 이야기하는 것에 설명을 더하거나, 참여자들이 불편해할 것 같은 질문을 삼가야 한다. 짧게 참여자의 설명을 듣고, 공감하는 것으로 마쳐야 한다.
- 각자가 작업한 내용을 다른 사람에게 소개한다. 소개하면서 왜 그렇게 했는지를 중심으로 이야기한다.
- 자신의 작업과 다른 사람의 작업을 연결 지어서 설명할 수도 있다.
- 그룹별로 작업한 것에 대해 느낀 점을 이야기한다. 이때 성경 본문에서 보이지 않다가 작업 후에 보인 것이 무엇인지를 중심으로 이야기를 나눈다.

이 활동을 통해 우리는 바뀔 수 없는 성경 본문인 검은 글씨(검은 불꽃)와 본문 안에 존재하지만 명확하게 드러나지 않는 이야기와 등장인물들의 감정 및 생각인 흰 글씨(흰 불꽃)를 다루는 기본적인 기술을 습득하게 된다.

이 활동은 참여자들에게 성경 본문에 유연하게 다가서는 방법을 알게 하고, 경전을 대하는 경직된 자세가 아닌 자신의 생각과 경험을 통해 다양하게 해석할 수 있는 창조적인 독자로서 성경을 대하는 방법을 알게 할 수 있다.

③ 성경 본문에 질문하기
- 앞서 작업한 성경 본문을 보며 떠오르는 질문을 자유롭게 한다. 답을 구하는 과정이 아니기 때문에 정답을 요구하거나 누군가 답을 할 필요가 없다.
- 디렉터는 참여자의 설명을 듣고 짧게 공감하고, 다른 참여자의 이야기를 듣는다.
- 다른 사람의 질문에 또 다른 질문을 할 수 있다.
- 다 함께 느낀 점을 이야기한다.

이 활동을 통해 우리는 답이 정해져 있는 질문으로부터 벗어나 답이 없는 질문을 던지고, 그 질문을 마주하는 유연함을 갖게 된다. 답은 성경 본문에 있는 것이 아니라 질문을 던지고 있는 자신이 가지고 있음을 알게 되고, 고정관념을 벗어나 무한한 가능성을 가진 비블리오드라마적 사고가 가능해진다.

핏젤은 이 과정이 본문의 이해를 돕기 위해 새롭게 꾸미거나 독창적으로 이야기를 만들어 가는 과정에도 적용될 수 있다고 제안한다.[13]

다음은 성경 본문을 자신만의 이야기로 수정하는 과정에 대한 소개이다.

- 전지에 기록된 성경 본문을 다 함께 읽는다. 성경을 읽을 때는 한 단어 혹은 두세 단어를 읽고, 다음 사람이 이어받아 읽는다. 다른 방법으로는 한 사람이 읽고 싶은 만큼 읽고, 다음 사람이 이어받아 읽는다. 이렇게 읽는 것은 한 절 단위로 교독하는 습관이나 성경을 글로만 읽는 평소의 익숙한

방법을 벗어나서 다양한 방법으로 성경을 읽도록 하기 위한 접근이다.

- 전체 본문을 두세 번 읽고 난 후에 각자 성경 본문에서 다른 말로 바꿀 수 있는 말을 찾아본다. 각자 펜을 들고 전지에 기록된 이야기 중에 자신이 바꾸고 싶은 이야기를 찾아 자신의 이야기로 바꾸어 본다.
- 같은 부분을 수정하는 여러 사람이 있을 경우, 각자의 이야기를 모두 기록할 수 있도록 종이 바깥 부분에 다른 종이에 써서 붙일 수도 있다.
- 작업이 끝나면 각자 자신의 자리에 돌아와 자신의 작업과 다른 참여자의 작업을 감상한다.
- 디렉터는 성경 본문에서 바뀐 부분을 찾아 어떤 사람이 어떤 생각으로 수정하였는지 이야기를 듣고, 다른 참여자들의 피드백도 나눈다.

이 과정은 성경 본문에 대한 참여자들의 경직된 사고와 경전을 대하는 두렵고 떨리는 마음을 이완시킬 수 있다. 간혹 성경 본문은 일점 일획도 바뀔 수 없다는 신앙적 지식을 가진 참여자들에 의해 본 활동이 거부당할 수도 있다(마태복음 5:18). 참여자들의 저항이 있다면, 디렉터는 이 활동을 하지 않아도 된다. 이 활동은 비블리오드라마 작업 전체에서 중요한 작업이 아니고 성경 본문에 대한 유연한 접근을 위한 활동일 뿐이다. 혹은 참여자들이 거부한다면 디렉터가 모델링의 차원에서 혼자 진행할 수도 있다. 디렉터가 혼자 작업을 하고 참여자들에게 "혹시 이렇게 해 보고 싶으신 분이 계시면 나와서 해 보셔도 좋습니다."라고 초대를 할 수도 있다.

(2) 단어 활용 놀이

성경 본문을 읽고 동사, 인칭대명사, 장소 등 단어를 찾는다. 참여자들은 주어진 지시에 따라 자유롭게 단어를 선택한다. 선택한 단어를 통해 떠오른 이미지를 가지고 단어에 의미를 부여하여 설명한다. 이는 성경 본문의 단어와 참여자의 경험이 상호작용하는 과정을 훈련하는 것이다.

① 동사 단어 찾기
• 참여자들이 선택한 동사를 종이에 적어 바닥에 깔고, 자신에게 끌리는 단어 주변에 서도록 한다.
• 같은 단어에 모인 사람들 간에 선택한 단어를 통해 떠오른 이미지를 이야기 나눈다.
• 각자 단어를 동작으로 표현해 본다.
• 서로 다른 단어를 선택한 사람들 간에 동작만 보고 그 단어가 무엇인지 상상하여 맞혀 본다.
• 경험을 이야기한다.

② 장소 단어 찾기
• 성경 본문에 나타난 장소를 찾는다.
• 각각의 종이에 참여자들이 찾은 장소를 기록하여 바닥에 펼쳐 놓는다.
• 각자 자신에게 끌리는 단어에 다가가 선다.
• 모인 사람들끼리 그 장소에서 떠오르는 이미지에 대해 이야기를 나눈다.
• 진행자는 선택된 단어를 위치, 시간, 거리 등으로 나열하여 다양한 느낌을 나눌 수 있도록 도울 수 있다.

③ 인물 단어 찾기
• 참여자들은 성경 본문에서 인칭대명사를 찾는다.
• 참여자들이 선택한 인칭대명사를 종이에 적어 바닥에 펼쳐 놓는다.
• 참여자들은 끌리는 인칭대명사에 다가가 선다.
• 모인 사람들끼리 그 단어에서 떠오르는 이미지에 대해 이야기를 나눈다.
• 디렉터는 참여자들에게 선택된 인칭대명사를 친밀감 순으로, 갈등 역학적으로, 기타 다양한 기준에 의해 조합하도록 제안한다.
• 참여자들은 선택된 인칭대명사를 다양한 방법으로 다른 단어와 조합하여 관계를 만들어 본다.

• 참여자들은 조합을 만든 사람의 이야기를 듣고, 개인적인 느낌을 이야기
한다.

이 활동을 통해 성경 본문에는 드러나지 않는 등장인물 간의 갈등, 느낌, 생각
에 대한 상상력을 발휘해 볼 수 있다. 이 작업은 참여자가 가지고 있는 대인관계
에 대한 개인적인 생각을 드러내기도 하고, 참여자들이 가지고 있는 성경 인물
간의 고정관념을 드러낼 수도 있다. 중요한 것은 인물이 중심이 되는 이야기 전
개에서 참여자들이 인물들의 성격을 결정하고 생명을 불어넣을 수 있는 훈련을
하는 것이다.

### (3) 성경 구절의 이미지화 작업

성경 구절의 이미지화 작업은 성경을 바라보는 다차원적인 방법을 제안한다.
성경 본문의 글자들이 품고 있는 이미지를 참여자들이 확인할 수 있는 실제적인
이미지로 작업하는 것이다. 이를 통해 신체를 통한 연기 작업은 풍성해지고, 성
경 본문을 재연하는 과정은 다양한 시각으로 접근할 수 있다.

• 성경 본문을 참여자 수에 맞게 적당한 문맥으로 나눈다. 이야기가 시작과
마침이 있는 정도로 나눈다.
• 각자 벽에 붙은 성경 이야기를 돌아다니며 읽고, 마음에 끌리는 부분 앞에
선다.
• 모인 사람들끼리 그룹을 만들고 그 구절에 모인 이유를 이야기 나눈다.
• 각자 가지고 있는 물건이나 주변에 있는 사물을 이용하여 자신들이 선택한
이야기를 형상화한다. 작업 후에 제목을 정하고, 작품을 바라보며 떠오르
는 생각을 이야기 나눈다.
• 전체가 모여서 작품에 대한 설명을 하고, 각자의 생각을 자유롭게 이야기
나눈다.

(4) 인물 조각하기

인물 조각하기는 성경 본문에서 만나는 등장인물들의 감정과 생각, 관계를 참여자의 신체를 가지고 이미지화하는 활동이다. 사물을 이용한 이미지 작업과 다르게 참여자들의 신체를 활용한 작업은 집중도와 몰입이 깊으며 다양한 감정과 생각이 나타난다.

- 세 명씩 그룹을 만든다.
- 성경 본문에 나오는 주요 인물의 역할을 정한다.
- 성경 본문에 등장하는 인물들의 행동, 위치, 자세, 표정을 상상하여 정지 동작으로 표현한다.
- 각 그룹별로 자신들의 작업을 발표한다. 작품을 보는 참여자들은 각 인물이 누구를 표현하고 있는지 추측하여 보고, 각 인물 간의 관계, 감정, 생각 등에 대한 자신의 관점을 이야기한다.
- 작품에 제목을 붙여 주고, 느낌을 나눈다.

이 작업은 인물의 마음을 조각하는 작업, 성경 본문에서 가장 극적인 장면을 사진처럼 기록하여 조각으로 표현하는 작업 등으로 응용하여 할 수 있다.

디렉터는 몸으로 이미지화하여 나타낸 참여자들에게 지금-여기에서 참여자가 느끼고 있는 것들에 대해 "무엇이 느껴지나요?" "어떤 생각이 드나요?" "지금 무슨 말을 하고 싶은가요?" 등의 질문을 통해 성경 본문과의 상호작용을 이끌어줄 수 있어야 한다. 이 작업이 생략되면 단순한 재연에 불과하고 그때 거기에 머물게 된다.

## 2) 비블리오드라마 연기 기법

심리극과 드라마치료의 영향을 받은 비블리오드라마에는 다양한 연기 기법이 존재한다. 비블리오드라마의 연기 기법은 액션메소드 기법으로 활용되기도

하고, 웜업 활동으로 활용되기도 한다. 비블리오드라마의 연기 단계에서 액션메소드 기법과 웜업 기법이 사용되는 것은 참여자들이 성경 인물이 되어 이야기하고 행동하고 생각하는 순간부터이다. 이 순간부터 참여자들은 연기를 하는 것이다.

비블리오드라마에서의 연기를 통해 생각이 아닌 몸으로 성경 이야기가 주는 깨달음에 나의 이야기로 다가설 수 있으며, 언어와 사고 속에서 이루어지는 묵상이나 인지적 교육보다 더 강렬한 깨달음을 얻음으로써 주님의 여기 계심과 이곳에서 우리와 교제하심을 경험할 수 있다. 다음으로는 참여자들이 연기에 몰입할 수 있도록 돕는 대표적인 기법들을 소개한다.

### (1) 빈 의자 기법

연기 단계에서의 빈 의자 기법은 성경 본문의 인물에 집중하도록 만들거나 참여자가 가지고 있는 성경 인물에 대한 생각을 구체적으로 표현하거나 장면을 연출하고 성경 인물의 내면을 상상하는 데 유익하다.

비블리오드라마는 정형화된 무대를 가지고 있지 않은데, 의자를 놓는 순간 의자가 있는 곳이 무대가 되고, 의자를 대하고 있는 사람은 연기자가 되며, 의자를 바라보고 있는 사람들은 참여자가 된다.

- "여기 빈 의자에 탕자가 앉아 있습니다. 아버지의 집으로 돌아갈 것을 결정한 탕자의 마음에는 어떤 생각이 있을까요? 이 자리에 앉아서 그 마음을 이야기해 주시겠습니까?"
- "두 개의 빈 의자가 있습니다. 왼쪽 의자에는 에덴동산에서 쫓겨나게 된 하와가 앉아 있습니다. 오른쪽 의자에는 그 과정에서 자신에 대한 하소연은 커녕 변명 한마디 하지 못한 하와가 앉아 있습니다. 이 오른쪽 의자에 앉아 하와의 심정을 이야기해 주시겠습니까?"
- "의자 셋이 있습니다. 첫 번째 의자는 삭개오의 자리입니다. 두 번째 의자는 누구의 자리일까요? 누가 이 자리에 앉으면 좋을까요? 예, 삭개오의 아

내의 자리입니다. 세 번째 의자는 누구의 자리일까요? 예, 삭개오의 딸의 자리입니다. 삭개오의 아내와 삭개오의 딸의 자리에 앉아 그들의 목소리를 내 주시겠습니까?"

- "두 개의 빈 의자가 있습니다. 왼쪽 의자는 섬기는 일로 바빴던 마르다의 자리입니다. 오른쪽 의자는 말씀을 듣는 일에 푹 빠져 있던 마리아의 자리입니다. 지금 여러분은 어떤 자리에 앉고 싶으십니까? 자신에게 끌리는 의자로 모여 주십시오."

- "이 의자에는 대제사장의 집 뜰 안에서 방금 예수님을 모른다고 세 번 부인한 베드로가 앉아 있습니다. 지금 베드로의 얼굴 표정을 봐 주십시오. 그에게서 무엇이 보입니까? 이 자리에 앉아 있는 베드로의 굽은 등을 봐 주십시오. 저 등에서 무엇이 보입니까? 혹시 베드로가 흐느껴 울고 있습니까? 대성통곡을 하고 있습니까? 이 베드로를 위로한다면 어떤 말을 해 주시겠습니까?"

이와 같이 빈 의자는 개인 혹은 집단이 이미지를 구체화시키고 이미지에 몰입하도록 만드는 힘이 있다.

### (2) 메아리 기법

비블리오드라마의 연기 단계에서 메아리 기법은 연기에 대한 두려움과 긴장, 잘하지 못할 수도 있다는 걱정을 하는 참여자에게 긴장을 줄이고 자발성과 창조성을 높이도록 돕는 기법으로 사용될 수 있다. 간혹 참여자 중에는 디렉터의 질문에 답하거나 디렉터의 요청에 따라 목소리를 내는 것이 힘겨운 사람이 있을 수 있다. 이때 사용되는 기법이 메아리 기법이다. 핏젤의 작업에서 메아리 기법의 사용 방법을 찾아본다.[14]

선악을 알게 하는 나무의 열매를 먹은 하와에게 묻는다.
"맛은 어땠나요?"

드디어 누군가가 "좋았어요."라고 말했다.

나는 메아리 기법을 통해서 말했다. "그 맛은 아주 좋았어요. 그렇게 보였던 것 만큼 맛도 좋았어요."

"훨씬 맛있어요." 한 참여자가 장난스러운 미소로 말했다. 나는 고개를 끄덕이 며, 메아리 기법을 통해 "음~~" 하고 말했다. "다른 분은요?"

"사실 기대했던 것하고는 훨씬 다른 맛이었어요. 그것은 맵고 강한 맛이었어 요. 아마."

나는 메아리 기법을 통해 말했다. "나는 조금 놀랐습니다. 나는 그것이 달콤할 줄 알았는데, 그것은 내 입을 약간 얼얼하게 했습니다."

메아리 기법을 통해 참여자들은 자신이 한 말이 디렉터에 의해 수용되었고, 불필요한 말이 아니었으며 극의 진행에 필요한 말이었다는 것을 알게 되고, 더 적극적인 참여의 힘을 얻게 된다. 무엇을 말해도 수용받을 수 있다는 자신감을 얻게 된다. 메아리 기법을 통해 비블리오드라마 초기의 분위기는 추진력을 받 고 장면 전환의 어색함과 두려움을 줄여 준다. 디렉터는 참여자의 말에 민감해 지고 참여자를 존중하는 분위기를 만들 수 있다.

간혹 참여자 중에 디렉터가 메아리 기법을 사용할 때, "왜 그렇게 말씀하시 죠?" "그런 의도는 아닌데요." "자꾸 그러니까 신경 쓰이는데요."라고 불편함을 표현할 수도 있다. 참여자의 불편한 반응에 대해 디렉터는 "제가 당신의 이야기 를 잘 듣지 못했군요. 미안합니다."라고 사과하면 된다. 메아리 기법이 잘못 사 용되면 참여자의 자발성을 떨어뜨리고, 참여자는 디렉터의 눈치를 보게 된다. 이럴 경우 디렉터는 참여자를 지도하는 듯한 느낌을 줄 수 있으므로 주의해야 한다.

연기 단계의 메아리 기법에서는 디렉터가 참여자의 이야기를 얼마나 잘 듣고 있는지, 연기자의 표현을 적절하게 확장하고 있는지가 중요한 요소이다. 참여 자보다 더 연기를 잘하려고 하거나 참여자의 대사의 느낌을 살리지 못하고 참 여자가 원하지 않는 방향으로 수정하려 한다면, 디렉터는 메아리 기법의 사용을 중단해야 한다. 또한 메아리 기법을 사용하면서 디렉터는 참여자의 목소리와 표정, 신체적 반응에 주의를 기울여 참여자가 불편해하고 있지 않은가를 살펴야 한다. 디렉터는 메아리 기법을 통해 참여자들을 무대 위로 초대하고 그들의 이야기가 무대 위에서 풍성해지도록 돕는 것만 생각해야 한다.

### (3) 더블 기법

더블 기법은 극중 한 인물의 여러 목소리와 성격을 표현하게 만드는 기법이다. 에덴동산에서 추방된 하와의 목소리를 듣기 위한 더블은 다음과 같이 진행할 수 있다.

> 하와가 무대 중앙에 서 있다. 아담은 하와를 등지고 다른 곳을 바라본다.
> "지금 당신은 에덴동산에서 쫓겨났습니다. 당신 남편 아담은 어깨를 늘어뜨리고 동산을 등지고 걷고 있습니다. 당신은 여전히 동산을 바라보고 있습니다. 어떤 생각을 하고 있습니까?
> 하와 역은 말하지 않고, 관객들이 하와의 목소리를 대신한다(더블 기법).

참여자 1: 억울해요.

참여자 2: 답답해요. 떠나고 싶지 않아요.

참자가 3: 포기하고 뒤돌아 떠나는 아담이 미워요.

참여자 4: 이럴 수는 없죠. 이건 하나님의 계략이에요. 함정이었다구요.

참여자 5: 모두 내 잘못이에요. 내가 어리석었어요. 그렇게 행동하면 안 되는데.

디렉터: (하와 역을 맡은 참여자에게 묻는다.) 어떤 말이 당신의 마음에 제일 와닿았습니까?

하와: 포기하고 떠나는 아담이 밉다는 말이요.

디렉터: 그 말이 왜 마음에 와닿았나요?

하와: 아담이 무기력해요. 아담이 미워요. 그런데 잘 모르겠어요.

디렉터는 하와의 등 뒤로 참여자 3을 세우고 참여자 3이 하와의 마음을 이야기 하게 한다.

디렉터: (참여자 3에게) 아담의 어떤 모습이 미워요?

참여자 3: 아담이 무능력해요. 아담이 내가 준 열매를 먹지 않았다면 이런 일이 없 었을 텐데, 아담이 나에게 하나님의 명령을 더 분명하게 알려 주었더라 면 좋았을 텐데, 아담이 하나님께 용서해 달라고 사정하고 회개했더라면 쫓겨나지 않았을 수도 있는데, 아담이 무기력해요. 저런 남자를 믿고 동 산 밖에서 살 수 없을 것 같아요.

하와가 고개를 끄덕인다.

하와: (상기된 얼굴로 스스로 이야기를 한다.) 믿을 수가 없어요. 남자들은. 의지 하고 싶어도 의지가 안 돼요!

더블 기법은 현재 주인공의 감정과 생각이 정리가 안 되었을 때, 다른 참여자 의 도움으로 감정과 생각의 정리를 돕고, 자신 있게 말하지 못하는 상황이나 갈 등의 상황에서 자신의 입장을 결정할 수 있는 여유를 제공할 수 있다. 더블 기법 은 한 사람의 역할에 여러 참여자가 몰입할 수 있게 하고 지금-여기에서의 주제 를 공유할 수 있는 힘이 있다.

디렉터는 더블 기법을 사용하는 참여자가 주인공의 감정과 생각을 넘어서지 않도록 조절해 주어야 하며, 주인공에게 "지금 이 말이 맞아요? 지금 이런 생각 을 해요?"라고 확인하며 진행해야 할 필요도 있다. 주인공이 갈등 상황에 빠져 있거나 자신의 입장을 명확하게 설명하지 못할 때, 참여자들에게 도움을 요청할 수도 있다.

디렉터: 지금 하와가 고민에 빠졌습니다. 하와의 이 고민이 무엇인지 대신 이야기
　　　해 주실 분이 계신가요?

참여자 3: (손을 들고 무대로 나온다. 하와의 어깨에 손을 얹고 이야기한다.) 아담
　　　이 저러면 안 되죠. 저런 무책임한 남자가 아니었어요. 아담에게 실망이
　　　에요.

디렉터: 또 다른 하와의 목소리가 있을까요?

참여자 5: (손을 들고 무대로 나온다. 참여자 3의 옆에서 하와의 어깨에 손을 얹고
　　　이야기한다.) 아담이 불쌍해요. 저렇게 무기력한 사람이 아니었는데. 왜
　　　저렇게 되었는지 모르겠어요. 이건 뱀 때문이에요. 뱀의 계략이죠. 우린
　　　모두 뱀에게 속은 거예요.

　더블 기법은 한 개인의 다양한 감정과 생각을 여러 사람의 목소리를 통해 분
명하게 드러내는 기법으로 사용될 수 있다.

## (4) 초청하기 기법

　초청하기는 성경의 인물을 지금-여기로 초대하여 생명력을 부여하는 기법
이다. 이 기법을 통해 참여자들이 성경 속 인물에 자신을 몰입시켜 자신의 이야
기를 할 수 있도록 길을 열어 줄 수 있다.

　김세준과 황헌영의 작업을 여기에 소개한다.[15] 이러한 방법으로 각각의 인물
을 탐색할 수 있다.

디렉터: (빈 의자를 놓으면서 다음과 같이 말한다.) 여기 아담이 있습니다. 그리
　　　고 (두 번째 의자를 놓으면서) 여기 하와가 있습니다. (세 번째 의자를 놓
　　　으면서) 여기 뱀이 있습니다. 이들은 지금 어떤 마음일까요? 여러분은 앞
　　　에 놓인 여러 가지 색깔의 천에서 이 인물들의 마음의 색을 골라 의자에
　　　놓아 주세요.

참여자들은 천을 빈 의자에 올려놓는다. 천천히 올려놓는 사람, 다급하게 올려놓는 사람, 나오지 않는 사람 등 다양한 모습을 보인다. 한 사람씩 나와 천의 색깔에 대해 이야기하게 한다.

참여자 1: 빨간색을 골랐어요. 하와는 정열적으로 동산을 돌아다녔을 거예요.

참여자 2: 죄가 들어왔다는 의미로 검은색을 골랐습니다.

디렉터: 이제 일인칭으로 하와가 되어서 말해 주세요.

참여자 3: 저는 동산을 돌아다녀요. 돌아다니다가 심심할 때가 있어요.

참여자 4: 아담이 안 보이면 심심해요. 뭐라도 하면 좋을 것 같아요.

참여자 5: 난 궁금해요. 동물, 하늘, 동산 모든 곳이요.

다음은 빈 의자를 사용하지 않고 참여자들 중에 역할연기를 부탁할 수도 있다. 디렉터는 예수님의 제자 중 우레의 아들이라 불렸던 야고보와 요한이 사마리아 사람들이 예수님을 영접하지 않는 것에 화를 내는 장면(마가복음 9:54)을 연출하는 작업을 소개한다.

디렉터: (디렉터는 진행하려는 작업을 소개한다.) 우리는 지금 사마리아에 와 있습니다. 이곳을 예수님이 방문하셨지만, 사마리아 사람들은 예수님의 목적지가 예루살렘이라는 이유로 예수님을 환영하지 않습니다. 그러자 제자 중 야고보와 요한이 화를 내며, 자신들이 이 마을에 불을 내리겠다고 격앙된 감정을 표현합니다. 우리는 야고보와 요한이 왜 그렇게 격앙된 감정을 드러냈는지 궁금합니다. 그 두 사람을 이 자리에 초대해 보겠습니다. 야고보의 역할을 해 주실 분을 기다립니다. (참여자 중 한 사람이 손을 들고 앞으로 나온다.) 예, 고맙습니다. 이제 요한의 역할을 해 주실 분을 기다립니다. (참여자 중 한 사람이 손을 들고 앞으로 나온다.) 예, 고맙습니다. 이제 야고보와 요한 두 분을 무대에서 만나겠습니다.

자, 이제 야고보와 요한의 역할을 맡은 분들은 잠시 눈을 감고 자신들의 역할에 대해 생각해 주세요. (그 사이 디렉터는 이 본문에 대한 이야기를 다른 참여자들에게 들려준다. 이 순간 무대 위의 참여자들도 디렉터의 이야기를 들으며 자신의 역할을 준비한다.)

예수님은 예루살렘으로 향하여 여행 중입니다. 이 여행의 마지막인 예루살렘에서는 예수님의 삶의 마지막인 죽음이 기다리고 있습니다. 예수님은 이미 두 번이나 제자들에게 자신의 죽음에 대해 이야기를 했습니다. 제자들은 무슨 말인지 알아들을 수는 없지만, 두렵고 불안한 마음으로 가득 차 있습니다. 물론 제자들은 한껏 고양되어 있기도 합니다. 예수님이 제자들을 파송했을 때, 제자들은 자신들의 기도로 사람들이 병에서 낫고 귀신 들림에서 벗어나는 기적을 경험하기도 했습니다. 예수님은 오천 명이나 되는 사람들에게 먹을 것을 주시기도 했습니다. 또한 예수님이 산 위에서 모세와 엘리야를 보았으며 예수님이 형언할 수 없는 놀라운 모습으로 변화되는 모습도 경험했던 터라, 제자들은 자신감에 가득 차 있기도 했습니다. 그런데 사마리아 사람들은 예수님을 만나 보지도 않고, 자신들의 마을에 들어오는 것을 반대했습니다. 누가복음 9장에서 가장 두각을 드러낸 사람들이 바로 야고보와 요한입니다. 예수님의 변화산 사건에도 참여했었고, 요한은 같은 제자 무리가 아닌 사람이 예수님의 이름으로 귀신을 쫓아내는 것을 금지시키기도 했었습니다. 위세가 등등했죠. 그런 이유였는지 야고보와 요한은 사마리아 사람들의 태도에 대해서도 화가 단단히 난 모양입니다. 자, 그럼 이제 야고보와 요한의 이야기를 들어 보겠습니다. (디렉터는 작업할 성경 본문에 대한 충분한 탐색을 통해 참여자들이 성경 본문에 대한 이해가 생길 수 있도록 도와주어야 한다.)

디렉터: 자, 야고보와 요한, 반갑습니다. 요즘 잘 나간다고 들었습니다. 요즘 어떻게 지내십니까?

참여자 1(야고보): 형인 제가 먼저 이야기하죠. 동생 요한과 함께 예수님을 보필하는 일에 집중하고 있습니다. 또한 예수님이 우리에게 귀신을 내쫓고 병을 고치는 능력을 주셔서 그 능력으로 사람들을 돕고 있죠. 정말 바빠요.

사람들이 얼마나 밀려드는지 밥 먹을 새도 없어요.

참여자 2(요한): 형 말이 맞아요. 우리는 정말 열심히 일해요. 한번은 우리 제자 라
인도 아닌 사람이 예수님의 이름으로 귀신을 내쫓고 있는 걸 제가 딱 잡
았죠. 말도 안 되죠. 그 능력은 예수님이 우리 제자들에게만 주신 건데.
그래서 제가 그렇게 하지 마라, 예수님 이름 막 팔지 마라 엄히 경고했고
예수님께 보고를 했는데, 아, 글쎄…… 예수님이 그냥 두라고 하시잖아
요. 좀 황당했어요. 예수님이 왜 그러시는지 이해가 안 됐어요.

참여자 1(야고보): 동생 말이 맞아요. 그런 건 엄하게 꾸짖고 다시는 그런 행동을
못하게 만들어야 해요. 이번 사마리아 사건도 그래요. 우리 형제가 먼저
가서 사마리아 사람들에게 제안을 했어요. '예수님이 잠시 머물고 가실
거다. 예수님이 잠시 머무는 건 당신들에게 참 행운이다. 아픈 사람들 다
모아 놔라. 우리하고 예수님이 다 치료해 줄 거다.'라고 이야기를 했는데,
와, 글쎄…… 필요 없다는 겁니다. 딱 봐도 아픈 사람, 귀신 들린 사람 널
려 있는데, 됐다는 겁니다. 참 화가 나더라구요.

참여자 2(요한): 예, 형 말대로예요. 그래서 제가 물었죠. "도대체 왜 그러는 겁니
까?" 그랬더니 그 사람들 말이 "당신들은 유대인이요. 우리는 유대인과
상종하지 않소."라는 거예요. 그 말을 안 들었으면 화가 덜 났을 텐데. 우
리는 지금 유대인들에게도 배척받고 있거든요. 갑자기 우리가 유대인도,
사마리아인도 아닌 것 같은 혼란이 온 거예요.

디렉터: 그래서 당신들은 예수님께 그들에게 불을 내려 복수하자고 제안을 한 건
가요?

참여자 1(야고보): 예, 너무 화가 났어요. 우리가 성격이 좀 과격하기는 하지만, 예
수님 말씀으로 성질 죽이고, 기적을 일으키는 사람답게 살고 있는데,
아…… 화가 나더라구요.

참여자 2(요한): 예, 저도 형처럼 성격이 다혈질인데, 말씀으로 변화돼서 온순하게
살고 있었는데, 정말 화가 나더라구요.

디렉터: 그런데 왜 예수님은 여러분의 제안을 거절하셨을까요?

참여자 1(야고보): 그야 뭐, 예수님은 그런 분이 아니니까요. 그래도 예수님이 하지 않고 우리가 대신 하면 될 일인데, 왜 예수님은 우리가 하는 일까지 못하게 하셨는지 알 수가 없어요.

참여자 2(요한): 사마리아 사람들은 안 돼요. 가망이 없어요. 답답해요.

디렉터: 두 분의 그 답답함이 저에게도 전해집니다. 예, 이야기 잘 들었습니다. 고맙습니다.

디렉터는 두 사람과의 이야기를 어느 때든지 정리하고 중단할 수 있다. 연기를 하는 사람들로부터 더 이상의 새로운 이야기나 드라마의 진행을 이끌어 갈 수 있는 방향이 보이지 않으면 간단하게 인터뷰를 중단할 수 있다.

초청하기 기법을 통해 성경 본문에 대해 깊이 이해할 수 있고, 앞으로의 비블리오드라마의 진행 방향을 참여자들과 함께 고민해 볼 수도 있다. 참여자들은 본문 속에 등장하는 인물을 입체적으로 경험할 수 있고, 앞으로 비블리오드라마의 진행 방향도 함께 고민해 볼 수 있게 된다.

## (5) 만남 기법

만남은 초청하기를 통해 현재로 초대된 성경 인물들이 참여자들의 연기에 의해 대면하고 말을 주고받는 상호작용이 일어나는 과정이다. 참여자들은 각자가 이해하고 있는 성경 인물을 즉흥연기를 통해 드라마에서 만나게 된다.

핏젤의 작업을 소개한다. [16]

요셉이 앞으로 걸어 나왔다. 나는 참여자들에게 말했다. "요셉이 바로에게 걸어 나갈 때 심정을 한마디로 말해 주세요."

"두려워요." "흥분되네요." "할 말이 없습니다." "기도하게 돼요." "자랑스러워요." "작게 느껴져요." "준비되었어요."

"자, 이제 요셉. 당신은 바로 앞에 섰습니다." 요셉은 바로 앞에 서서 경의를 표한다.

나는 참여자들에게 다시 말했다. "바로는 이 젊은이가 자신에게 다가올 때 어떤 생각이 들었을지 한마디로 말해 주세요."

"젊네." "잘생겼군." "내 꿈을 상기시켜 주는군." "두려워하고 있군." "저자를 시험해 봐야겠어." "저자가 과연 제대로 할 수 있을까?"

나는 바로를 향해 이야기했다. "자, 이제 이 이야기를 가지고 당신은 요셉과 대화를 할 것입니다. 우리는 당신이 이 청년과 당신의 꿈에 대해 이야기할 것이라고 알고 있어요. 하지만 그전에 당신은 이 청년이 누구인지 살펴볼 필요가 있을 것입니다. 시작하세요."

바로: 젊은 친구, 네 이름이 무엇이더냐?

요셉: 제 이름은 요셉입니다, 폐하.

바로: 요셉, 나이는 어떻게 되지?

요셉: 서른 살입니다. 폐하.

바로: 그럼, 고향은? 네 아버지는 누구인가?

요셉: 네, 폐하. 제 아버지는 야곱, 이삭의 아들이고 아브라함의 자손입니다. 제 아버지는 이스라엘이라고도 불렸습니다. 저희는 가나안에 있는 헤브론에 살았습니다.

드라마 작업이 성경에 있는 내용대로 진행되었다. 나는 참여자들로부터 성경에 숨겨져 있는 대본을 찾을 수 있기를 바랐다.

"이 장면은 여기서 멈추죠. 그리고 혹시 여러분 중에 바로 혹은 요셉의 더블 연기를 위해 무대 위로 올라와 줄 사람이 있나요?

보통의 만남은 성경에 나와 있는 이야기대로 전개된다. 참여자들은 성경의 이야기대로 진행하는 것에 편안함을 느낀다. 그 편안함은 이 과정이 성경의 내용을 재연하는 성극에 머물게 할 수도 있다. 이 편안함을 중단하고, 참여자들이 내면에 가지고 있는 숨겨진 대본, 비블리오드라마의 흰 불꽃을 찾아내기 위해 디렉터는 더블 기법을 사용해서 참여자들의 이야기를 들을 수 있다.

참여자들의 다양한 이야기가 드러나면, 다시 등장인물들에게 연기를 진행할 수 있고, 참여자 중에서 주인공의 역할을 대신 맡아 진행할 수도 있다. 중요한 것은 비블리오드라마는 성경의 내용을 그대로 재연하는 성극이 아니며, 참여자 들이 가지고 있는 숨겨진 대본을 무대 위로 끌어 올려야 한다는 점이다.

### (6) 역할 벗기

역할 벗기는 드라마 몰입으로 인한 영향을 털어 내는 과정이다. 참여자들이 역할연기에서 벗어날 수 있도록 하는 방법에는 여러 방법이 있다. 역할 벗기는 드라마 중간에 한 장면에서 다른 장면으로 전환할 때, 혹은 다른 역할로 전환할 때도 필요하고 드라마의 마지막에도 필요하다.

참여자를 위한 깔끔한 역할 벗기는 비블리오드라마 디렉터에게 꼭 필요한 기술이다. 이 단계를 통해 비블리오드라마는 성찰의 단계로 넘어간다.

역할 벗기의 기법은 성찰 단계에서 자세히 다루도록 한다.

## 3. 거룩한 이야기의 체험

비블리오드라마는 중세의 성극과 신비극 전통을 받았으며 현대의 스킷드라마와의 유사성도 있다. 그러나 비블리오드라마가 분명하게 구분되는 점은, 성경의 내용을 그대로 재연하거나 전달하지 않으며, 정해진 대본대로 연기를 하고 있지 않다는 점이다. 비블리오드라마는 성경이라는 검은 불꽃이 맹렬하게 타오르는 가운데 불꽃 깊숙이에서 타오르는 흰 불꽃을 함께 보아야 하기 때문이다. 모세가 시내산에서 하나님을 만났을 때, 불타는 떨기나무를 보았다. 분명 불길이 타오르고 있었으나, 떨기나무는 타지 않았다. 그때 타오른 것은 모세의 인생이었으며, 하나님을 향한 모세의 열정이었다.

비블리오드라마는 성경이라는 검은 불꽃 속에서 맹렬하게 타오르는 흰 불꽃에 주목하는 작업이다. 참여자들의 삶과 경험, 생각과 느낌에 불길을 붙여 성경 속에서 맹렬하게 불타오르게 만들어야 한다. 비블리오드라마의 연기는 참여자의 인생을 드러내고, 생각과 느낌을 성경에 비추어 보는 과정이다. 단순히 성경 말씀의 재연에 그친다면 비블리오드라마의 매력은 충분히 드러나지 않는다.

비블리오드라마의 연기는 참여자들이 자발성의 힘을 통해 창조성을 발휘하고, 그때 거기에서의 이야기를 지금-여기에서의 이야기로 변형하여 그때 그곳에서 성경 인물들이 느꼈던 하나님 앞에서의 놀라움과 경이로움, 하나님의 여기 계심을 경험하게 만드는 방법이다. 이 일이 현실이 될 수 있도록 하기 위해 디렉터는 참여자들에게 편안함과 안전함을 제공해야 하며, 지시적이거나 인지적인 방법을 통해 전달하고 교육하는 실수를 범하지 않아야 한다. 또한 참여자들이 연기를 불편해하거나 어려워하는 상황에서는 분명하게 자발적인 참여를 설명하고, 참여하지 않아도 되고 말하지 않아도 된다는 것을 알려 주어 자발성과 창조성이 사라지는 것을 방지해야 한다.

비블리오드라마의 과정에서 성경을 앞서가거나 오역하거나 변경하는 일이 생기기도 한다. 이때 디렉터는 참여자들과 함께 이 문제에 대해 논의하고 진행 방향을 결정해야 한다. 디렉터는 참여자들에게 물어볼 수 있다. "지금 이 해석이나 이 의견을 우리 공동체가 수용하고 비블리오드라마를 진행할까요? 아니면 다른 의견이 있으신가요?" 디렉터만의 결정이 아닌, 참여자 전체의 의견이 반영되어 성경을 해석하고 드라마의 진행을 결정해야 한다. 만약 공동체가 성경의 이야기와 다른 방향으로 비블리오드라마를 진행하려 한다면, 디렉터는 작업하고 있는 성경 본문의 이야기를 스토리텔링의 방식으로 이야기해 주어 본문의 이야기 방향을 전달하고 참여자들이 본문을 향해 방향을 찾고 단순한 호기심이나 장난스러움으로 성경 본문의 이야기를 변형하는 것으로부터 되돌릴 수 있다. 그것이 비블리오드라마가 성경이라는 검은 불꽃 속에서 우리의 인생이라는 흰 불꽃을 피워 내는 방법이다. 우리는 이렇게 거룩한 이야기를 몸으로 체험한다.

## 📝 미주

[1] Martin, 2010: 21.

[2] Krondorfer, 2008: 105.

[3] Martin, 2010: 64.

[4] Pitzele, 2016: 55.

[5] Schramm, 2008: 137.

[6] 이봉섭, 2015: 19.

[7] Dayton, 2008: 4.

[8] Schramm, 2008: 138.

[9] 이봉섭, 2015: 17.

[10] 김세준, 황헌영, 2018: 88.

[11] Martin, 2010: 150.

[12] Pitzele, 2016: 181.

[13] Pitzele, 2016: 49.

[14] Pitzele, 2016: 63.

[15] 김세준, 황헌영, 2018: 88.

[16] Pitzele, 2016: 239-241.

##  참고문헌

김세준, 황헌영(2018). 성경이 살아나는 비블리오드라마. 서울: 현대드라마치료연구소.

이봉섭(2015). 비블리오드라마가 대학생의 심리적 안녕과 불안에 미치는 영향연구. 한남대학교 일반대학원 박사학위논문.

Dayton, T. (2008). 사이코드라마와 집단치료 매뉴얼 (*The living stage*). (김세준 역). 경북: 비블리오드라마. (원저는 2005년에 출판).

Krondorfer, B. (Ed.) (2008). 비블리오드라마 (*Body and Bible: Interpreting and experiencing biblical narratives*). (황헌영, 김세준 공역). 서울: 창지사. (원저는

1992년에 출판).

Martin, G. M. (2010). 몸으로 읽는 성서: 비블리오 드라마 (*Sachbuch Bibliodrama: Praxis und Theorie*). (손성현 역). 서울: 라피스. (원저는 1995년에 출판).

Pitzele, P. (2016). 비블리오드라마로의 초대: 성경을 여는 창 (*Scripture windows: Towards a practice of bibliodrama*). (고원석 역). 서울: 한국장로교출판사. (원저는 1998년에 출판).

Schramm, T. (2008). 비블리오드라마의 행위화: 신약 치유이야기의 재연. Krondorfer, B. (Ed.), 비블리오드라마 (*Body and Bible: Interpreting and experiencing biblical narratives*, pp. 135-185). (황헌영, 김세준 공역). 서울: 창지사. (원저는 1992년에 출판).

# 제9장

# 비블리오드라마의 성찰

김희영 |

비블리오드라마에서 성찰은 비블리오드라마의 연기 과정을 통해 여러 방면으로 확장되어 풍성해졌던 성서의 이야기를 자기 내면화하고, 성서 이야기가 자신에게 건네는 깨우침을 삶 속에서 구체화할 수 있게 돕는 중요한 요소이다.

## 1. 비블리오드라마 성찰의 이론

### 1) 비블리오드라마 성찰의 개념

성찰은 비블리오드라마 과정의 마지막 단계로, 참여자들이 모든 과정을 지나오며 자신이 보고 듣고 말하고 행동하는 행위 안에서 알아차린 생각과 느낌을 나누는 시간이다. 또한 새롭게 발견하게 된 사실과 의문에 대해서도 토론하는 시간이다.

이 성찰의 시간을 통해 연기에 참여한 사람들은 역할을 벗고 자기 본연의 자

리로 돌아와 자신이 역할을 수행하며 경험한 내용들을 집단과 상호작용하게
된다. 그래서 성찰의 시간은 역할을 벗는 종결의 시간임과 동시에 집단과의 상
호작용을 통해 자신과 자신이 속한 집단, 그리고 성서에 대해 새로운 이해를 갖
게 되는 시작의 시간이기도 하다. 이 과정을 통해 참여자들은 마치 흩어졌던 퍼
즐조각들이 맞추어지는 통합의 순간을 경험하게 된다.

성찰의 시간은 꼭 언어적인 표현만이 아닌 비언어적인 방법으로도 나누는 것
이 가능하다. 예를 들어, 자신의 경험을 꺼내 놓는 주인공에게 공감의 눈빛을 보
내거나 악수, 포옹과 같은 행동으로 표현하는 것이다. 이것은 '나누기' 과정에서
언어적인 표현을 촉진시킬 수도 있고, 이제까지 경험해 보지 못한 수용과 지지
의 느낌을 전해 줄 수도 있다.[1]

성찰의 시간에는 주인공과 보조자로 연기에 직접 참여했던 사람들뿐만 아니
라 관중으로 머물렀던 이들과 디렉터도 한 사람의 참여자로 자기 의견을 나눌
수 있다. 이때 디렉터는 한 사람의 참여자로서 자기 의견을 나누는 것에 각별히
주의를 기울여야 한다. 왜냐하면 집단 안에서 디렉터가 갖는 영향력이 다른 참
여자들보다 크기 때문이다.

영국의 정부 공인 연극치료사로 활동하는 닉 로우(Nick Rowe)는 플레이백 시
어터*의 세계에 대해 저술한 그의 책『당신의 이야기로 놀아드립니다: 플레이
백 시어터의 세계(Playing the other: Dramatizing personal narratives in playback
theatre)』에서, 화자(말하는 사람)의 이야기를 연기하는 배우는 집단 안에서 명백
히 권력을 가진다고 말했다. 그리고 그러한 권력을 갖는 것은 배우들이 이야기
를 재연함에 있어 이야기에 대한 해석의 소유권을 가지고 있기 때문이며, 이야
기에 대한 해석은 그 배우가 갖고 있는 문화적·개인적 요소가 투영된 것이라고
말한다.[2]

집단 안에서 중요한 역할을 맡은 이가 갖는 권력은 플레이백 시어터의 배우

---

* 플레이백 시어터는 1975년에 조나단 폭스(Jonathan Fox)에 의해 고안된 드라마치료의 한 형태이다.
  플레이백 시어터는 한 사람의 화자가 자신의 삶의 이야기를 하고 배우들에게 역할을 맡겨 배우들의
  연기를 지켜보는 독특한 행위방법을 지녔다(김희영, 2008: 25-26 참조).

들에게만 적용되는 것은 아니다. 비블리오드라마 안에서 이야기를 다루는 디렉터에게도 그 권력은 부여된다. 왜냐하면 디렉터는 참여자들이 내놓는 단서들을 수집하여 때로는 이야기를 촉진시키거나 중지시키며 장면을 극적으로 재정비하는 연출가이자, 전체를 이끄는 집단지도자이고, 참여자들이 자기 문제를 발견하고 해결하도록 돕는 치료자이기 때문이다.[3]

이처럼 집단 안에서 힘을 갖는 디렉터가 내놓는 의견은 때로 다른 참여자들의 의견보다 더 비중 있게 여겨지고, 디렉터의 성서해석이 개인에게 국한된 경험과 문화적 요소를 투영하고 있음에도 자칫 권위를 갖는 해석으로 받아들여질 수 있다. 그것은 참여자들의 성서에 대한 새로운 발견과 깨우침을 방해하고 집단의 자발성을 저해할 수 있다.

따라서 디렉터는 성찰의 시간 중 자신의 의견을 나눌 때, 그것이 디렉터로서 던지는 질문인지 아니면 개인 참여자로서의 자기 경험을 말하는 것인지를 구별하여 그 경계를 분명하게 하는 것이 좋다.

## 2) 비블리오드라마 성찰의 요소

성찰의 시간을 진행할 때 그 방법과 요소들은 디렉터들의 학문적 배경과 실천적 분야에 따라 조금씩 차이가 있다. '비블리오로그'를 개발한 미국의 피터 핏젤(P. Pitzele)은 그의 저서『비블리오드라마로의 초대: 성경을 여는 창(Scripture windows: Towards a practice of bibliodrama)』에서 비블리오드라마 성찰의 5요소를 다음의 다섯 가지로 소개한다.[4]

- 역할 벗기(de-roling)
- 소감 나눔(sharing)
- 성경해석(exegesis)
- 기타 자료(consulting other sources)
- 진행 방식에 대한 논의(processing)

이 책을 번역한 장로회신학대학교 고원석 교수의 '옮긴이의 초대글'을 보면 핏젤의 학문적·실천적 분야의 배경을 잘 이해할 수 있다. 유대계 미국인으로 태어난 핏젤은 하버드 대학교에서 영문학을 전공했으며, 뉴욕 유니온 신학교 교수와 미드라쉬 연구소장을 역임했다. 그의 아버지는 심리극의 창시자인 야곱 모레노(Jacob Moreno)의 아내 젤카 모레노(Zerka Moreno)와 20년 이상 심리극 활동을 함께 했는데, 이러한 아버지의 영향으로 일찍부터 심리극에 친숙했던 핏젤은 심리극 활동을 통해 생동감 있는 성경 공부의 가능성을 발견하게 되었다.[5] 문학가이며, 심리극 활동가이자, 신학자요, 미드라쉬 연구가로서의 핏젤의 다양한 배경은 비블리오드라마 성찰의 요소들을 구분하는 데도 창조적으로 녹아들어 있다. 실제로 그가 개발한 '비블리오로그'는 유대 전통의 성경해석 방식인 미드라쉬(Midrash)를 현재의 성경 읽기에 접목한 방식이기도 하다.[6]

독일어권 비블리오드라마의 대표적인 이론가이자 활동가인 게르하르트 마르틴(G. Martin)의 경우는 그의 저서 『몸으로 읽는 성서: 비블리오 드라마(Sachbuch Bibliodrama: Praxis und Theorie)』 중 소그룹 비블리오드라마 과정에서 비블리오드라마 성찰의 요소를 다음의 네 가지로 소개한다.[7]

- 역할 피드백(Rollen-Feed-Back)
- 자기 동일시 피드백(Identifikations-Feed-Back)
- 나눔(sharing)
- 과정분석

마르틴은 신학자이며 묵시문학의 연구가이고 심층심리학자로서 종교, 영성, 예술을 통합하는 독창적인 비블리오드라마를 만들어 오고 있다. 특히 그는 낯선 재료들을 활용한 미학적 놀이의 신체작업에서 움직임뿐만 아니라 호흡과 목소리를 활용한 웜업들을 시도하기도 한다.[8]

2010년에 한국비블리오드라마협회에서 내한한 마르틴의 워크숍을 주최했는데, 그 워크숍에서 필자는 약 1m 정도의 대나무를 활용한 웜업을 경험했다. 마르틴은 호흡과 걸음걸이, 자신의 동작들을 매우 느리게 천천히 알아차리도록 안내했다. 이것은 보통 영성수련의 과정에서나 경험해 봄 직한 일이었고, 심리극을 기반으로 하는 빠른 템포의 비블리오드라마에 익숙했던 필자에게 정적이고 느린 마르틴의 진행은 낯설면서도 새로움으로 기억된다. 마르틴의 성찰의 요소들에는 이러한 세밀하고 정적이고 미학적이면서도 영적인 그의 독특함이 깃들어 있다.

필자는 여기서 비블리오드라마 성찰의 요소를 저명한 두 디렉터의 내용을 기반으로 단순화하여 역할 벗기, 나누기, 과정분석의 세 가지로 소개하고자 한다.

## (1) 역할 벗기

역할 벗기는 참여자들이 자신들이 연기했던 역할들에서 벗어나 본연의 자신으로 돌아오도록 하는 것이다.

심리극의 아버지인 모레노는 역할에 대해 이렇게 정의했다. "역할이란 '자아(self)가 취하는 구체적 형태'이며, 인간의 내면을 살아 있게 만드는 삶의 구체적 표현이다."[9] 다시 말해, 인간은 자신이 맡은 역할을 통해서 자기와 타인을 파악하고 평가하며, 역할에 따라서 생각하고 느끼고 행동한다는 것이다.

예를 들어, 예수를 은전 서른 닢에 팔아넘긴 유다의 역할을 누군가 맡았다고 하자(마태오복음 26:46-50). 유다를 맡은 이는 자신에게 주어진 배신자의 역할대로 느끼고 생각하고 행동하게 된다. 그는 때로는 비열한 눈빛으로 예수를 쳐다보기도 하고, 예수와 함께 처형되거나 감옥에 갇히게 될 다른 제자들을 보며 그 위기를 피한 자신에 대해 안도감을 느끼기도 할 것이다. 예수를 붙잡으러 온 무리들을 가로막는 초라하고 부질없는 베드로의 모습을 보며 은근한 우월감을 넘어 승리감을 느낄지도 모른다. 유다는 속물이라 지탄을 받더라도 예수를 팔아넘긴 자신의 선택이 현실적인 선택이었다고, 예수가 아무리 훌륭해도 세상은 결코 바뀌지 않을 거라고 외치는 독백을 토해 낼지도 모른다. 이러한 유다의 행위는 극의 안과 밖에서 다른 참여자들로 하여금 유다를 배신자로 규정하고, 그 배신자의 역할이 역할을 맡은 사람 자체인 것처럼 인식하여 관계를 형성하게 한다.

만일 역할 벗기가 없다면, 참여자들은 자기 자신이 아닌 그 역할 안에서 느끼고 생각하고 행동하는 상태를 유지하며 그 역할로서 집단과 서로 관계 맺는 것을 지속하게 된다. 이것은 역할을 맡은 이로 하여금 실제 자신과 자신이 맡은 역할 사이에서 혼란을 겪게 하는 결과를 초래하기 때문에, 역할 벗기는 비블리오드라마 성찰에서 가장 먼저 그리고 반드시 해야 하는 중요한 과정이다. 역할 벗기를 한 후에는 역할을 맡았던 이들을 부를 때 그 역할의 이름으로 부르지 않도록 한다. 역할 벗기는 극 중간에 하나의 역할에서 다른 역할로 전환할 때 사용되기도 하고, 모든 연기가 끝나고 난 후 마지막에 사용되기도 한다.[10]

핏젤의 경우 참여자들이 성서의 본래 형태를 너무 쉽게 잊지 않도록 하기 위한 느슨한 방식의 역할 벗기로 빈 의자 기법*을 소개한다. 이는 깊은 몰입도를 보인 참여자들이 천천히 조심스럽게 역할을 벗을 수 있도록 돕는 좋은 방식이다.[11]

역할 벗기에 대한 다양한 방법에 대해서는 '2. 비블리오드라마 성찰의 실제' 부분에서 좀 더 다루도록 하겠다. 다만, 어떤 방법을 활용하든 역할 벗기에서 디렉터가 중요하게 생각해야 하는 것은 참여자들이 자연스럽게 현재로 돌아오도록 하는 것이다.


## (2) 나누기

'나누기'는 역할 벗기를 끝마친 후 바로 진행한다. '나누기'는 비블리오드라마 연기에서 알아차린 깨달음, 생각, 느낌, 소감 등을 정리하는 시간이다. 이 과정에서 사람들은 성서의 이야기가 자신에게 어떤 의미로 다가왔는지, 자신이 맡은 역할을 수행하고 다른 사람의 역할을 지켜보며 자신이 발견하게 된 통찰은 무엇인지를 이야기 나눈다.

'나누기'의 과정 속에 참여자들은 타인과의 동일시를 높이게 되고 이 동일시를 통해 현대인들이 흔히 갖고 있는 강력하고도 오래된 고립감을 해소할 수

---

\* 빈 의자 기법은 제2장을 참조하라.

있다. 또한 아무도 자신을 이해하거나 감정이입하지 못한다는 생각에서 벗어나 타인의 지지를 받아들일 수 있게 만든다.[12] 이것은 참여자들이 집단에 신뢰감을 형성하고 자신을 개방하여 타인에게 다가갈 수 있게 한다.

역할에 참여했던 모든 참여자는 역할 벗기를 한 후에도 약간의 긴장감을 갖게 된다. 그것은 연기에 몰입해 있는 동안에는 잠시 잊고 있었던 관중의 시선을 의식하게 되기 때문이다. 그리고 그 긴장은 서로의 소감을 나누는 '나누기'에서도 지속된다. 더욱이 주인공의 경우는 '나누기'의 시간이 마치 자신이 연기한 역할에 대한 평가처럼 여겨질 수도 있다. 예컨대, '내가 너무 오버했나?' '내가 연기한 것을 다른 사람들은 이해하지 못할 거야.' 등의 불필요한 생각에 빠질 수 있다.[13] 그래서 '나누기' 시간에 디렉터는 참여자들의 긴장을 최대한 완화할 수 있도록 부드러운 말투와 자세로 임해야 하며, 역할에 대한 평가나 성서의 이야기에 대한 분석이 아닌 각자의 생각과 느낌 그리고 그 이야기들로부터 발견된 자신의 경험을 나누도록 안내하는 것을 매우 중요하게 생각해야 한다. '나누기'를 시작할 때 디렉터는 개인이 나눌 시간이 한정되어 있음을 사람들에게 분명히 말해 주어야 한다.[14]

여기서 '나누기'를 진행할 때 참여자들에게 미리 알려야 할 사항이 하나 더 있다. 그것은 비밀유지에 대한 사항이다. '나누기'의 과정에서는 참여자들의 매우 사적인 경험이나 독특한 사고방식이 드러나기도 한다. 그리고 종종 참여자들 사이에는 이미 서로 사회적 관계가 형성되어 있거나 가벼운 개인적 친분이 있는 사람들도 있다. '나누기'에서 언급되는 이야기들의 비밀이 유지되지 않는다면 참여자들은 안전하게 나누기를 진행할 수 없고, 또 이후 모두를 당혹스럽게 할 만한 문제에 빠질 위험이 있다.

### (3) 과정분석

심리극에서의 과정분석은 훈련 과정에 있는 디렉터들이 활용한 드라마의 기술적 측면들을 재검토하는 것이다. 그러나 비블리오드라마에서의 과정분석은 성찰의 해석 단계로서 다시 한번 성서 텍스트로 돌아가 개인의 깨달음을 넘어

그 성서 본문이 집단 전체에게 던지는 핵심 내용의 맥락이 무엇인지를 공동체가
함께 발견해 가는 과정이다.

이 과정분석에서 사람들은 성서 본문 텍스트를 통해서 새롭게 알게 된 것이
무엇인지, 이 텍스트에서 의문을 갖게 된 점은 무엇인지 등 성서해석에 대한 토
론을 비로소 주고받을 수 있다. 이때 역할을 맡았던 참여자들은 자신이 성서의
어떤 장면들을 어떤 의도로 어떻게 표현했는지를 나눌 수 있고, 누구의 말이나
행동이 자신에게 어떤 감정으로 작용했는지를 말할 수도 있다. 이것은 역할을
수행하며 행위를 한 누군가의 의도가 다른 사람들에게는 어떻게 전달되었는지
를 서로 확인할 수 있게 한다.

다시 말해, 과정분석은 참여자들이 성서 텍스트 안에 숨겨져 있는 서브텍스
트*는 무엇이고, 드러나지 않은 메시지가 무엇인가를 발견하게 해 준다. 이것
은 공동체가 성서의 이야기가 주는 핵심 맥락과 깨달음을 찾아가는 데 큰 도움
이 된다. 이때 필요하다면 그 텍스트와 관련된 자료들을 찾아볼 수도 있다. 핏
젤은 이 과정분석을 진행할 때 디렉터가 교사의 역할을 수행해야 한다고 강조
한다.[15]

대부분의 과정분석은 나누기를 마치고 약간의 휴식을 취한 후 바로 진행하지
만, 마르틴의 경우 당혹스러움이 잦아든 다음, 필요에 따라서는 상당히 긴 시간
의 휴식을 취한 다음, 아니면 다음 날 아침이나 다음번 모임 시간에 할 수 있다
고도 말한다.[16]


## 3) 비블리오드라마 성찰의 효과

### (1) 정화의 작용

비블리오드라마에서 정화의 효과는 사실 비블리오드라마의 전 과정에서 여

---

* 본문의 저변에 깔려 있는 내용으로 암시를 줄 뿐 말로 표현되지 않으나, 경우에 따라서는 표면에 드
  러난 것보다 더 중요한 기능을 하기도 한다(Jennings, 2003: 191 참조).

러 형태로 일어난다. 그중 성찰의 순간에는 드라마 연기 과정에서 일어난 행위를 통한 정화의 작용이 자신의 입과 타인의 입을 통해 말로써 한 번 더 명확하게 해소되었음을 인식하게 된다. 물이 흐르지 못하면 썩듯, 사람을 힘들게 하는 생각과 감정도 흐르지 않고 자기 안에만 고여 있을 때 우리를 병들게 한다. 생각과 감정을 해소하는 정화의 과정은 비블리오드라마 성찰의 가장 큰 효과이다.

### (2) 동일시를 통한 위로와 지지

성찰의 시간에 참여자들은 자신이 안고 있던 고민이 자신만의 고민이 아닌 다른 사람들도 경험한 고민이라는 점에서 타인과 자신의 동일시를 경험한다. 그리고 이 동일시는 자신만의 세계에 홀로 고립되어 있던 이들을 세상과 연결시켜 주는 중요한 심리적 다리가 된다. 누군가로부터 공감을 받고 완전하게 받아들여지는 경험은 하느님과 어긋났던 관계를 새롭게 하는 데 큰 힘이 된다. 하느님과의 회복된 관계는 한 개인이 타인과 인격적이며 정서적으로 건강한 관계를 맺는 데 큰 변화를 이끌어 줄 것이다.

### (3) 공동체 결속력의 향상

함께 비블리오드라마를 경험하고 성찰의 시간에 서로의 아픔과 상처를 공유한 공동체는 특별하고 매우 강력한 결속력을 갖는다. 이뿐만 아니라 참여자들은 한 성서 텍스트를 자신들만의 독창적인 방식으로 새롭게 해석했으며, 그 성서가 전해 주는 마법 같은 감동을 공유하게 된다. 이제 그들은 같은 성서의 텍스트를 접할 때마다 서로의 얼굴을 떠올리게 되는 특별한 추억을 갖게 될 것이다.

### (4) 자기성찰의 확장: 상호 배움

성찰의 시간은 참여자들이 타인의 다양한 생각을 듣고 의사소통하며 자신만의 고정된 생각의 틀을 깨고 이해의 폭을 넓히는 상호 배움의 시간이다. 나에게는 한 가지로 생각되었던 성서의 가르침이 다르게도 생각되고 이해될 수 있음을 배우는 것이다. 또한 타인과의 관계 속에서 자신의 말과 행동이 타인에게 어떤 느낌과 생각을 불러일으키는지를 깨닫고, 본받고 싶은 타인의 좋은 점들을 익히고 훈련할 수 있는 계기를 제공한다.

### (5) 가족관계의 재해석

한 개인의 성격과 의식체계가 형성되는 데 가장 많은 영향을 주는 관계는 단연 가족이다. 가족은 서로를 한없이 행복하게도 하지만, 때로는 깊은 상처의 늪으로 서로를 밀어 넣기도 한다. 비블리오드라마 작업을 하다 보면 꽤 많은 사람이 가족관계 안에서 상처받고 힘들어한다는 사실을 알게 된다. 가족관계는 복잡하게 엉켜 있는 실타래처럼 쉽게 풀리지가 않는다. 그도 그럴 것이 우리는 아주 어린 시절부터 고정되어 있는 관계 안에서 생각하고 행동해 왔으며, 같은 사람으로부터 같은 반응을 경험하며 자라 왔다. 비블리오드라마의 성찰은 바로 이 고정된 관계의 고정된 생각과 반응을 타인의 경험을 들으며 새롭게 해석하게 한다. 이사악의 가족 이야기를 주제로 한 비블리오드라마를 통해 어머니와 밀착되었던 관계를 조금은 멀리 떨어져 객관적으로 바라보기도 하고, 서로 냉랭하기만 했던 아버지에게서 내가 알지 못했던 고독을 발견하며 측은한 마음을 갖기도 한다. 이렇게 성찰의 시간은 타인의 경험을 통해 가족으로 인한 내 안의 상처를 다르게 바라보고 고정된 가족관계를 재해석하는 실마리를 제공해 준다.

## 2. 비블리오드라마 성찰의 실제

### 1) 역할 벗기의 실제

비블리오드라마 연기 안에 다양한 기법이 활용되듯, 역할 벗기에도 여러 가지 방법이 존재한다. 어떤 방법을 선택하든 이는 디렉터마다 자신이 진행하는 비블리오드라마의 성격과 상황에 맞게 스스로 개발해 가야 할 문제이다. 다만, 역할 벗기에서 중요하게 염두해 두어야 할 것은 앞에서도 언급했듯 역할 벗기를 통해 참여자들이 자연스럽게 지금 현재, 자기 본연의 자리로 돌아오도록 해야 한다는 사실이다.

(1) 역할 전환으로서의 역할 벗기 방법

역할 전환으로서 역할 벗기는 연기 중에 사용되는 역할 바꾸기의 이름으로 이미 제2장에서 자세히 다루어졌을 것이다. 다만, 여기서는 극의 몰입을 방해하지 않는 간단한 방식의 역할 벗기를 한 가지 소개한다.

역할 전환이 필요한 참여자를 제자리에서 빙그르르 한 바퀴 돌리며 전환된 역할과 관련된 질문을 한다.

"당신은 누구인가요?"
"지금 당신은 어디를 향해 가는 중이었나요?"
"지금 당신이 하려고 하던 것은 무엇이었나요?"
"당신 앞에 서 있는 사람은 누구지요?"

극 진행의 흐름상 대부분의 사람들은 그 순간 자신이 맡은 역할이 전환되었음을 감지하고 기존의 역할을 벗고 새로운 역할을 입는 '역할 전환'을 이루어 낸다. 이렇게 역할 전환이 이루어진 경우에는 바로 다음 장면으로 극을 진행하지만, 그렇지 않고 '역할 전환'이 이루어지지 않아 혼란스러워하는 경우에는 같은 방법으로 한두 차례를 더 진행한다. 디렉터의 매우 부드럽고 유머러스한 멘트들이 가미된다면 이 방법은 모든 참여자로 하여금 웃음을 자아내기도 하고 극의 흐름을 유연하게 해 주는 효과가 있다.

(2) 연기를 모두 마치고 극의 마지막에 하는 역할 벗기 방법

① 숨 쉬기와 걷기를 통해 지금-여기 알아차리기
• 잔잔한 음악을 듣거나 오늘의 성서 이야기와 연관된 노래를 함께 부르며

참여자들이 자유롭게 방향을 바꾸어 공간 구석구석을 걷게 한다.

• 걷기를 마치고 자리에 앉아 세 번에서 다섯 번 정도의 심호흡을 한다. 숨을 들이마실 때 마음속으로 '지금', 숨을 내쉬며 '여기'라고 되뇐다.

• 심호흡을 할 때 지금 들리는 소리에 집중하게 하는 것도 좋다.

② 성서 본문으로 돌아가 다시 성서 본문을 읽고 두 명씩 이야기 나누기

• 연기했던 성서 본문을 순서를 정해 한 구절씩 돌아가면서 읽는다.

• 성서를 다 읽고 난 후 가까이에 있는 사람들끼리 두 명씩 짝을 지어, 비블리오드라마를 경험하면서 흥미로웠던 점에 대해 이야기 나눈다.

• 이러한 인지적이고 반성적인 활동은 참여자들이 드라마에서 빠져나오는 데 도움을 준다.[17]

③ 털어 내기

• 모든 참여자가 일어서서 동그랗게 손을 잡고 하나의 원을 만든다.

• 원의 간격은 서로의 어깨가 닿을 듯 말 듯 하게 서고 손을 놓은 후 오른쪽이나 왼쪽 중 한쪽 방향으로 모두가 돌아서서 앞사람의 어깨에 손을 얹는다.

• 극을 진행해 오며 연기자로 참여했거나 관중으로 참여했거나 모두가 느꼈을 긴장감을 서로의 어깨를 가볍게 안마해 주며 풀어 준다.

• 그런 후 앞사람의 머리에 자신의 두 손을 가볍게 감싸듯 대고 머리부터 허리까지를 쓱 쓸어 주며 "역할을 털어 냅시다."라고 말한다.

• 그러면 참여자들은 몸으로는 누군가가 자신의 머리부터 허리까지를 쓸어 주는 동작을 느끼면서 자신의 입과 귀로는 역할을 털고 자기 본연의 자리로 돌아왔음을 인식하게 된다.

• 이 방식의 역할 벗기는 집단의 상호작용을 높여 주는 방식이기도 하다.

• '털어 내기' 방식은 간단하게 참여자들이 자신의 몸에 먼지를 털 듯 머리, 어깨, 팔, 다리 등을 툭툭 터는 것으로 끝마칠 수도 있다.

## 2) 나누기의 실제: 하혈증 여인의 이야기(마르코복음 5:21-43)

몇 해 전, 20~40대 연령층의 여성들과 마르코복음 5장의 '하혈증 여인 이야기'로 비블리오드라마를 함께 만들었다. 우리는 성서의 본문을 네 장면으로 나누고 참여자들도 네 팀으로 나누어 각 팀마다 한 장면씩을 자유롭게 만들어 보도록 했고, 한 팀씩 나와 한 장면씩을 연기하는 동안 다른 팀은 연기를 지켜보는 관중이 되었다. 다음의 사례는 독자들의 이해를 돕고자 호칭을 실제와는 다르게 역할로 기재했다.

- 첫 번째 장면: 호숫가에 예수님이 사람들에게 둘러싸여 있고 그 발 앞에 회당장 야이로가 엎드려 자신의 딸의 병을 고쳐 달라고 청하는 장면
- 두 번째 장면: 하혈증 여인이 여러 의사를 거치며 가산을 탕진하는 장면
- 세 번째 장면: 예수님이 회당장 야이로의 집으로 향하던 길에서 군중에 둘러싸여 있고, 하혈증 여인이 그 사이를 뚫고 가까스로 예수님의 뒤에서 옷자락을 잡는 장면
- 네 번째 장면: 야이로의 집에서 예수님이 죽은 야이로의 딸을 살려 내시는 장면

특이한 점이 있다면, 참여에 소극적인 분에게 병상에 누워 있는 회당장 야이로의 딸 역할을 맡겨 이 네 장면이 다 펼쳐지는 동안 내내 병상에 누워 있는 장면을 연출했다는 것과 어느 팀에도 속하지 않는 관찰자의 역할을 한 명 두었다는 것이다.

> 디렉터: 우리는 이제 성서의 이야기를 나의 이야기로 체험하는 여정을 마쳤습니다. 그리고 이제는 이야기들 속에서 각자의 느낌과 생각, 그리고 자신의 경험을 나누는 시간입니다. 어떤 장면에서 말하고 싶었는데 말할 기회를 놓쳐서 못했거나, 역할을 수행하는 동안에는 떠오르지 않았는데 이

야기를 되돌아보니 지금 떠오르는 것이 있다면 나누어 주세요. 또 여러
분에게 감동으로 다가왔던 점이 있다면 그것이 무엇이었는지 이야기해
주셔도 좋습니다. 그런데 이야기를 나누실 때 주의할 점이 있습니다. 그
것은 다른 사람의 연기나 다른 사람의 이야기를 비난하거나 평가하지 않
는 것입니다. 그리고 이 나눔의 시간에 오고 가는 이야기들에 대해서는
비밀을 지켜 주시는 것도 중요합니다. 이제 우리에게는 20분의 시간이
있습니다. 모두가 이 시간을 공평하게 사용할 수 있도록 한 분당 3분을
넘지 않도록 해 주세요.

세 번째 장면의 하혈증 여인: 저는 오늘 하혈증 여인이 참 힘들었어요. 무기력한 제
　　　모습을 보는 것 같았거든요. 아까 관찰자께서 배에 손을 얹은 제 모습을
　　　보며 "임신한 것 같네."라는 말씀을 하셨을 때 너무 놀랐어요. 제가 낙태
　　　한 경험이 있는데 그 생각이 나서…… 사실 제가 지금 교회를 안 다니는
　　　데, 그 일 겪으면서 죄책감도 들고 자꾸 사람들을 멀리하게 돼서 자연스
　　　럽게 교회를 떠나게 됐어요. 그런데 오늘 비블리오드라마 하면서 예수님
　　　이 자꾸 제 주변을 맴돌면서 저에게 옷깃을 잡도록 기회를 주시는 것 같
　　　았어요. 손을 뻗는 게 어떻게 보면 엄청 쉬운 일인데 저는 잘 안 됐거든
　　　요. 근데 한번 해 보자는 마음으로 했는데, 예수님의 옷자락에 손을 대는
　　　순간! 예수님과 제가 다시 연결되는 느낌이 들어서(울먹임) 예수님께 너
　　　무 고마웠어요.

세 번째 장면의 예수: 저는 하혈증 여인 역할을 하신 분이 옛날의 저 같아서 막 도와
　　　주고 싶은 거예요. 사실 저는 좀 늦게 아이를 출산했는데, 아이를 출산하
　　　고 산후우울증이 왔거든요. 일단 자는 것, 먹는 것 다 완전 뒤죽박죽이라
　　　몸이 너무 힘들고, 순간순간 마음이 불안하기도 하고, '내가 왜 사나' 뭐
　　　이런 생각도 들고, 세상이 다 싫고, 그때 너무 힘들었어요. 지금은 애도
　　　좀 크고 성당에서 신앙생활 하면서 차츰 나아졌지만 그때가 생각나서 무
　　　기력하게 사람들에 떠밀리는 하혈증 여인 모습이 좀 찡했네요.

세 번째 장면의 제자: 저는 밀고 당기는 사람들 사이에서 제가 예수님을 보호해야

한다고 생각했어요. 그래서 사람들이 밀고 당길 때마다 빨리 거기를 벗어나고 싶었어요. 그런데 예수님은 자꾸 왔던 길을 돌아서 하혈증 여인 주변을 맴도는 게 못마땅하고 짜증 났어요. '아니, 우리가 갈 길은 저긴데, 빨리 가야 하는데 왜 이러시나' 싶어서. 근데 지금 생각해 보니까 저는 예수님을 보호한 게 아니고 예수님을 가로막고 있었던 게 아닌가 하는 생각이 드네요.

두 번째 장면의 의사: 세 번째 장면의 하혈증 여인의 이야기를 듣고 마음이 아프네요. 하지만 낙태는 너무 경솔했다는 생각이 들어요. 더구나 신앙인인데…… 그래도 빨리 상처가 치유됐으면 좋겠습니다. 제가 청소년들 상담 봉사를 하는데, 애들 중에도 그런 상처를 가진 애들이 간혹 있거든요. 그때 전 그 애들에게 상실감을 잊을 수 있도록 애착인형을 선물해 줘요. 빨리 상처를 극복하라고. 주인공에게도 애착인형을 선물해 주고 싶네요.

비블리오드라마 전 과정에는 어떤 형태로든 전이[*]와 투사[**]가 일어나는데, 이는 비블리오드라마 안에서 긍정적으로도 부정적으로도 작용할 수 있다. 나누기의 시간에 전이와 투사를 부정적으로 드러내는 참여자가 있을 경우, 디렉터는 그가 지금-여기에서 성서가 자신에게 들려주는 이야기를 듣도록 도와야 한다. 성찰의 시간에서 나누기는 동일시를 통해 수용과 지지, 자기개방을 경험하는 시간인데, 만일 참여자가 나누기를 하기보다 판단하려 하고 충고를 주려 한다면, 이는 참여자가 자신을 집단이 함께 만든 지금-여기의 성서 이야기 밖의 다른 역할(자신의 과거 속 억압과 연결된 다른 역할)과 동일시하는 것이기 때문이다.[18]

디렉터: (두 번째 장면의 의사에게) 지금 우리는 이 성서를 통한 자기 경험을 나누

---

[*] 전이는 프로이트의 정신분석이론에서 생겨난 개념으로, 이는 유아기에 학습되어 억압된 것이 실생활이나 여러 관계에서 무의식적으로 재연되고 있는 패턴을 말한다. 전이는 심리극 안에서 긍정적으로도 부정적으로도 활용될 수 있다(Karp, Holmes, & Tauvon, 2005: 70).

[**] 투사는 자신에게는 볼 수 없는 다른 사람의 행동, 태도 또는 정서 상태의 어떤 측면에 대해 보고 느끼고 반응하는 것이다(Karp, Holmes, & Tauvon, 2005: 266).

고 있습니다. 혹시 이 성서 이야기를 진행해 오면서 떠오른 본인의 경험은 없으세요? 아니면 성서에 등장하는 인물들 중에서 뭔가 자신을 닮은 것 같은 인물은 없나요?

두 번째 장면의 의사: 딱히 없는데…… 군이 찾으면 첫 번째 장면에서 회당장 야이로가 예수님 앞에 납작 엎드린 모습이 좀 인상적이었어요.

디렉터: (두 번째 장면의 의사에게) 조금 전에 하혈증 여인의 경험을 듣고 경솔하다고 하셨는데, 의사님에게는 그런 경험이 없었나요? 지나고 나서 후회한다든가…….

두 번째 장면의 의사: (잠시 침묵함) 지금 생각난 건데, 아버지께 '경솔하게' '경솔하지 말고' 뭐 이런 말을 많이 듣고 자란 것 같아요. …… 아버지가 목사님이셨고 무척 엄하셨거든요.

디렉터: (두 번째 장면의 의사에게) 아버지께 '경솔하게' '경솔하지 말고' 이런 말을 들을 때면 마음이 어떠셨어요? 혹시 그럴 때 자신이 느꼈던 몸의 반응을 상상해 볼 수 있으실까요?

두 번째 장면의 의사: 뭐 깜짝깜짝 놀라죠. 대부분 제가 뭘 잘못했을 때 하시는 말이니까…… 엄청 긴장되고 주눅 들고 그렇지요.

디렉터: 마치 회당장 야이로가 예수님 앞에 납작 엎드린 모습 같았을까요?

두 번째 장면의 의사: (잠시 의아한 표정을 짓다가) 아! 그렇네요.


전이나 투사의 문제는 꼭 참여자들에게만 드러나는 문제는 아니다. 디렉터 역시 참여자들에게 전이와 투사를 드러낼 수 있다. 그래서 디렉터는 자기 스스로를 살피고 중립성을 지키려 노력해야 한다. 두 번째 장면의 의사 역할을 맡은 참여자는 계속되는 나누기 시간에 자신이 혼전임신으로 결혼을 서두르게 되었던 경험을 나누었고, 세 번째 장면의 하혈증 여인에게 자신이 마치 자신의 아버지처럼 말했다는 것을 깨달았다.


관찰자: 저는 주인공이 제 관찰에 놀랐다는 게 너무 신기해요. 제가 다른 사람 앞

에 나서는 걸 싫어해서 '임신한 것 같네.'라는 말도 거의 혼잣말로, 별 뜻 없이 한 건데…… 정말 신기하네요. 뭔가 설명할 수는 없는데…… 하혈 중 여인을 한 번 안아 드려도 될까요?

사실 비블리오드라마를 진행할 때 디렉터는 비블리오드라마 연기 중에 겉으로 드러나는 참여자들의 말이나 행동 외에도 여러 가지 고려해야 할 것들이 많다. 그러다 보면 주인공이나 보조자들의 사소한 말이나 행동을 놓쳐 버리는 경우들이 종종 있다. 이날 필자는 나누기를 통해 자발성이 낮은 참여자들도 '침묵의 참여자! 행위하지 않는 행위자!'로서 매우 중요한 역할들을 하고 있다는 사실을 깨닫고, 그 후로는 일부러 '지켜보는 눈과 귀'라는 명칭으로 관찰자의 역할을 일부러 배정하기도 한다.

그런데 가끔 연기에는 참여했지만 나누기에는 참여하기를 원하지 않는 사람들도 있다. 디렉터는 그들에게 나누기에 참여하지 않고 침묵할 권리가 있으며 그 권리를 존중한다고 이야기해 주어야 한다. 왜냐하면 비블리오드라마가 예기치 않게 너무 무거운 주제로 진행되었을 경우 그 주제의 무게감에 짓눌리거나 혹은 그 집단이 아직은 자신을 개방할 만큼 안전하다고 느끼지 못할 수 있기 때문이다. 그런 사람들에게 나누기를 강요하는 것은 좋지 않다. 그렇다고 해서 모두가 침묵해 버린다면 우리는 비블리오드라마를 통해 성서가 전해 준 새로운 깨달음을 배울 기회를 놓쳐 버리게 된다.

그래서 필자는 나누기에서 '말하지 않는 것'과 '할 말이 없는 것'을 구별하기를 권한다. 말하지 않는 사람들은 말하지 않는 것을 그대로 존중하되, 할 말이 없는 사람들의 경우 적절한 질문을 통해 그들의 생각을 말할 수 있는 기회를 한 번 더 제공하는 것이 좋다.

야이로의 딸: 저는 할 말이 없습니다.
디렉터: (야이로의 딸에게) 이 시간에 당신이 원하지 않는다면 어떤 말도 하지 않아도 됩니다. 하지만 궁금하네요. 당신은 오늘 우리와 함께 한 이야기에

서 어떤 생각도 느낌도 들지 않았나요, 아니면 당신의 생각이나 느낌을 그저 말하고 싶지 않은 건가요?

야이로의 딸: (곰곰이 생각하다가) 음…… 사실 다른 분들 연기하는 거 보면서 가끔 웃길 때도 있고 재미있었던 것 같은데, 지금 이야기들은 좀 부담스럽네요. 제가 어려서 여러 가지 세상 경험도 없고…….

디렉터: 네, 그러시군요. 앞에서 말씀하신 하혈증 여인의 경험이 누구나 다 하게 되는 경험은 아닐 수 있지요. 하지만 당신도 아무것도 하기 싫고, 무기력하게 축 처져 있던 경험은 있지 않나요?

야이로의 딸: 그런 경험은 많지요.

디렉터: 괜찮다면 그 경험을 나누어 주시면 됩니다.

야이로의 딸: 사실 제가 야이로의 딸을 선택한 건 아무것도 안 하고 누워 있기만 하면 되어서였거든요.

이후 야이로의 딸 역할을 맡은 참여자는 목회자 가정에서 태어나 교회 눈치를 보는 부모님의 잔소리를 듣고 자란 본인의 경험을 이야기하며 회당장 야이로의 딸과 자신의 입장이 같다는 이야기를 나누었다.

이처럼 적절한 질문으로 사람들이 나누기에 참여할 수 있도록 독려하는 것은 디렉터의 매주 중요한 역량이다. 나누기에서 디렉터는 주인공이나 누군가의 특수한 경험을 보편적인 경험과 연결하여 질문할 수 있어야 한다.

### 3) 과정분석의 실제

과정분석은 모든 비블리오드라마에서 다 이루어지는 것은 아니다. 경우에 따라서는 나누기로서 비블리오드라마의 전 과정을 마치기도 한다. 그러나 성서로부터 좀 더 깊이 있는 배움을 얻고자 하는 집단의 열정이 있다면 과정분석으로 비블리오드라마를 끝마치기를 권한다. 과정분석은 참여자들에게 나누기 때와는 또 다른 집단의 결속력을 선사하는데, 이는 미지의 세계인 성서를 함께 탐험하는 동지애를 느끼게 해 준다. 과정분석은 나누기 이후 충분한 휴식을 취하고 난 후 성서 본문을 한 번 더 읽고 시작한다.

자, 충분히 휴식들을 취하셨나요? 이제 우리 여정의 마지막 단계에 이르렀습니다. 앞으로 우리는 15분간 이 성서의 이야기를 통해 우리가 새롭게 배운 것은 무엇인지, 또 의문이 드는 것은 무엇인지 이야기 나누어 보겠습니다.

참여자들은 이 토론 과정에서 야이로의 딸 나이가 12세라는 것과 하혈증 여인 역시 12년을 앓았다는 공통점에 의미를 가졌다. 그리고 12세라는 야이로의 딸 나이는 아마 초경이 시작될 나이라는 점에서 하혈증을 앓는 여인과의 유사점을 찾게 되었다. 그러면서 자연스레 여성의 생리에 대한 당시의 시대적 인식에 대해 궁금증을 가졌고, 한 참여자가 여성의 하혈과 생리가 유대인들의 율법에서는 부정한 것으로 규정하고 있음을 설명했다. 더불어 출산 또한 율법에 부정한 것으로 규정되어 있음에 모두가 놀랐다. 하지만 여성의 생리를 부정한 것으로 규정하고 구별하는 율법이 위생이나 의학이 발달하지 않았던 시절에 생리하는 여성들을 남성들의 탐욕으로부터 보호하는 역할도 하지 않았을까 하는 의견도 있었다. 그러나 그렇다고 하더라도 하혈증 여인이 12년의 세월 동안 사회로부터 손가락질받으며 느꼈을 고립감은 너무도 처참한 경험이었을 것이라는 것에 모두가 공감했다.

참여자들은 과정분석 시간을 통해 그저 이 성서 이야기를 '예수님을 믿으면 병이 낫는다. 죽었던 사람도 살아난다.'로만 인식했는데, 사실은 성서의 메시지가 그것을 넘어 인간의 깊은 단절과 고립을 이야기하고 있음을 깨달았다고 말했다. 그러면서 '예수님을 믿는다.'는 것은 바로 그 고립을 깨부수는 하느님과의 연결이라는 통찰을 얻게 되었다.

지금까지 비블리오드라마 성찰을 앞의 내용처럼 단계별로 나누어 설명했지만, 사실 실제 안에서는 그 과정들이 꼭 순서대로 이루어지는 것만은 아니다. 경우에 따라서는 나누기 중에도 역할 벗기를 다시 진행하기도 하고 단독으로 다루어지는 과정분석이 생략되어 나누기 안으로 들어오기도 한다. 이것은 참여자들의 내면적 역동에 따라 디렉터가 창조적으로 구성할 수 있는 연출의 묘미이다.

성찰의 과정에서 여러 디렉터는 참여자들이 성서로부터 새로운 배움과 통찰을 얻는 것을 확인할 때가 많다. 그것은 디렉터에게 큰 보람이고, 또 다른 방식의 비블리오드라마를 시도해 볼 수 있는 동기를 부여해 준다. 그러나 그렇지 않은 경우들도 무수히 많이 있다. 간혹 참여자들이 얻는 성서의 새로운 배움과 통찰은 시간차를 두고 참여자들의 일상에서 매우 느리게 얻어지기도 하기 때문이다. 그러니 디렉터가 성서의 깨달음과 통찰을 의도적으로 전하려는 수고는 하지 않아도 된다.

전체 과정을 마치고 난 후 디렉터는 여러 가지 감정의 여운에 휩싸인다. 비블리오드라마를 연출하다 보면 디렉터가 참여자들과 긍정적인 동맹을 맺는 데 실패하기도 하고 짧은 시간 안에 다룰 수 없는 저항을 경험하기도 한다. 각본 없이 이루어지는 비블리오드라마는 디렉터에게 적지 않은 긴장감을 갖게 한다. 그러나 미리 걱정하지 말라. 디렉터를 향한 저항도 참여자들의 내면의 역동이며 그 역동을 파도타기 하듯 타고 넘을 용기만 있다면, 그리고 백지의 상태에서 참여자들의 말을 경청할 자세만 있다면, 성령께서 디렉터가 해야 할 말과 던져야 할 질문을 바로 그 자리에서 일러 주실 것(루가복음 12:12)이기 때문이다.

일찍이 하느님을 본 사람은 없다(요한복음 1:18). 그러나 우리는 비블리오드라마 성찰의 시간에 '나, 너, 우리'로 연결된 하느님을 느끼게 될 것이다.

## 🖊 미주

[1] Karp, Holmes, & Tauvon, 2005: 265-266.

[2] Rowe, 2009: 225.

[3] Rowe, 2009: 233.

[4] Pitzele, 2016: 286.

[5] Pitzele, 2016: 8-9.

[6] Pitzele, 2016: 저자소개.

[7] Martin, 2010: 147-152.

[8] Martin, 2010: 16.

[9] Dayton, 2008: 7.

[10] Pitzele, 2016: 287.

[11] Pitzele, 2016: 279-283.

[12] Dayton, 2008: 30.

[13] Martin, 2010: 151.

[14] Pitzele, 2016: 289.

[15] Pitzele, 2016: 292.

[16] Martin, 2010: 151.

[17] Pitzele, 2016: 288.

[18] Johnson & Emunah, 2011: 497.

## 💡 참고문헌

김세준(2011). 비블리오드라마를 통한 자기발견과 치유경험 -가족갈등을 경험한 기독청
    년들을 중심으로-. 백석대학교 기독교전문대학원 박사학위논문.

김세준, 황헌영(2018). 성경이 살아나는 비블리오드라마. 서울: 현대드라마치료연구소.

김희영(2008). 비블리오드라마를 통한 역동적인 성서교육에 관한 연구. 성공회대학교 신
    학전문대학원 석사학위논문.

비블리오드라마 교육연구소(2016). 처음 시작하는 이들을 위한 비블리오드라마 매뉴얼. 서울:
    일상커뮤니케이션.

Dayton, D. (2008). 사이코드라마와 집단치료 매뉴얼 (*The living stage*). (김세준 역). 경북:
    비블리오드라마. (원저는 2005년에 출판).

Jennings, S. (2003). 연극치료 이야기 (*Introduction to dramatherapy: Theatre and healing*). (이효원 역). 서울: 도서출판 울력. (원저는 1998년에 출판).

Johnson, D. R., & Emunah, R. (2011). 현대 드라마치료의 세계: 드라마치료의 역사와 현재적 접근 (*Current approaches in drama therapy*). (김세준, 이상훈 공역). 서울: 시그마프레스. (원저는 2009년에 출판).

Karp, M., Holmes, P., & Tauvon, K. B. (2005). 심리극의 세계 (*The handbook of psychodrama*). (김광운, 박희석 공역). 서울: 학지사. (원저는 1998년에 출판).

Martin, G. M. (2010). 몸으로 읽는 성서: 비블리오 드라마 (*Sachbuch Bibliodrama: Praxis und Theorie*). (손성현 역). 서울: 라피스. (원저는 1995년에 출판).

Moreno, Z. T., Blomkvist, L. D., & Rutzel, T. (2005). 사이코드라마와 잉여현실: 드라마치료의 기원과 실제 (*Psychodrama, surplus reality and the art of healing*). (황헌영, 김세준 공역). 서울: 학지사. (원저는 2000년에 출판).

Pitzele, P. (2016). 비블리오드라마로의 초대: 성경을 여는 창 (*Scripture windows: Towards a practice of bibliodrama*). (고원석 역). 서울: 한국장로교출판사. (원저는 1998년에 출판).

Rowe, N. (2009). 당신의 이야기로 놀아드립니다: 플레이백 시어터의 세계 (*Playing the other: Dramatizing personal narratives in playback theatre*). (김세준, 박성규 공역). 경북: 비블리오드라마. (원저는 2007년에 출판).

# 제4부

# 사례

# 제10장

# 청소년을 위한 비블리오드라마

김윤주 |

## 1. 청소년과 대인관계

사회적 역할은 출생과 동시에 끊임없이 우리를 둘러싸고 있는 타인과의 상호작용을 유지하면서 서서히 발달하기 시작한다. 청소년기에는 애정이나 관심, 흥미, 정보 등을 공유하며 또래 친구들을 통해 대인관계를 배우고 형성하게 된다. 이 시기에 경험하는 대인관계는 사회적 기술을 습득하고 발달시킬 수 있는 정서적·인지적 자원을 제공하는 중요한 요인이라고 볼 수 있다. 적절한 대인관계 경험은 타인과의 교류를 통해 함께 살아가는 방식을 배우고 사회에 적응하는 데 중요한 역할을 한다. 하지만 원만하지 못한 대인관계는 소외감, 외로움, 열등감, 우울, 불안, 학업중단, 자살생각 등 부정적인 정서를 느끼게 할 수 있다. 청소년기에 다양한 대인관계를 올바르게 형성하는 것은 개인의 성장과 적응력 향상에 있어 깊은 영향을 미친다. 긍정적인 대인관계를 경험하면 타인과의 관계에서 의사소통이 협력적으로 이루어져 자신감이 생기고 사회적 상황에서도 회피하기보다는 능동적으로 대처할 수 있게 된다. 자신의 의견을 분명하게 제

시하고 타인의 요구를 적절하게 수용할 수 있을 때, 갈등 상황에서도 효과적인
방법을 통해 불만을 표현하고 다룰 수 있게 된다.

클라이드 내러모어(Clyde M. Narramore)는 "청소년이 지금 필요로 하는 도움
을 당신이 주지 않는다면, 그들은 다른 어떤 곳에서도 결코 도움을 얻지 못할 것
이다."라고 말한다.[1] 청소년기에는 상담의 필요성이 더욱 강조되며, 어느 시기
보다 대인관계능력이 향상될 수 있도록 다양한 프로그램의 활용이 필요하다.

## 1) 청소년 집단

청소년들에게 또래집단은 긍정적 영향과 변화의 요인이 될 수 있다. 청소년들
에게는 갈등하고 있는 자신의 문제를 비슷한 또래와 나눌 수 있는 기회를 갖는
것만으로도 치유의 경험이 되기도 한다. 집단을 통해 청소년들은 자신이 경험하
는 감정, 욕구를 솔직하게 표현하면서 타인과 긍정적인 관계를 효과적으로 향상
시키려는 다양한 시도를 하게 된다. 집단은 청소년들에게 자신의 문제가 특별한
것이 아님을 발견하고 가치를 변화시키거나 수정할 수 있도록 한다. 또래와 의
사소통하는 것을 배우고, 집단의 디렉터를 통해 모델링을 학습하며 다른 사람을
수용하고 공감하는 능력을 배울 수 있게 된다. 집단은 안전하게 현실을 표현하
고 자신의 한계를 검증할 수 있는 장소와 상호작용하는 기회를 제공한다.[2]

상호작용을 통해 일어나는 집단경험들은 어빈 데이비드 얄롬(Irvin David
Yalom)이 제시한 것처럼 희망 주기, 보편화, 정보의 공유, 이타주의, 초기 가족
의 교정적 재구성, 사회화 기술 획득, 모방행동, 대인관계학습, 집단응집력, 감
정 정화, 실존적 요인 등 치료적인 효과를 얻게 한다.[3] 청소년들은 집단을 통해
자신을 개방하고 타인을 이해하고 수용하며 자기성장이 촉진될 때 만족스러운
대인관계를 유지할 수 있게 된다.

집단상담은 개인상담과 다음과 같은 차이가 있다. 첫째, 경제적, 효율적, 실용
적이다. 둘째, 다양한 자원을 얻을 수 있다. 셋째, 인간적 성장을 위한 환경을 제
공할 수 있다. 넷째, 실생활의 축소판 기능이 있다. 다섯째, 문제예방의 효과가

있다. 마지막으로, 상담에 대해 긍정적 인식을 확대할 수 있다는 장점을 가지고 있다.[4] 청소년 집단상담은 청소년기의 자아정체성 문제, 친구문제, 부모와의 문제, 학교문제, 진로문제 등을 해결하도록 도울 수 있다.

## 2) 청소년의 비블리오드라마

청소년들은 대부분의 시간을 지나친 경쟁의식 속에서 학업스트레스에 시달리며, 소통과 공감의 부족으로 대인관계가 취약해진다. 비블리오드라마는 대인관계의 어려움을 겪고 있는 청소년들이 자신을 돌아보고 깊이 성찰할 수 있게 한다. 비블리오드라마는 청소년들을 구체적인 성경의 사건 속으로 초대하여 그 사건 속에서 개인과 공동체의 문제를 성찰하고 자신의 삶의 동기를 발견하는 계기를 제공하는 효과적인 교육 방법이며 공동체 프로그램이다.[5]

비블리오드라마는 역할연기를 통해 충분히 상호작용이 이루어지도록 하며, 대인관계, 자기발견, 통찰, 카타르시스 등 집단상담의 치료적인 속성을 지니고 있다. 또한 즉흥적으로 이루어지기 때문에 내면에 숨어 있던 언어, 정서, 행동이 그대로 드러나게 되면서 실제 삶에서의 자신의 문제들이 자연스럽게 드라마에 나타나게 된다.[6]

청소년들은 역할연기를 통해 지금-여기에서 사람들과의 만남에 관심을 가지게 되며 그 과정 안에서 의미를 찾는다. 역할에 대한 심리적 경험이 서로의 상호작용에 의해 이루어짐으로써 간접적으로 자신과의 만남을 경험하게 하고 사회적 관계 안에서 새로운 관계를 이루도록 변화 가능하게 한다. 비블리오드라마는 말씀의 의미를 깨닫게 하는 동시에 삶에 적용할 수 있다. 청소년들은 익숙했던 성경 본문을 가지고 비블리오드라마를 통해 역할연기 등 다양한 방법으로 느끼고 표현하면서 새로운 이해와 체험이 가능하게 된다. 자신의 문제를 말씀과 연결시켜 관계적 경험이 이루어질 때 삶과 자연스럽게 연관되어 자신을 발견하고 성장하게 되는 것이다. 역할은 새로운 만남과 사회성을 키우도록 도와주어 청소년들에게 성경에 반응하며 자신에 대한 통찰과 이해가 향상되도록 한다.

모레노(Jacob Levy Moreno)는 역할에 대해 다음과 같이 정의하였다.

> 자기가 취하는 실제적이고 만질 수 있는 형식. 그러므로 역할이란 타인이나 대상이 포함된 특정한 상황에서 자신이 반응해야 하는 특정한 순간에 취하게 되는 기능 형식이라고 정의할 수 있다. 타인에게 지각되는 기능 형식의 상징적 표상을 역할이라고 부른다. 그 형식은 개인의 과거 경험과 그가 속해 있는 사회의 문화양식에 의해 창조된다. 모든 역할에는 개별 요소와 집단 요소들이 융합되어 있다. 즉, 모든 역할은 개인적 측면과 집단적 측면을 가진다.[7]

### 3) 비블리오드라마 진행 규칙

비블리오드라마를 진행할 때 디렉터는 몇 가지 필수적인 규칙이 필요하다. 첫 번째 규칙은 참여하지 않을 수 있는 권리이다. 참여자들이 자발적으로 프로그램에 참여하였더라도 언제든지 자신의 언어와 행동을 자유롭게 멈출 수 있으며 관찰자로 남아 있어도 된다는 사실을 시작할 때 분명히 알려 주어야 한다. 그리고 그들이 표현하지 않지만 내적으로 드러내는 감정과 행동을 알아차리고 존중하며 확인한다.

두 번째 규칙은 연기하는 역할을 내 모습으로 여기는 것이다. 비블리오드라마는 성경 속의 인물이나 사물이 되어 말하며 탐구하는 방법이기 때문에 디렉터는 맡은 역할에 최선을 다하도록 분위기를 도와주어야 한다.

세 번째 규칙은 역할 과정 안에 머물러 있어야 한다는 것이다. 궁금한 사항을 질문하거나 일어나고 있는 상황에 대해 의견을 제시하는 행동은 전체적인 프로그램 진행을 방해하게 된다. 느낀 점이나 피드백은 연기가 마무리된 이후에 나눔의 시간을 통해 표출할 수 있도록 한다. 역할에서 벗어날 경우 집중력이 떨어지기 때문에 가능하면 역할에서 벗어나지 않도록 한다. 참여자들을 정확하게 관리하는 공식은 없지만, 디렉터는 유연하고 개방적이며 편안함을 느낄 수 있도록 관심을 기울여야 한다.[8]

# 2. 대인관계 향상을 위한 비블리오드라마 프로그램

대인관계 향상을 위한 비블리오드라마 프로그램은 청소년들이 프로그램에 참여하여 성경 본문을 체현하는 것이다. 친밀하고 깊이 있는 대인관계는 자신을 자유롭게 표현하고 심리적으로 안정된 감정 상태를 유지할 때 가능하다. 성숙한 대인관계를 위해서는 자신과 타인에 대한 깊은 이해와 실제적인 노력이 필요하며, 비블리오드라마를 통해 이전에 알지 못했던 자신의 모습을 발견하고 수용할 수 있도록 한다. 비블리오드라마는 나름의 기준을 갖고 있지만 누가 만들어 가느냐에 따라 정형화된 형태가 아닌 다른 모양이 된다. 비블리오드라마는 단순히 글을 읽는 것이 아닌 행위의 의미를 파악하며 창의적으로 읽는 능력과 함께 시작한다.

## 1) 프로그램의 목적

프로그램의 목적은 자신에게 긍정적이며 타인을 배려하고 친밀한 관계를 형성하여 삶을 풍요롭게 만들어 나가도록 돕기 위한 것이다. 이 프로그램은 성경 속 인물을 통해 타인에 대한 새로운 관계를 시도해 보면서 새로운 역할을 수행할 수 있는 능력을 향상시킨다. 이 프로그램을 통해 소통의 부재와 소극적인 대인관계 속에서 자기 성장에 초점을 두며 대인관계 탐색을 위한 구조적인 틀을 제공하고자 한다. 또한 개인의 대인관계 유형을 이해하고, 갈등 상황에서 어떻게 대처해 왔는지 경험을 개방하면서 공감대를 형성하고, 적합한 방법을 함께 모색하고자 한다. 성경 텍스트에 익숙하지 않은 청소년들도 역할놀이 중심의 비블리오드라마를 통해 즐거움을 느끼고 사회성이 향상될 수 있도록 구성하였다.

## 2) 프로그램의 구성

각 회기의 진행은 비블리오드라마의 진행 과정인 웜업, 연기, 나누기로 구성하였다. 다음은 구체적인 프로그램 진행 과정이다. 첫째, 프로그램의 매 회기에서는 참여자들이 충분히 친해지고 개방적인 분위기를 형성하도록 한다. 프로그램을 소개하면서 기대감을 높이고 공감과 지지를 통해 서로에게 신뢰감을 주는 대상이 되도록 한다. 이와 동시에 전체적인 프로그램의 구조를 제시하고 자연스럽게 성경 본문의 이야기와 연결되도록 한다.

둘째, 각 회기의 적절한 웜업은 디렉터가 자유롭게 선택한다. 참여자들의 특징에 따라 여러 가지 활동 중 가장 적절한 것을 상황에 맞게 선택할 수도 있다. 웜업 단계에서는 참여자들이 서로의 공통점을 통해 친밀감을 형성하거나 차이점을 발견하여 하위 집단을 형성하기도 하면서 서로를 이해하며 수용하는 경험을 하도록 한다.

셋째, 성경 본문과 친밀감을 형성하기 위해 시각, 청각, 촉각, 후각 등 몸의 감각을 이용해 다양한 방법으로 성경을 읽거나 표현한다. 말씀을 일방적으로 듣던 전통적인 방식에서 벗어나 직접 몸으로 표현하면서 성경과 친해지는 창의적인 시간을 갖도록 한다. 오감으로 읽거나 단어 놀이와 성경 구절 이미지화를 통해 성경의 내용을 현재적으로 느끼도록 활동한다. 성경에 등장하는 인물뿐만 아니라 성경에 나오지는 않지만 있을 법한 인물과 드러나지 않는 사물에도 주목하면서 상황에 따른 감정을 느껴 볼 수 있도록 한다.

넷째, 회기마다 다양한 성경 본문의 이야기를 통해 참여자들이 대인관계 향상을 위한 여러 방법의 역할을 경험해 보도록 한다. 역할놀이를 통해 자신과 타인에 대한 이해를 높이고 각자의 자발적인 수준에 따라 창조적인 역할을 하도록 한다. 더블 기법을 통해서는 자유롭고 다양하게 역할 바꾸기를 경험하면서 풍부한 해석의 가능성을 열어 준다. 역할 바꾸기 이후에는 역할 벗기를 통해 본래 자신의 모습으로 돌아오도록 한다.

다섯째, 텔레, 스펙트로그램, 로코그램, 더블, 메아리, 사회원자, 역할 바꾸기,

빈 의자 기법을 이용해 비블리오드라마의 장면을 연출해 보면서 사건을 구체화하도록 한다. 빈 의자의 위치를 결정하는 것만으로도 역할을 연기할 준비가 갖추어진다. 빈 의자를 활용하면서 참여공간과 연기의 공간을 자연스럽게 구분할 수 있다. 성경 인물의 대상자가 의자에 앉아 있다는 상상을 하면서 연기자가 그 의자에 앉아 볼 때 성경 인물에 대한 감정을 경험하고 표출할 수 있다.

여섯째, 디렉터는 참여자들에게 지지와 격려를 통해 감정을 정화할 수 있도록 돕는다. 참여자들의 어떠한 연기도 비난하지 않고 충분히 자신의 감정과 마음의 상태를 표현할 수 있도록 돕는다. 비블리오드라마를 진행하는 도중에 개인의 상처가 드러났을 때는 자연스럽게 경험을 나누면서 지지하고 깊이 개입하지 않도록 한다.

일곱째, 성경의 이야기를 통해 자신의 이야기로 재구성되는 과정을 경험하면서 사회적 관계성이 향상되고 새로운 관계를 맺어 성장할 수 있도록 도움을 주기 위해 활동을 구성한다. 대인관계에서의 문제점을 집단상담의 방법으로 실시하여 자신과 타인을 수용하며 대인관계가 향상되는 밑거름이 되도록 한다.

여덟째, 참여자들은 몸으로 경험한 감정들과 깨달음을 지금-여기에서 자유롭게 이야기 나눈다. 비블리오드라마 과정에 적극적으로 나서지 못한 참여자들도 연기를 보면서 느낀 점을 말해 준다. 연기 도중에 자신의 삶과 관련하여 무엇인가 떠오른 것이 있으면, 그것이 어떻게 연결되는지 서로 알 수 있는 기회가 주어질 때 다른 참여자들에게 새로운 감정과 통찰을 자극하게 된다. 서로를 격려해 주고 배려해 주는 나눔이 될 수 있도록 한다.


## 3. 프로그램 회기별 내용

이 프로그램은 주어진 과제를 수행하거나 지난 시간에 경험한 것을 통해 자신의 영역에서 어떻게 발견되었는지 나누어 볼 수 있는 시간을 제공하기 위해 주 1회 6회기로 구성되어 있다. 이 중 2회기는 학생들과 실시한 진행 과정의 예를 상세하게 서술하였다. 진행시간은 90~120분 정도가 적당하며, 인원은 8~ 16명이 좋다. 각 개인이 사용할 수 있는 시간과 공간이 필요하고, 정해진 시간 계획에 따라 상호교류할 수 있도록 구성원 수를 제한한다. 각 프로그램 실시 후 경험한 감정과 성찰 등은 충분한 나눔을 통해 다음 회기 진행을 준비하는 데 참 고자료로 사용한다.

### 1) 1회기: 비블리오드라마 이해와 참여자 소개

#### (1) 목표
프로그램에 대한 기대감을 높이고 참여자들로부터 공감과 지지를 통해 신뢰 감을 형성하도록 한다.

#### (2) 기대효과
자기소개를 통한 개방, 친밀감, 안정적인 분위기 형성

#### (3) 준비물
기초 설문지, 서약서, 필기도구, 빈 의자

#### (4) 웜업
빈 의자를 이용해 자신을 소개하기

#### (5) 활동
비블리오드라마에 대한 이해를 위해 처음 회기에서는 프로그램에 대한 기대 감을 높이고 참여자들로부터 신뢰감을 형성할 수 있도록 안정적인 분위기를 조 성한다. 프로그램 목적과 이해를 돕기 위해 전반적인 진행 방법을 소개하면서 기초 설문지, 서약서 등을 작성한다. 첫 만남으로 집단에 대한 참여 동기를 확 인하고 지켜야 할 규칙 및 주의사항을 전달한다. 집단에 대한 기대감을 1~10의

척도로 표현하면서 느낌을 나눈다. 의자를 동그랗게 정렬하고 앉아 빈 의자를 이용하여 잘하는 것, 좋아하는 것, 가족관계 등 자신에게 의미 있는 대상이 되어 제3자의 입장에서 자기를 소개하며 마음의 문을 여는 시간으로 구성한다. 비블리오드라마의 기법을 안내하고 진행 과정과 자발성에 대한 이해를 돕는다.

### (6) 나눔

어색하거나 서먹했던 느낌과 감정을 나누고 서로의 공감대가 형성되도록 한다. 그리고 자연스러운 자기개방에 대한 용기와 의지를 격려한다. 되도록 한 명도 빠짐없이 한 마디씩 이야기하게 함으로써 비자발적인 참여자에게 발표의 기회를 제공할 수 있지만, 강제성은 띠지 않는다.

## 2) 2회기: 성경 본문과 친숙해지기

### (1) 목표
몸의 감각을 이용해 성경의 내용을 현재 감정으로 느껴 본다.

### (2) 기대효과
자기개방, 자발성, 역할행위

### (3) 준비물
여러 가지 색천, 성경 본문, 색연필

### (4) 웜업
내 마음의 시계, 눈치 게임, 감정을 색으로 표현하기

디렉터: 오늘은 두 번째 시간입니다. 다시 만나서 반갑습니다. 옆 사람과 함께 어떻게 지냈는지 인사를 나누어 봅시다. 즐겁게 인사를 나누었나요? 그럼

우리 다 함께 신나는 활동으로 몸과 마음을 편안하게 풀어 봅시다.

① 내 마음의 시계

디렉터: 첫 번째 웜업으로는 하루 중 가장 편안하게 느끼는 시간은 언제인지 알아
볼 거예요. 바닥에 큰 원을 중심으로 시계가 있다고 상상해 보세요. (손
가락으로 원을 그리고 위치를 정해 준다.) 이쪽은 낮 12시, 반대쪽은 밤
12시입니다. 그 사이에는 1시부터 11시까지의 시간이 있다고 보시면 됩
니다. 그럼 이쪽은 아침 6시가 되겠죠. 이제 여러분들은 잠시 눈을 감고
하루 중 가장 편안한 시간을 떠올려 보세요. 생각이 떠오른 분은 그 시간
대로 자유롭게 이동하여 서 보세요. 같은 시간에 편안함을 느끼는 참여
자들이 모였다면, 그 시간에 편안함을 느꼈던 상황이나 이유에 대해서 이
야기 나누어 주세요. (잠시 시간을 준다.) 이번에는 반대로 하루 중 가장
힘든 시간을 떠올려 보세요. 그리고 다시 그 시간으로 이동해서 함께 모
인 참여자들과 이야기를 나누어 봅니다.

② 눈치 게임

디렉터: 두 번째 웜업은 다 함께 큰 원을 만들어 주세요. 좌우로 옆에 있는 친구의
모습을 바라보면서 누구인지 확인도 해 보시고요. 이제 순서대로 돌아가
며 한 사람이 서로의 상황을 이야기할 때 해당되는 사람은 한 발 앞으로
이동하면 됩니다. 오른쪽으로 돌아가며 시작하겠습니다. 먼저, 검은색
양말 신은 사람 한 발 앞으로 나가세요. (참여자들은 자신의 양말을 확
인하고 지시한 대로 이동한다. 검은색 양말이 아닌 사람은 제자리에 남
는다.) 그다음 사람이 이야기해 주세요.

참여자 1: 저보다 머리가 짧은 사람은 한 발 앞으로 이동하세요. (참여자들은 지
시한 사람을 바라보고 스스로 생각했을 때 머리카락이 짧다고 여기면 서
있는 위치에서 한 발 앞으로 이동한다.)

디렉터: 앞 사람이 지시한 상황과 동일하게 반복하지 않도록 주의합니다. 그다음

사람도 지시해 보세요.

참여자 2: 안경 쓴 사람은 한 발 앞으로 나가 주세요.

디렉터: 눈치 게임은 다른 사람의 이야기를 잘 경청하고 관찰하는 것이 중요합니다. 서로에게 관심을 갖고 공통점을 찾아보는 웜업으로, 맨 뒤에 남아 있는 사람이 눈치가 가장 빠른 사람이 됩니다.

③ 감정을 색으로 표현하기

디렉터: 세 번째 웜업은 일주일 동안 경험했던 감정을 색으로 표현하기입니다. 여러 가지 색의 천이 바닥에 펼쳐져 있습니다. 나의 마음, 기분, 감정 상태를 나타내는 색깔의 천을 골라 보세요. 선택한 천을 몸에 둘러도 보고 흔들어 보기도 하면서 몸으로 감촉을 느껴 보세요. 한 사람씩 자신이 선택한 색과 그 이유를 나누어 봅니다.

(5) 연기: 이삭을 번제로 드려라(창세기 22:1-14)
학생들과 실시한 비블리오드라마의 예이다.

디렉터: 네, 모두 잘 이야기해 주었어요. 한 주 동안 많은 일을 경험했고 다양한 감정을 느꼈네요. 관계에서의 감정은 시간이 흐르면 후회가 남기도 합니다. 시간이 흐르면 상황을 되돌릴 수 없지만 상상의 세계에서는 얼마든지 시간을 되돌리는 것이 가능합니다. 우리 함께 성경의 상황 속으로 들어가 생각해 보고, 지금-여기에서 어떻게 행동하고 느낄 수 있는지 한번 드라마로 꾸며 봅시다. 먼저, 성경 본문과 친숙해지기 위한 과정으로 소리 내어 읽어 보도록 하겠습니다. 본문에 등장하는 인물은 누가 있는지, 주변의 상황은 어떠한지 상상하며 읽어 보세요. 이번에는 벽에 붙여 놓은 본문을 읽어 가면서 인물, 감정, 새로운 단어, 마음에 와닿는 부분이 있다면 밑줄을 그어 보거나 그림으로 자유롭게 표현해 주세요. 잠시 시간을 드리겠습니다. 각자 표현한 부분에 대해서 자유롭게 이야기해 보겠

습니다.

참여자 1: 저는 '아브라함을 시험한다'는 말에 짜증이 났어요. 시험이라는 단어가 부정적으로 느껴졌어요. 시험은 왠지 싫어요.

참여자 2: 저는 '네가 일러 준 한 산 거기서'라는 문장에 잠시 멈췄어요. 정확한 목적지가 있어서 두려움보다는 편안한 마음으로 길을 떠날 수 있었다는 생각이 들어 초록색으로 나무를 그렸어요.

참여자 3: '제삼일'에서 왠지 뭔가 '삼(3)'이라는 숫자가 의미가 있어 보여요. 작심삼일이라는 말이 떠올랐어요.

참여자 4: 이삭이 나귀를 타고 갔을까요? 아니면 걸어서 갔나요? 가는 동안 밥은 어떻게 먹었을까요? 왜! 종은 두 명이나 데려갔을까요? 엄마는 뭐 하고 이삭을 말리지 않았나요? 이런 궁금증이 막 생겼어요.

참여자 5: '아침에 일찍 일어나'를 보았는데, 저는 잠이 많아서 누가 일찍 깨웠다면 짜증 나서 따라가지 않았을 것 같아요. 이삭은 부지런한가 봐요.

참여자 6: 숫양은 뭔 죄예요. 불쌍해요. 그래서 빈 공간에 울고 있는 숫양의 모습을 그려 봤어요.

참여자 7: 저는 '불' '칼'이라는 단어가 무섭게 느껴졌어요.

디렉터: 각자 자신에게 맞는 의미를 부여하며 잘 이야기해 주었어요. 그럼 이번에는 성경 이야기 속에 누가 나오는지 알아볼까요?

참여자들: 하나님, 아브라함, 이삭, 두 종, 나귀, 나무, 불, 칼, 숫양, 모리아 산, 제단, 밧줄, 장작, 맑은 하늘, 도시락, 외투.

디렉터: 성경 속에 등장하는 인물과 사물 중에 가장 공감이 가는 부분이 있나요?

참여자: 아브라함, 이삭이요.

디렉터: 다수의 의견으로 오늘 드라마의 주인공은 아브라함과 이삭으로 정하도록 하겠습니다. 두 주인공의 역할을 맡아서 연기해 줄 사람을 자원받습니다.

참여자: 제가 이삭 역할을 해 보고 싶어요.

디렉터: 좋습니다. 자발성이 높은 이삭 주인공에게 다른 역할을 선택할 수 있도록

기회를 드리겠습니다. 아브라함의 역할도 정해졌네요. 그럼, 먼저 아브라함에게 물어보겠습니다. 당신은 누구인가요?

아브라함: 저는 아브라함입니다. 사람들이 믿음의 조상이라고 하지만, 사실 저는 특별한 사람은 아니에요.

디렉터: 당신은 사람들이 믿음의 조상이라고 부르는 것을 부담스러워하는 것 같군요.

아브라함: 네, 사실 저는 실수가 많은 사람이었는데, 그때 그 사건이 아니었다면 지금도 믿음이 부족한 사람으로 계속 살았을 거예요.

디렉터: 네, 그렇군요. 아브라함에게서 겸손한 마음이 느껴지네요. 그럼 지금 기분은 어떠세요?

아브라함: 그냥 뭐…… 믿음의 조상으로 봐 주는 것이 감사하지요.

디렉터: 네, 감사합니다. 이번에는 이삭에게 질문을 좀 해 보겠습니다. 당신은 누구인가요?

이삭: 저는 아브라함의 아들 이삭입니다.

디렉터: 이삭! 당신은 평소에 아브라함 아버지에 대해 어떻게 생각하시나요?

이삭: 우리 아버지는 대단한 분이에요. 믿음이 아주 좋으시죠. 고집도 좀 있구요. 가끔은 부담스럽기도 해요.

디렉터: 아버지를 부담스럽게 생각하고 있는 이유는 뭘까요?

이삭: 믿음이 좋은 아버지와 한 집에 사는 게 얼마나 피곤한데요. 그렇게 살아보지 않아서 모르시죠? 자꾸 아버지 눈치가 보여서 마음대로 행동을 못 해요. 저는 친구들과 늦은 시간까지 놀고 싶지만 아버지 때문에 일찍 들어오는데 기분이 좋겠어요?

디렉터: 아들의 입장은 무언가 아버지에게 할 말이 많은 것 같습니다. 자! 그럼, 오늘은 여러분이 읽었던 성경 본문 중에서 어느 장면을 드라마로 연기해 볼까요? 본문에 나타나지 않은 장면을 설정하여 새롭게 구성해 보는 것도 가능합니다.

참여자들: 자유롭게 나누며 선택할 수 있도록 잠시만 기다려 주세요.

디렉터: 네, 좋습니다. 여러분의 의견대로 모리아 산으로 올라가는 과정 중의 대화, 이삭을 번제로 드리는 장면, 그리고 다시 집으로 돌아가는 모습의 상황을 드라마로 펼쳐 보겠습니다. 이삭, 지금 무슨 일이 일어나고 있나요?

이삭: 잘 모르겠어요. 말 시키지 마세요. 지게 메고 올라가는 게 너무 힘들어요.

디렉터: 지게도 알아요? 보기보다 나이가 많은 것 같네요. 평소에도 지게에 짐을 메고 간 적이 있었나 봐요.

이삭: 처음이에요.

디렉터: 처음 해 본 일 같지 않게 아주 익숙해 보이네요. 아주 잘 어울려요. 이렇게 힘들게 어디를 가는 중인가요?

이삭: 아버지가 아무 말도 안 해 주서서 몰라요. 그냥 따라가고 있어요.

디렉터: 목적지도 모르고 그냥 따라가고 있다니? 당신은 평소에 아버지의 말에 순종하는 아들인가 봐요?

이삭: 그렇지 않아요. 지금은 그냥 아침부터 일찍 서두르는 아버지 때문에 피곤하고 힘들어서요. 저는 한참 성장할 나이라서 아침잠이 많거든요. 그런데 아버지는 나이가 많아서 잠이 없으신 것 같아요. 저 대신 우리 아버지에게 어디 가는지 물어봐 주실래요?

디렉터: 이삭이 아버지에게 직접 말을 못하고 있네요. 여기서 잠시 멈추도록 하겠습니다. 이 자리에서 이삭을 대신해서 아버지에게 말하고 싶은 분이 있을 것 같아요. 여러분 중에 뭔가 더 이야기를 덧붙여서 말하고 싶은 분이 있다면 그대로 앉아서, 혹은 이삭의 어깨에 손을 얹고 연기할 수 있습니다. 이것을 더블이라고 합니다.

더블 1: 아버지, 저 좀 봐 주세요. 저에게 신경 좀 써 달라구요. 제 친구는 아버지랑 친하게 지내는데, 좀 더 다정하게 대해 주시면 안 돼요?

더블 2: (자리에 앉아) 칭찬도 안 해 주고 매일 야단만 치니까 힘이 안 나요. 그래서 제가 집에 들어가는 것이 싫어서 친구들이랑 어울리는 거예요.

더블 3: 아버지! 무섭단 말이에요. (장난스러운 목소리로) 어디 가는지 말해 주세용~~

더블 4: 아버지! 용돈 좀 올려 주세요. (모두 한바탕 웃는다.)

디렉터: 그럼 이번에는 더블이 말한 것을 이삭! 당신의 언어로 표현해 보세요.

이삭: (예의 바른 목소리로) 아버지! 정말 무서워요. 어디 가는지 제발 말 좀 해 주세요. 부탁이에요.

디렉터: 아브라함! 이삭이 무서워하지 않도록 어디에 가는지 말 좀 해 주세요. 왜! 아들에게 아무 말도 안 해 주는 거죠?

아브라함: 제가 더 힘들어서요. 저는 양손에 불과 칼을 들었는데 길도 잘 모르겠고, 어디로 가야 할지 막막해서 머리도 아파요.

진행자 : 아~ 그러시군요. 힘든 아버지의 마음을 아들이 몰라줘서 속상하겠어요. 그럼, 지금 심정이 어떠한지 여쭤봐도 될까요?

아브라함: 사실, 두렵고 떨려요. 3일 동안 하나님이 뭔가 다른 방법을 알려 줄 거라고 기대했는데 아무 말도 없으시고 아들을 바치라고만 하시니까 답답해요.

디렉터: 하나님께 아들을 바치라고 했군요. 당신은 정말 아들을 죽일 건가요?

아브라함: 저는 사실 제가 아브라함이라면 그렇게 못할 것 같아요. 아브라함은 정말 망설이지 않고 아들을 죽였겠지요? 하나님이 원하시는 거니까요.

디렉터: 그러니까 믿음의 조상이 된 거죠. 아무나 믿음의 조상이 되겠어요? 이삭! 지금 이 상황에서 아버지가 어떻게 해 주었으면 좋겠어요?

이삭: 아버지! 진짜로 저를 죽일 거예요? 설마! 아니죠?

아브라함: 난 선택의 여지가 없단다. 어쩔 수 없이 하나님의 뜻을 따라야만 해.

이삭: 아버지~ 한 번만 살려 주세요.

아브라함: 미안하구나!

이삭: 그럼, 어쩔 수 없죠. 아버지 마음대로 하세요.

디렉터: 이삭! 갑자기 모든 걸 포기했나요? 이러면 안 되는데……

이삭: 사실 제가 아버지보다 힘이 세요. 제가 더 젊잖아요. 물론 더 잘생겼구요. (하하하) 그런데 나이 많은 아버지가 저를 데리고 높은 산에 올라와 힘들게 제단을 쌓는데 그냥 제가 가만히 있어 주는 게 도와주는 거라는 생각

이 들었어요.

디렉터: 그렇군요. 당신은 아버지를 먼저 생각하고 있었군요. 그런 마음을 정말 몰랐네요. 우리가 지금 아브라함과 이삭의 대화를 지켜보면서 여러분 속에는 어떤 생각들이 일어나고 있나요? 이삭과 아브라함 중에 마음이 더 가는 사람을 선택해서 현재 심정을 한마디로 이야기해 주세요.

참여자 1: 아브라함이 미쳤나 봐요. 어떻게 아들을 죽일 생각을 해요?

참여자 2: 이 장면이 무섭게 느껴져요.

참여자 3: 두려워요.

참여자 4: 이삭이 불쌍해요.

참여자 5: 이삭의 믿음이 더 대단해요.

참여자 6: 아브라함이 대신 죽으면 안 돼요?

참여자 7: 아브라함이 미워요.

참여자 8: 아브라함의 마음이 아플 것 같아요.

디렉터: 여러분들이 성경 이야기 속으로 들어가 주인공의 더블이 되어 드라마에 함께 참여했습니다. 감정도 표출하면서 깨달음의 시간이 되었구요. 결국 성경은 하나님께서 아브라함이 이삭을 죽이지 못하게 하셨습니다. 이제 아브라함과 이삭은 다시 산을 내려와 집으로 돌아갈 거예요. 아브라함과 이삭은 과연 어떤 대화를 나누었을까요? 이번에는 역할을 바꾸어서 이야기를 해 볼게요. 두 분은 잠시 역할을 바꾸어 주시면 좋겠어요. 이삭, 아브라함과 자리를 바꾸어 주세요. 이제 이삭은 아브라함입니다. 아브라함, 당신은 이삭이구요. (실제 자리를 바꾸어 본다.) 먼저, 이삭이 하고 싶은 이야기를 해 주세요.

이삭: 아버지! 아침부터 너무 긴장했더니 배가 고파요. 맛있는 것 사 주세요.

아브라함: 배가 고픈 걸 보니 많이 놀라지 않았구나! 정말 다행이다. 그래, 뭐가 먹고 싶은데?

이삭: 오늘은 제가 주인공이니까 원하는 거 다 사 주세요.

아브라함: 그럼, 그럼, 당연하지. (자연스럽게 어깨동무를 한다.)

디렉터: 아버지와 아들은 함께 식사하면서 서로의 마음을 더 이해할 수 있게 되었고, 사이가 좋은 관계가 되었답니다. 모두 마쳤습니다. 잠시 눈을 감아 주세요. 그리고 숨을 깊게 쉬어 봅니다. 이제 우리가 연기했던 인물들이 다시 성경 속으로 돌아간다고 생각해 보세요. (잠시 동안 시간을 준다.) 이제 손으로 몸을 털어 내면서 역할에서 벗어납니다.

## (6) 나눔

디렉터: 이제 다시 성경으로 돌아와 오늘 본문 텍스트를 천천히 읽어 보겠습니다. 여러분이 드라마에 참여하면서 흥미로웠던 점이나 하고 싶은 말이 있는 사람은 누구든지 자유롭게 소감을 말할 수 있습니다. 소감을 꼭 말하지 않아도 괜찮습니다.

참여자 1: 아브라함이 앞에서는 강한 모습을 보였지만 등을 돌린 뒷모습을 보니 아마도 마음이 아파서 울고 있었을 것 같아요. 그 모습 속에서 우리 아빠가 떠올랐어요. 아빠가 일찍 돌아가서서 기억은 없지만 아마도 우리 아빠도 아브라함처럼 마음이 따뜻한 분이었을 거라는 생각이 들어요. 아빠가 보고 싶어요.

참여자 2: 그동안 아무 생각 없이 성경을 읽었던 것 같아요. 내가 직접 주인공이 되어 보니 그냥 그 상황을 이해할 수 있었어요. 이삭도 아브라함 못지않게 믿음이 좋았다는 걸 느꼈어요.

참여자 3: 이삭은 충분히 도망갈 수 있었는데 끝까지 남아 있었던 건 그만큼 아버지에 대한 신뢰가 깊었던 것 같아요. 저는 아빠랑 관계가 좋지 않은데, 제가 먼저 아빠를 신뢰하지 못했다는 걸 알았어요.

참여자 4: 서로의 마음에 대해서 알게 되었어요. 그리고 성경에 대해서도 새롭게 배웠구요.

참여자 5: 웜업을 하면서 긴장감도 해소되고 즐거운 놀이처럼 느껴졌어요. 처음에는 어색했는데, 그냥 마음이 가는 대로 움직이면서 부담감도 줄어들고 재미있었어요.

참여자 6: 몸으로 표현하고 주인공의 감정을 상상해 보는 다양한 방법이 지루하지 않았어요. 놀면서 친해졌어요.

참여자 7: 역할을 바꾸면서 상대방의 입장에서 생각해 볼 수 있었어요. 혼자서도 충분히 역할놀이를 할 수 있을 것 같아요.

참여자 8: 저는 오늘 아빠에게 짜장면 사 달라고 해야겠어요. 갑자기 배가 고파졌어요.

디렉터: 모두들 수고 많았습니다. 서로 격려의 박수로 마무리하겠습니다.

## 3) 3회기: 성경 텍스트 위에 그림 그리기

### (1) 목표
상호작용을 통해 타인을 이해하고 공감하며 신뢰감을 발달시킨다.

### (2) 기대효과
자기개방, 자발성, 창의성, 공감훈련, 신뢰감 형성

### (3) 준비물
성경 본문, 색연필, 의자, 필기도구

### (4) 웜업: 진진가 게임
참여자 각자에게 A4용지를 한 장씩 나누어 준 다음, 자신의 상황에 대해 두 가지는 진실을, 한 가지는 거짓을 적어 보게 한다. 그리고 진진가 게임으로 자신의 외모, 특성, 주변 환경을 자유롭게 선택하여 이야기를 만든다. 예를 들어, '나는 여동생이 있다.' '나는 남자친구가 있다.' '나는 동물을 싫어한다.' 등으로 표현할 수 있다. 자신이 작성한 것을 발표할 때 다른 사람들은 어떤 상황이 거짓인지를 찾아낸다. 활동을 통해 '나는 다른 사람에게 개방하고 있는가?'를 점검하면서 서로에 대한 작은 관심을 통해 이해할 수 있도록 한다. 참여자들이 많을 때는 모둠으로 나누어 진행하는 것도 가능하다. 모둠원과 서로 의견을 나누고 배려할 수 있는 시간을 제공한다.

### (5) 연기: 잃어버린 한 드라크마(누가복음 15:8-10)

성경 본문을 집중할 수 있도록 전지에 적어 벽에 부착한다. 성경 텍스트 위에 단어, 문장, 여백 등 떠오르는 것이나 자신의 생각을 자유롭게 색연필로 낙서한다. 자신이 표현한 것 외에 다른 사람의 그림과도 연결해서 각자 떠오르는 이미지나 생각을 자유롭게 설명해 본다. 낙서를 통해 성경 텍스트와 연결시켜 이야기를 할 때 나와 다른 사람의 이야기를 통해 참여자들은 타인의 감정에 관심을 갖게 된다. 잃어버린 한 드라크마를 통해 자신의 내면의 욕구를 알아보고 몸으로 표현하도록 한다. 구성원 모두는 자신이 잃어버린 드라크마라고 생각하고, 주인이 발견하지 못하는 곳에 각자 숨는다. 디렉터는 돌아다니며 한 명씩 인터뷰를 하면서 "당신은 언제부터 이곳에 있었습니까?" "당신의 주인은 어디에 있습니까?" "주인이 당신에게 무엇을 해 주기를 원합니까?" "무엇이 당신을 힘들게 합니까?" 등의 질문을 한다. 그중 자발성이 올라온 참여자에게 빈 의자를 놓은 다음 "여기 주인이 있습니다. 이 주인에게 하고 싶은 말을 해 보세요."라고 한다. 그리고 역할 바꾸기를 통해 주인의 입장이 되어 자신의 질문에 답을 하게 한다. 역할 바꾸기를 통해 심화된 감정을 발견하도록 이끌어 준다. 타인의 입장이 되어 느끼고, 생각하고, 행동할 때 타인과 관계를 맺는 능력이 향상된다.

### (6) 나눔

성경 본문을 다시 읽어 본다. 자신에 대해 다른 사람에게 개방하면서 또는 다른 참여자들의 이야기를 들으면서 느낀 점이나 경험한 것을 서로 나누게 한다. 성경 본문을 통한 비유의 말씀이 나의 삶의 문제와 연결될 수 있도록 하며, 깨달은 점이나 생각나는 것을 이야기해 보도록 한다.

## 4) 4회기: 성경 본문을 통한 상호작용

### (1) 목표
자신의 내적 자원을 발견하고 타인을 통해 힘을 얻을 수 있다.

### (2) 기대효과
자기발견, 타인수용, 관심 기울이기, 동일시

### (3) 준비물
풍선, 유성매직, 즐거운 음악, 작은 씨앗, 색천, 메모지, 필기도구, 빈 의자

### (4) 웜업: 다 접어 게임, 풍선 얼굴 그리기
먼저, 함께 할 웜업은 '다 접어 게임'이다. 이를 통해 서로에게 관심을 보이며 상상력을 발휘한다. 손가락 열 개를 모두 펴고 한 명씩 돌아가며 지시한 내용에 해당되는 사람은 손가락을 접는다. 예를 들어, "나보다 머리카락이 짧은 사람 접어 주세요." "후드 티셔츠 입은 사람만 접어 주세요." "슬리퍼 신은 사람 접어 주세요." "안경 쓴 사람 접어 주세요."라고 한다. 마지막까지 손가락이 남아 있는 참여자가 승리한다. 인원이 적을 때는 상황에 맞게 손가락을 다섯 개만 사용하는 것도 가능하다. 승부욕보다는 참여자들이 서로를 바라보며 작은 관심을 갖도록 하는 것이 목적이다. 두 번째 웜업은 풍선을 한 명씩 얼굴 크기만큼 불어 본다. 풍선 뒷면에 자신의 이름을 적고 신호에 맞추어 풍선을 공중에 패스한다. 자신의 앞에 날아온 풍선을 잡고 이름을 확인한 후 디렉터가 예를 들어 "오른쪽 눈을 그려 주세요."라고 지시하면, 풍선의 이름에 해당되는 참여자의 얼굴을 바라보고 매직을 이용해 그려 본다. 얼굴이 완성될 때까지 반복해서 진행하며 서로의 감정을 공유하고 교환하는 과정에서 타인에 대한 관심과 민감성이 높아지도록 한다.

(5) 연기: 겨자씨 비유(마태복음 13:31-32)

성경 본문을 다 함께 읽는다. 작은 씨앗을 하나씩 나누어 주고 작은 씨앗이 잘 자라도록 상상을 해 본다. 씨앗이 자라서 무엇이 되면 좋을지 눈을 감고 생각해 보고, 3~4명이 모둠으로 각자의 생각을 이야기 나누어 본다. 작은 겨자 씨앗이 큰 나무로 자라는 과정을 상상하며 한 모둠에서 몸으로 표현한다. 다른 참여자들은 완성된 나무를 둘러보고 각자의 느낌을 이야기한다. 다른 참여자들은 나무의 어느 부분에 머물고 싶은지 생각하고 나서 새가 되어 나무에 깃들고, 잠시 눈을 감고 그곳에 머문다. 쉬고 싶은 위치를 선택한 이유를 서로 나누어 본다. 먼저, 몸으로 표현한 참여자들의 언어, 몸짓, 표정, 음성의 섬세한 변화를 알아차리고, 표현하지 못한 내용도 직감해 본다.

두 번째 연기 상황은 지금까지 지내오면서 느낀 가장 큰 슬픔이나 아픔을 메모지에 무기명으로 적어 보고 준비해 놓은 나무에 부착한다. 참여자들은 순서대로 나무 주위를 돌며 다른 사람이 작성한 메모를 읽어 본다. 자신의 내용보다 어려움의 강도가 약하다고 생각하는 다른 사람의 메모를 가져올 수 있다. 자신의 문제만 가장 힘들다고 인식했던 상황에서 자신의 모습을 새롭게 발견한다. 자신의 상황을 통찰하고 적극적으로 해결하려는 수행능력을 기르도록 한다.

(6) 나눔

성경 본문을 다시 함께 읽어 본다. 타인의 욕구와 동기를 고려하며 정서적으로 격려해 준다. 활동에 대한 소감을 나누거나 참여자들에게 긍정적인 피드백을 하도록 한다.

## 5) 5회기: 성경 본문을 통한 역할놀이

(1) 목표

역할 바꾸기와 이중 자아를 통해 표현력을 높인다.

(2) 기대효과

체현화, 관계회복, 의사소통 훈련

(3) 준비물

의자, 성경 구절, 다양한 소품

(4) 웜업: 심리적 거리 측정하기, 리더가 누구야?

예수님과 나와의 심리적 거리를 알아본다. 중앙에 의자를 하나 놓고 예수님과 얼마나 멀어져 있는지 그 거리만큼 떨어져서 서 보도록 한다. 어디를 바라보고 있는지 방향을 잡고 반응하며, 현재의 마음을 2~3명씩 나누어 본다. 웜업을 확장해서 가족과의 심리적 거리, 학교와의 심리적 거리, 친구와의 심리적 거리 등을 표현해 보아도 좋다. 두 번째 웜업인 '리더가 누구야?'에서는 술래를 한 명 정하고 뒤돌아서게 한다. 그 후 한 명의 리더를 정하여 동작을 하게 하고, 다른 참여자들은 동그랗게 둘러앉아 리더의 동작을 계속 따라 한다. 디렉터가 참여자들의 반응을 살피고 술래에게 알리면, 술래는 앞을 보고 뒤돌아서 구성원 중 누가 리더인지 관찰한 후 선택한다.

(5) 연기: 돌아온 아들(누가복음 15:11-32)

말씀을 탐색하고 본문을 감정이입과 몸을 통해 표현하면서 천천히 읽어 나간다. 아버지와 작은아들의 역할을 할 주인공을 선정한다. 아버지와 아들의 관계를 설정하고 "당신은 어떤 아버지이죠?" "당신은 어떤 아들이죠?" 등의 질문을 하며 인터뷰를 시작한다. 본문의 장면으로 들어가 역할을 진행한다. "아버지! 저 집 나갈 거예요. 돈 좀 주세요." 자신의 역할에 맞게 자유롭게 대화를 하도록 분위기를 형성한다. 다른 참여자들은 아버지와 아들 편으로 나누어 앉는다. 더블이 되어 주인공 대신 자유롭게 이야기한다. 아들과 아버지의 역할을 바꾸어 진행해 본다. 아버지와 아들이 대화하면서 천천히 가까워지도록 한다. 아버지와 아들은 어떤 심정인지 변화를 이야기한다. 주인공이었던 아버지와 아들 역할을 한 사람들의 느낌을 나누고, 참여자들의 느낌도 나누어 본다. 과정 속에서 이미 익숙한 본문에 대한 새로운 이해와 깨달음을 경험할 수 있다.

### (6) 나눔

성경 본문을 다시 읽어 본다. 주변 사람들과의 심리적 거리감을 표현하고, 상호작용을 통해 감정, 사고, 행동의 변화를 나눈다. 직접 역할연기에 참여하지 못한 사람은 관찰자의 입장에서 감정을 나누어 본다.

## 6) 6회기: 주변 사람들과의 관계 재구성

### (1) 목표

성경 말씀과 자신의 삶을 일치시켜 주변의 다양한 사람과 관계를 재구성할 수 있다.

### (2) 기대효과

관계 향상, 문제해결능력, 의사소통능력

### (3) 준비물

성경 구절, 색연필, 사후검사지

### (4) 웜업: 진실게임, 바뀐 곳 찾기, 강점 찾아 주기

진실게임을 통해 타인에 대한 관심과 수용을 경험하도록 한다. 참여자들을 두 집단으로 나누고, 한 집단은 한 명은 진짜 사탕을 먹고 다른 사람들은 거짓으로 사탕을 먹는 것처럼 연기를 한다. 다른 한 집단의 참여자들은 진짜 사탕을 먹는 한 사람을 잘 관찰하면서 찾아본다. 바뀐 곳 찾기도 비슷한 유형인데, 한 집단이 잠시 자리를 이동한 후 몸에서 한 곳을 변화시키고 돌아오면 다른 집단의 구성원들은 달라진 곳이 어디인지 관심을 갖고 찾아보면서 서로에게 공감과 긍정적인 관계를 형성하도록 한다. 이어서 강점 찾기 활동지를 참여자들에게 나누어 준다. 자신의 이름을 적고 옆 사람에게 전달한다. 옆 사람은 해당되는 참여자의 모습을 바라보며 강점단어(활기찬, 신뢰감, 긍정적, 책임감, 유머, 친절한, 감사하는 등)를 찾아본다. 제시된 예보다 더 좋은 강점을 찾아 작성하는 것도 가능하다. 각자 활동지를 확인하며 가장 마음에 드는 단어를 찾아보고 발표를 해 본다.

### (5) 연기: 사람의 불순종(창세기 3:1-7)

성경 본문을 전지에 적어 다 같이 돌아가면서 한 절씩 읽는다. 그리고 나서 '뱀은 여자를 얼마나 오랫동안 쳐다보았을까?'와 같이 궁금한 것을 질문한다. 마음에 와닿는 문장에 그림을 그려 보거나 마음대로 색연필로 표시한다. 그리거나 표시한 부분에 대해 각자 설명을 해 본다. 참여자들이 역할을 선택하도록 한 후 뱀, 하와, 아담, 하나님, 열매가 되어 본다. 디렉터는 "당신은 누구입니까?" "지금 장면을 보면서 어떤 느낌이 드나요?"와 같이 인터뷰를 하여 자신의 역할과 만나게 한다. 각자 역할의 속마음을 독백으로 표현하도록 한다. 성경의 이야기가 나의 이야기가 되도록 생각나는 사건이나 장면을 드라마로 만들어 본다. 연기 과정은 반드시 성경 본문의 내용과 일치하지 않아도 된다. 나의 역할에 대해 점검하고 그 장면 속으로 몰입할 수 있도록 돕는다. 디렉터는 '네가 어디 있느냐?'라는 실제적인 질문을 통해 지금-여기에서 느끼는 각자의 즉흥적인 대답을 들어본다. 모든 행동은 먼저 마음과 생각에서 출발하므로 서로가 이해하고 노력하지 않으면 관계가 단절된다는 것을 느끼고 스스로의 행위를 돌아보게 한다.

### (6) 나눔

성경 본문을 다시 읽어 본다. 참여자들의 격려와 지지를 통해 안정된 환경 속에서 앞으로 모습을 상상해 본다. 신뢰받고 있다는 긍정적인 경험을 통해 다른 사람을 신뢰하게 된다. 마지막으로 그동안 새롭게 경험한 것이 무엇인지 서로의 노고를 격려하며 종결한다.

# 4. 평가

지금까지 자기성장에 초점을 두고 친밀한 관계를 형성하여 삶을 풍요롭게 만들어 나가도록 돕기 위한 청소년 비블리오드라마 프로그램을 살펴보았다. 프로그램에 참여하여 성경 본문을 체현하고, 경험한 내용을 토대로 전체적인 프로그램의 평가를 나누며 프로그램을 마무리한다.

첫째, 참여자들은 프로그램 초기 단계에서 타인의 시선을 의식하며 비자발적인 태도와 자기개방을 어려워하였다. 신체활동 웜업은 긴장감을 해소하고 몸으로 표현하면서 편안함을 느끼고 친밀감을 형성하는 데 중요한 요인이 되었다.

둘째, 참여자들은 대부분 비블리오드라마를 처음 접해 보면서 궁금함과 어색함을 갖고 있어 집중하지 못했다. 최대한 부담스러워하지 않도록 성경 이야기 속의 등장인물들을 집단적인 경험으로 다루어 저항을 줄이고 역할연기로 자신의 이야기를 자연스럽게 안전한 방법으로 표현할 수 있는 기회의 장을 마련해 주었다.

셋째, 참여자들은 성경의 인물을 자신과 동일시하면서 감정과 행동을 받아들여 자신의 것으로 경험하면서 함께 웃고 울기도 하였다. 비블리오드라마 과정을 통해 자신의 생각이나 감정을 탐색하고 내면을 들여다보면서 자신에 대한 이해가 생겼고, 부정적인 감정을 인식하고 표출하면서 자신의 경험 밖의 역할을 수행해 봄으로써 감정 정화를 경험하게 되었다.

넷째, 나눔을 통해 타인으로부터 격려와 지지를 받아 긍정적으로 자신을 수용할 수 있는 경험과 스스로의 문제를 해결하기 위한 삶의 동기를 발견하게 되었다. 긍정적으로 자신을 인식하고 표현하면서 공감과 수용을 통해 타인을 신뢰하였고, 자기개방을 통한 성찰의 시간을 갖게 되었다.

다섯째, 성경을 일방적으로 듣기만 하던 기존의 틀에 박힌 방식에서 벗어나 성경을 몸으로 체현화하는 경험을 통해 성경을 친숙하게 느끼고 성경에 흥미를 갖게 되었다. 참여자들은 비슷한 상황에서도 각자 다르게 느끼고 표현하는 것을 보면서 서로의 모습을 있는 그대로 인정하였다. 역할 바꾸기를 통해 새로운 관계를 시도해 보면서 타인에 대한 이해가 넓어져 상대방을 배려하고 적절한 관계를 맺기 위한 의사소통이 형성되었고, 타인에게 먼저 다가가는 모습을 보였다.

청소년들이 자신과 타인에 대한 이해를 넓히고 심리적인 어려움을 예방하거나 사회적인 책임감을 확장할 수 있도록 성경을 모르는 청소년들에게도 다양한 방법으로 유익한 영향을 줄 수 있는 비블리오드라마가 제공되기를 기대한다.

## 미주

[1] Narramore, 1993: 11.
[2] Corey, 2012: 374-375.
[3] Holmes, 1998: 324.
[4] 강진령, 2007: 47-51.
[5] 비블리오드라마 교육연구소, 2016: 15.
[6] 김세준, 황헌영, 2018: 43-44.
[7] Holmes, 1998: 125.
[8] Pitzele, 2016: 181-183.

# 💡 참고문헌

강진령(2007). 집단상담의 실제. 서울: 학지사.

김세준, 황헌영(2018). 성경이 살아나는 비블리오드라마. 서울: 현대드라마치료연구소.

김윤주(2020). 비블리오드라마를 활용한 기독청년의 대인관계 효능감 향상 과정에 관한 현상학적 접근. 서울신학대학교 신학전문대학원 박사학위논문.

비블리오드라마 교육연구소(2016). 처음 시작하는 이들을 위한 비블리오드라마 매뉴얼. 서울: 일상커뮤니케이션.

황헌영(2007). 비블리오드라마(Bibliodrama): 새로운 유형의 치유 성경공부. 목회와 상담, 9, 218-240.


Corey, M. S., Corey, G., & Corey, C. (2012). 집단상담 과정과 실제 (*Groups: Process and practice*). (김진숙, 김창대, 박애선, 유동수, 전종국, 천성문 공역). 서울: 센게이지 러닝코리아. (원저는 1977년에 출판).

Holmes, P. (1998). 현대정신분석과 심리극 (*The inner world outside object relations theory and psychodrama*). (송종용 역). 서울: 백의. (원저는 1990년에 출판).

Narramore, C. M. (1993). 청소년 카운셀링 (*Counselling youth*). (송정근 역). 서울: 생명의 말씀사. (원저는 1973년에 출판).

Pitzele, P. (2016). 비블리오드라마로의 초대: 성경을 여는 창 (*Scripture windows: Towards a practice of bibliodrama*). (고원석 역). 서울: 한국장로교출판사. (원저는 1998년에 출판).

# 제11장

# 성인 I-me 모래놀이상담을 통한
# 비블리오드라마

최금례

## 1. 잉여현실의 전인적 체험, I-me의 상호작용

　보통 비블리오드라마는 집단상담 형태로 진행된다. 그 진행 과정은 '웜업-연기-성찰'의 단계로 구성되어 있다. 웜업은 몸으로 경험하는 놀이이다. 연기는 성경을 묵상하고 몸을 통해 공동체 안에서 표현하는 것이다. 성찰은 비블리오드라마의 모든 과정을 지나오면서 자신이 보고 듣고 말하고 행동하는 행위 안에서 일어났던 내면의 생각과 느낌을 되돌아보는 시간이다. 이 시간에 디렉터, 주인공, 참여자들은 나눔의 시간을 가지면서 통찰적 해석을 발견한다. 이러한 비블리오드라마의 전개 과정을 성인 I-me 모래놀이상담[1]에서 미드(Mead)의 사회적 자아 I-me 상호작용으로 진행한 개인사례를 소개하고자 한다. 여기에 소개되는 성인 I-me 모래놀이상담에서는 이미지 상징을 활용한다. 송태현은 『이미지와 상징』에서 "이미지는 죽음과 시간 앞에서 느끼는 불안을 형체화한 것이다. 상상력, 즉 이미지화 작용은 결국 시간에 대한 해독제(antidote du temps)인 것이다."[2]라고 말하고 있다. 상징은 참여자들의 불안을 다루는 변화의 힘을 가지고 있다. 유아가 심리적으로 엄마에게서 분화할 때 느끼는 불안을 중간대상을 통해 해소하듯이, 상징은 중간대상으로서 기능한다. 따라서 상담 과정에서 이미지와 상징의 활용은 비블리오드라마를 개인상담에 적용할 수 있는 방법이 된다.

상징적 상호작용론의 창시자이며 사회심리학자인 미드의 자아는 I(주관적 자아)와 me(객관적 자아)로 구성된다. 이러한 자아는 인간이 행동하는 동안에 경험하는 자아의 의식적인 두 측면이다. I는 능동적이고 충동적이며 창조적인 모습으로 행위 안에서 새로운 형태의 행동이 발생하는 것을 가능하게 하는 자아이다. 순간적으로 주어지는 상황에 능동적으로 대응하는 동태적인 자아이다. 인간이 행동할 때 자신과 타인을 향해서 취하는 관점을 I와 me가 나타낸다. 개인은 I뿐 아니라 자기 자신의 행동을 대상으로 하거나 타인의 관점을 취하는 me라는 두 측면 중에서 하나가 될 수 있다. 이때 I의 관심은 자신의 외부에 있는 사건들에 집중되며, me의 관심은 자기 자신의 실제 행동이나 타인의 관점을 취하면서 상상된 행동들에 집중된다. 개인은 동시에 이 모두가 될 수는 없다. I는 me가 아니며 me가 되지도 않는다. I는 타인의 태도를 받아들임으로써 생겨나는 자아인 me에 대응하며 반응한다. 타인의 태도를 받아들일 때, me가 등장하여 그 me에 대해 행동하는 주체는 I로 반응한다.[3]

비블리오드라마의 전 과정은 잉여현실의 전인적 체험이다. 이 과정에 I와 me라는 두 개의 의식이 상호작용한다. 웜업-연기-성찰의 과정에 참여하는 자아의 두 측면에서 I는 주관적으로 몰입하고, me는 객관적으로 성찰한다. 다시 말해, 한순간 개인은 자극에 반응하기 시작한다. 그렇게 행동할 때 대상을 형성하기 시작하고, 그 대상을 향한 행동의 계획을 개발하기 시작한다. 대상을 형성하고 대상에 대한 행동계획을 세우는 과정은 I가 담당한다. 행동계획을 세운 다음, 개인은 자신의 반응을 인지하게 되고 자신의 반응을 향하는 타인의 관점(me)을 취한다. 타인의 관점을 취하는 과정은 me가 담당한다. 그다음, 개인은 이러한 자아의 인지에 대해 반응한다. 이때에는 다시 I가 출현한다. I는 타인과의 상호작용으로 생긴 해석된 자아 me에 근거하여 출현하는 자아이다. I가 출현하기 전에는 '정체성'이 있을 수 없다. 정체성은 me에 근거하여 I가 출현하면서 생성되고 또 변할 수 있는 '변화 가능한 정체성'이다. 그러므로 상징적 상호작용론에서는 변함없는 정체성을 인정하지 않는다. 오히려 사회적 상호작용 속에서 끊임없이 변화될 수 있는 정체성을 강조한다. 자기 자신의 주체성을 인정하지만 타인의 관점에 근거하여 주체적으로 자신의 정체성을 끊임없이 변화시킬 수 있는 가능성을 인정한다.[4] 요약하자면, 비블리오드라마의 전 과정에서 상징을 매개로 하여 I와 me가 상호작용하는 과정은 잉여현실의 전인적 체험이 된다.

## 2. 비블리오드라마에서 I-me의 상호작용

거울 기법, 이중 자아, 역할 바꾸기와 같은 기법들로 진행하는 비블리오드라마에서 상징은 지금-여기 벌어지고 있는 일들로부터 거리를 두게 하고 감정적 충격과 그 순간의 신체적인 고통에 압도되지 않도록 참여자를 보호해 주며 자아성찰을 가능하게 한다. 이것은 I와 me의 상호작용으로 일어난다. 거울자아 me와 상호작용하는 I, 이중 자아 I와 상호작용하는 me, I와 me가 역할 바꾸기에서 주관적으로 몰입하고 객관적으로 관조하면서 비블리오드라마는 진행된다.

### 1) 거울자아 me와 상호작용하는 I

우리는 자기 모습이 어떻게 타인에게 비치고 어떤 느낌을 갖게 하는지 모르고 행동할 때가 많다. 미국의 사회학자 쿨리(Cooley)는 거울자아이론에서 거울 속 자신을 보는 것처럼 타인이 바라보는 자신의 모습 혹은 타인이 기대한다고 생각되는 모습을 자신의 모습의 일부분으로 받아들여서 자아상을 형성해 간다고 한다. 타인의 평가에 의해서 사회적 자아가 형성되고 타인과의 사회적 상호작용 과정에서 타인의 평가가 거울이 되어 타인이 나를 어떻게 바라볼지 상상해 보고 그것을 내면화한다. 쿨리의 거울자아 개념은 세 가지 요소로 구성되는데,

타인의 눈에 비친 자신의 모습을 상상하는 것, 자신의 모습에 대해 타인이 평가를 어떻게 하는지를 상상하는 것, 그리고 타인의 평가에 느끼는 자기감정을 해석하는 것을 통해 자신의 모습을 인식하게 된다.

신경과학자 리졸라티(Rizzolatti)는 원숭이의 행동을 연구하는 과정에서 상대방의 행동을 비추고 반응하는 신경세포로서 거울뉴런을 발견하였다. 신경생물학은 거울뉴런이 있기 때문에 인간은 타인의 의도를 파악하고 모방을 통한 학습이 가능하며 타인의 고통을 공감해 줄 수 있다는 것을 밝혀냈다. 이처럼 거울 기법은 주인공을 공감할 수 있도록 한다.[5]

참여자들 중 한 명이 주인공의 모습을 똑같이 따라서 연기하게 하는 것이 거울 기법이다. 거울 기법은 역할에 종속되거나 긴장된 감정 상태에서 벗어나지 못하는 이들에게 유용하다. 이 기법은 지금 진행되고 있는 일들을 명확히 밝히고 몰입되어 있는 정서에서 심리적 거리를 가질 수 있게 하면서 자신을 자각하게 하는 기법으로 주인공이 한 걸음 떨어져 객관적인 시각으로 자신의 모습을 바라보게 한다.[6] 비블리오드라마에서 자신의 대역을 선정함으로써 주인공은 장면을 진행하는 I이면서 대역을 통해 외부에서 me를 직면하게 된다. I와 me가 상호작용할 때, me는 거울이 된다.

## 2) 이중 자아 I와 상호작용하는 me

젤카 모레노(Zerka T. Moreno)는 이중 자아를 '보이지 않는 자신'이라고 표현하였다. 비블리오드라마에서 주인공이 자신의 감정과 생각을 스스로 알지 못할 때, 다른 참여자들이 그를 도와줄 수 있는 역할을 맡는다. 주인공의 마음속 생각이나 감정을 대변해 주는 것이 이중 자아 I이다. 이중 자아 I는 내면에서 일어나는 상호작용이 외부로 드러날 수 있게 한다. 용기가 없어서 하지 못했던 내면의 소리, 생각, 감정을 만날 수 있게 한다. 이렇게 이중 자아를 맡은 사람은 주인공의 내적 현실에 목소리를 부여해서 주인공의 내면세계를 표현한다. 이중 자아 역할을 맡은 참여자가 주인공의 옆에 서거나 앉으며, 주인공이 자신을 좀 더 충분히 표현할 수 있도록 도와준다.[7] 여기서 이중 자아는 상담 과정에서 내담자의 me가 자아성찰이 일어날 수 있도록 도와준다. 주인공의 보이지 않는 내면의 I와 me의 개인 내 상호작용을 이중 자아 역할을 통해서 표현해 줌으로써 내면에서 일어나는 me의 반응을 알게 한다. 이러한 상호작용은 주인공의 읽히지 않은 마음을 반영해 주고 이해해 주며 그가 말하고자 하는 바를 더 강조함으로써 지지해 준다. 이중 자아 기법은 주인공의 감정 극대화, 비언어적 대화내용의 언어화, 말과 제스처를 신체동작으로 표현하기, 감정에 대한 반박, 자기관찰, 진행되고 있는 타인과의 관계 해석 등에 사용된다.

## 3) I-me 역할 바꾸기 놀이

I-me 역할 바꾸기는 타인의 입장에 서 보는 역지사지의 방법이다. 다른 사람의 눈 또는 다른 사람의 관점으로 자기 자신을 바라보는 것을 의미한다. 역할 바꾸기를 통해 주인공은 자신으로부터 밖으로 걸어 나와 다른 사람이 된다.[8] 주인공이 삶의 다양한 상황에서 관계하는 사람들과 갈등관계를 형성할 때, I-me 역할 바꾸기 놀이는 참여자들이 갈등을 해결하고 서로를 이해하도록 도움을 준다. 자기 자신이 아닌 타인의 입장을 경험해 보는 것을 통해서 타인의 관점에서 세계를 인식함으로써 타인을 더 깊이 이해할 수 있다. 또한 역할을 바꿈으로써 감정적이고 심리적으로 결부되어 있는 과거의 사건에 대해서 과거와 현재를 분리시킬 수 있는 객관적인 위치를 확보한다. 이것은 곧 자아성찰을 가능케 한다. 이에 대해 티안 데이튼(Tian Dayton)은 다음과 같이 언급하고 있다.

> 역할 바꾸기는 주인공이 이러한 구속관계를 해체하고 긍정적인 면과 부정적인 면 모두를 경험하며, 그 관계에 감정적이고 심리적으로 결부되어 있는 당시 상황의 심층으로 들어갈 수 있게 한다. 이를 통해 주인공은 과거에 발생하여 현재까지 지속되고 있는, 과거와 현재를 분리시키는 자기 자신에 대한 핵심적 관념에 대해 생각해 보게 된다.[9]

비블리오드라마에서 주인공의 I는 타인의 역할을 하면서 이미 타인의 I가 된다. 동시에 자기 자신의 me와 상호작용하게 된다. 본래 자기 자신의 I는 차단을 경험하고 타인의 I가 된다. 다음은 역할놀이를 해야 하는 상황들이다.

- 자기방어를 하는 상황일 때(상처받을 만한 상황으로 지각할 때)
- 서열이 있는 상하관계일 때
- 갈등이 분명하게 드러날 때
- 공감을 발전시켜야 할 때
- 관점을 변화시켜야 할 때
- 주인공이 자신의 질문에 대한 답을 찾으려 할 때

# 3. I-me 상담을 통한 비블리오드라마 개인상담사례

## 1) 웜업 단계: 놀이와 몰입의 자발성

첫 번째 과정은 몸으로 하는 웜업 단계이다. 몸은 살아 있는 기억매체로서 감정을 기억한다. 감정은 몸과 연결되어 있다. 자신의 감각을 인지하는 것만으로도 감정조절능력이 향상된다. 몸으로 놀이하는 과정을 모래놀이로 진행하였다.

### (1) 손으로 모래놀이하기

상담자: 모래를 만져 보세요. 어떤 느낌이 드나요?

내담자: 차가우면서 부드러운 느낌이 나요.

상담자: 언제 이런 모래를 가지고 놀아 보셨어요?

내담자: 어렸을 때 놀이터에서 만지고 놀았던 기억이 나요.

상담자: 몇 살 때였어요?

내담자: 학교 들어가기 전이었던 것 같아요.

상담자: 그때 기억이 떠오르세요?

내담자: 네.

상담자: 그때가 되어서 모래로 놀이를 해 볼까요?

내담자: (상담자와 함께 모래를 만지고 쌓고 허물면서 놀이함)

상담자: 그때 나의 얼굴을 그려 볼까요?

내담자: (얼굴 표정을 그림)

상담자: 이 얼굴은 기분이 어떤가요?

내담자: 즐거워요. 약간 슬프기도 한 것 같구요.

상담자: 한마디 할 수 있다면 무슨 말을 하고 싶을까요?

내담자: 잘 살아왔어.

## (2) 성경 본문 소리 내어 읽기(누가복음 15:11-32)

성경 본문을 소리 내어 읽으면서 마음에 와닿는 단어, 인물, 구절에 밑줄을 그었는데, "감당하지 못하겠나이다" "우리가 먹고 즐기자"에 색칠하였다. 내담자는 [그림 11-1]과 같이 세 개의 상징물을 가지고 왔다.

[그림 11-1] 성경 구절을 상징물로 표현하기

- 키를 머리에 쓴 사람(작은아들)
- 절구에 떡을 치고 있는 사람(큰아들)
- 악기를 연주하는 사람(작은아들이 돌아와 잔치하는 상황)

　중간대상으로서 상징은 모호하고 미지의 것이며 무의식의 측면을 가지고 있다. 상징은 의식과 무의식의 언어이다. 융(Jung)은 무의식은 창조적인 잠재력과 개인과 인류의 발달 가능성을 지지해 주는 기능이 있다고 보았다.[10] 상징은 이상적인 모습으로 통합되어 있고 의식과 무의식으로부터 비롯되었기 때문에 통합자로서의 역할을 수행한다. 상징물은 내담자의 내면과 성경을 연결시킨다. 즉, 다양한 상징물은 내담자의 자아와 성경을 연결하는 중간대상이 된다. 비블리오드라마는 집단 참여자들이 성서 텍스트의 인물, 장소, 사물 등의 역할을 맡아서 이중 자아 기법, 거울 기법, 역할 바꾸기 등의 방법으로 진행된다. 비블리오드라마에서 성서 텍스트와 삶의 경험이 연결되는데, 이때 인물이나 장소, 그리고 사물 등은 중간대상이면서 상징이라고 할 수 있다. 텍스트와의 상호작용 그 자체에 더 비중을 두고 오감으로 성서를 읽거나 동사 단어 찾기, 장소 단어 찾기, 인물 단어 찾기와 같은 단어놀이, 성서 구절 이미지화하기 등으로 진행된다. 이때 사용되는 동사 단어, 장소 단어, 인물 단어와 같은 성서의 단어와 구절들은 중간대상이면서 상징인 것이다. 왜냐하면 참여자들이 성서의 인물, 장소, 사물을 즉흥적으로 표현하면서 의식이 직접적으로 드러낼 수 없는 삶의 문제들과 내면의 숨겨져 있던 것들을 안전하게 드러내는 수단이 되기 때문이다. 바로 의식과 무의식이 성서 텍스트를 몸으로 표현하면서 연결되고 통합된다. 왜냐하면 참여자들이 성서의 인물, 장소, 사물을 즉흥적으로 표현하면서 의식이 직접적으로 드러낼 수 없는 삶의 문제들과 내면의 숨겨져 있던 것들을 안전하게 드러내는 수단이 되기 때문이다. 바로 의식과 무의식이 성서 텍스트를 몸으로 표현하면서 연결되고 통합된다.

　상담자: 이것(키를 머리에 쓴 인형)은 어떤 의미인가요?

내담자: 오줌 싸서 소금 받으러 간 것 같은데 자기가 잘못한 것, 자기의 어떤 지나
간 일들, 그럼에도 불구하고 아버지가 맞아 주는 그런 모습들입니다. 아버지
가 매우 기뻐하시는 모습을 보고 아버지 앞에 나가는 거죠. 이렇게 받아 주
고 성경 말씀처럼 가락지 끼우고 좋은 옷 입혀 주시니까 좋죠. 그렇지만 이
런 모습일 것 같아요.

상담자: 잘못한 지나간 일들이 있어도 가락지 끼우고 좋은 옷 입혀 주시는 아버지
가 계시고, 그럼에도 이런 모습일 것 같다는 거군요.

내담자: 네.

상담자: 이것(악기를 연주하는 사람)이 의미하는 것은 무엇인가요?

내담자: 그 당시 악기도 불고 함께 즐기는 모습들이에요.

상담자: 이것(절구에 떡을 치는 사람)은 무엇인가요?

내담자: 이것은 형의 모습이에요.

## 2) 연기 단계: I-me 상호작용과 역할확장

두 번째 과정은 하나님이 여기에 계심을 경험하는 연기 단계이다. 이 단계에
서 I와 me의 상호작용은 역할을 통해서 이루어진다. 상징을 매개로 하여 역할
을 취하는 과정에서 자아와의 만남이 발생한다. 다양한 상징으로 객관화되어
표현된 성서의 인물, 감정, 사물들은 내담자의 내면의 표현이 투사되어 있다. 참
여자들은 상징으로 타인의 역할을 직접 취해 봄으로써 타인의 관점을 상상해
본다. 상징에 투사된 역할들 안에서 이야기가 진행되고 역할이 확장되고 역할
이 창조된다. 먼저, 내담자가 선택한 상징에는 역할이 투사된다. 이 역할 상징
으로 감정과 생각들을 탐색한다. 이를 통해 내담자가 이 상황에서 등장하는 인
물들의 마음을 하나씩 만나고 타인의 관점을 취하게 된다. 이것은 공감능력을
향상시키고 객관적인 관점을 확대시키며 역할도 확장한다. 이 사례에서 내담자
는 아버지, 큰아들, 작은아들의 역할이 투사된 상징을 보면서 디렉터의 자아와
상호작용하였다.

상담자: 내가 한번 아버지가 되어 볼까요?

내담자: 기쁠 것 같아요. 내 재산 팔아먹은 것은 팔아먹은 거고 죽지 않고 돌아왔으니까 다시 자기한테 왔다는 것은 자기의 안식처라고 생각해서 왔으니까. 안 올 수도 있지 않나요?

상담자: 그렇죠.

내담자: 다시 아버지에게 돌아온 것을 보면, 아버지는 자신이 아들의 버팀목이 될 수 있다는 생각과 '다른 곳으로 가지 않고 다시 나한테 왔구나.' 하는 생각에 엄청 기쁠 것 같아요.

상담자: 아들에게 무슨 말을 하고 싶으실까요?

내담자: "잘 왔다."

상담자: 작은아들은 어떤 마음일까요?

내담자: 아무리 아버지이지만 어떻게 보면 창피할 것 같고, 반면 홀가분할 것 같아요. 다 버리고 아버지에게 왔더니 아버지가 잘 왔다 하면 그 한마디에 다 잊을 것 같구요. 앞으로의 일도 있고 홀가분하지 않을까. 속으로는 정말 활짝 웃으면서 내가 정말 결정을 잘했다는 생각이 들고……

상담자: 이 모습을 형이 바라보고 있는데, 형의 마음은 어떤가요?

내담자: 짜증이 나죠. 내가 이 입장이어도 짜증이 날 것 같아요. 일단 아버지가 기뻐하는 모습을 보면서 형도 기뻐할 수 있을 것 같은데, 자기는 항상 아버지 곁에 있었잖아요. 제가 형이라면 물어보고 싶어요. "제가 뭐가 부족한가요? 왜 저한테는 동생에게 해 주시는 것처럼 안 해 주세요?"

상담자: 어떻게 해 주기를 바라는 마음인가요?

내담자: 알아주기를…… 인정해 주고 알아주기를 바라는 마음과 동시에 불만이 있어요. 난 항상 아버지 곁에 있었는데 나는 알아주지 않고 너무 서운하네요.

상담자: 이런 큰아들을 보는 아버지의 마음은 어떤가요?

내담자: 어떻게 보면 미안하기도 하고, 왜냐하면 매일 같이 있잖아요. 아버지는 큰아들을 자기 자신이라고 생각했을 수도 있을 것 같아요. "넌 나야. 내가 잘 표현을 못했지만 사랑해. 나는 너를 귀하게 여겨. 네가 열심히 일하는 것을

내가 알아."

상담자: 평소에 표현했으면 그러지 않았을 텐데……

내담자: 동생이 왔으니까 한편으로는 괘씸하지만 살아온 것에 대해서 자리를 같이
할 수 있는데, 아버지와의 관계가 그렇지 못해서. 아버지는 그냥 당연시했던
것들이 아들한테는 그렇게까지 와닿지 않은 것 같아요. 자기에게는 인색한
아버지, 나를 알아주지 않는 아버지라고 생각했기 때문에…… 그때그때 표
현했더라면……

상담자: 동생에게 서운함이 들기는 해도 이렇게까지 짜증이 나지는 않았을 텐
데…… 뒤돌아보고 싶지도 않은 마음이군요.

내담자: 진작에 좀 더 알아주시지.

상담자: 내가 자기 자신이라고 하시면서 그 말 한마디 왜 못하셨을까요?

내담자: 서운해요. 표현하는 사람이 별로 없는 것 같아요.

상담자: 아버지가 큰아들에게 무엇이라 표현하면 좋았을까요?

내담자: "항상 내 옆에 있어서 든든해. 넌 항상 수고하고 있어. 얼마나 수고가 많
니."

상담자: "아버지, 전 아버지에게 이런 말 듣고 싶었어요. 아버지, 저한테 이런 말하
기 어려우셨어요? 전 아버지한테 수고했다는 말, 든든하다는 말 듣고 싶었어
요. 아버지에게 인정받고 싶었어요. 평소에 이런 말씀하셨으면 좋았잖아요.
진작 해 주시지……." (상담자가 형의 이중 자아가 되어 주었다.)

내담자: 이해하리라 생각했겠죠. '내가 죽으면 다 네 거잖아.' 이렇게 생각했고. 당
연하게 생각했으니까 큰아들에게 표현하지 않았을 것 같아요.

상담자: 지금 표현해 볼 수 있을까요?

내담자: "아버지, 왜 평소에 저한테는 그런 말씀 안 하셨어요? 제가 힘든 일 하고 돌
아오면 '수고했구나. 친구들 불러서 양이라도 한 마리 잡으렴.' 이렇게 잘해
주셨으면 아버지를 더 좋아하고 동생이 왔을 때도 기뻐해 주었을 텐데……
나한테는 한 번도 그런 표현을 안 하셔서 서운했어요."

상담자: "동생이 돈을 다 날리고 왔잖아요. 그런데 동생은 가락지까지 끼워 주시고.

전 뭐예요?"

내담자: 알아들으셨겠죠.

상담자: 이 말을 들은 아버지께서 무슨 말씀을 하시나요?

내담자: "그게 서운했구나. 평소에 생각할 때 이야기할 걸 그랬구나. 나랑 항상 같
이 있고, 같이 밥 먹고 같이 일하고 같이 잠자니까 내가 너를 얼마나 사랑하
는지 안다고 생각했지. 미안해. 표현해야 했는데. 오해하지 않았으면 좋겠
어. 양도 잡아 줄게. 수고했다는 말 안 하면 모르나. 꼭 말해야지 알아?"

상담자: "표현 안 하는데 어떻게 알아요?"

내담자: "그래. 그러면 내가 앞으로 표현을 할게. 뭐, 밖에서 일하고 들어오면 '오늘
도 수고 많았어.'라고 이야기도 하고. 연말이 되면 '우리 아들이 정말 열심히
일해서 이렇게 많이 얻었어.'라고 말하고 친구들을 초대하게 해 줄게. 생각
해 봐. 그 아이는 아직 어리기도 하고…… 그 한 살 차이가 큰 거야. 어리니
까 그런 거지. 제정신이면 그랬겠어? 철이 덜 들어서 그렇지. 너는 보니까 충
분해. 네 앞가림도 잘하고. 자신감을 가져. 인정 안 해 주는 게 아니야."

상담자: "표현 안 해 주면 저는 몰라요."

내담자: "그렇다고 하면 앞으로 말로 잘 표현해서 네가 이해할 수 있고 느낄 수 있
게 해 줄게."

상담자: "표현 안 하는데 어떻게 알아요?" (큰아들의 이중 자아)

내담자: "아버지를 그렇게 몰라? 한두 해 산 것도 아닌데."

상담자: "아들 마음도 모르시면서……"

내담자: "앞으로 내가 표현하고 행동으로 보여 주고 그렇게 할게. 서운해하지 마."

내담자의 I는 큰아들과 아버지, 작은아들의 역할을 하고 있다. 이때 디렉터
는 큰아들의 이중 자아가 되어서 내담자의 속마음이 표현될 수 있도록 함께하고
있다. I와 me의 상호작용은 내담자가 각 역할을 취해서 상징물을 매개로 일어
나고 있다. 역할 바꾸기는 타인의 입장에 서 보는 역지사지의 방법이다. 즉, 다
른 사람의 눈 또는 다른 사람의 관점으로 자기 자신을 바라보는 것을 의미한다.

역할을 바꾸면서 내담자는 자신으로부터 밖으로 걸어 나와 다른 사람이 된다. I-me 역할연기는 내담자가 서로 갈등관계를 형성할 때 갈등을 해결하고 갈등의 당사자를 이해하는 데 도움을 준다. 자기 자신이 아닌 타인의 입장을 경험해 보는 것을 통해서 타인의 관점에서 인식함으로써 타인을 더 깊이 공감할 수 있다. 비블리오드라마에서 내담자의 I는 타인의 역할을 하면서 이미 타인의 I가 된다. 동시에 상징을 보면서 자기 자신의 me와 상호작용하게 된다. 본래 자기 자신의 I는 차단을 경험하고 타인의 I가 된다.[11]

상담자: (큰아들 상징을 보면서 아빠 역할) "아빠 한번 믿어 봐."

내담자: (큰아들 역할) "서운했는데 이렇게 또 말씀드리고 저한테 그런 말씀을 해 주니 제 마음이 풀려요. 지금 마음이 좋아요. 아버지가 그런 말씀을 안 하셔서 나는 주워 온 자식인가 생각도 했는데, 그렇지 않다는 것을 말씀을 통해서 이해하기 시작했어요. 저한테 표현해 주시면 제가 더 좋을 것 같아요. 아빠한테 더 잘 할 수 있을 것 같고……"

상담자: 이 말을 듣고 아버지는 아들에게 무슨 말을 하고 싶을까요?

내담자: "말하지 않아서…… 표현하지 않아서 정말 무심하게 대했나 봐. 내가 진작부터 너한테 좀 편하게 얘기하고 표현하고 격려도 하고 그랬으면 그런 오해가 없었을 텐데, 나는 당연히 너가 우리 집에서 큰애이기도 하고……"

상담자: "서운했어요."

내담자: "내가 얼마나 너를 믿고 너가 잘 해낼 거라고 생각하는지 이해할 줄 알았어. 그렇게 알고 있을 거라 생각했고…… 그 정도 느낄 정도면 내 생각만 한 거네."

상담자: "저는 이해 안 돼요. 아버지 자식이 맞아요? 주워 온 것 아니에요?"

내담자: "아니야. 힘들여 낳은 자식인데…… 그렇게 생각하지 않아도 돼. 너 나하고 똑같이 닮았잖아. 주워 온 자식 아니야."

상담자: "말 안 하는데 어떻게 알아요?"

내담자: "알았어. 내가 이제는 열심히 해 볼게. 무슨 소리야. 내가 표현하지 않아서

주워 온 자식이라고 생각했구나. 나는 너를 정말 사랑해. 너는 주워 온 자식
이 아니야. 너는 큰아들이고 내가 얼마나 너를 사랑하고 너를 믿어 주는지
알아주었으면 좋겠어. 내가 표현을 하지 않아서 몰랐구나. 이제는 표현할게.
서운해하지 말고, 오해하지 말고, 재미있게, 자신 있게 살아."

상담자: 큰아들에게 꼭 해 주고 싶은 말이 있다면 무슨 말을 해 주고 싶으세요?

내담자: "잘해 왔어."

상담자: 자, 작은아들, 지금 마음이 어떠신가요?

내담자: "아버지에게 쪽팔려요. 처분만 바라야죠."

상담자: 아버지, 어떠세요?

내담자: "다 털어먹고 행색도 안 좋고 화도 나고 한편으로 짜증도 나는데…… 그래
도 나한테 왔어."

상담자: 쪽팔린 아들에게 한마디 해 준다면요?

내담자: "잘 왔어. 아들."

(작은아들 역할을 하면서) "할 말이 없어요. 그냥 얼굴을 못 들 것 같아요. 한마
디 꼭 해야 한다면 '정말 죄송합니다.' 그 말밖에 할 말이 없을 것 같아요."

상담자: 아버지 마음은 어떠세요?

내담자: (아버지 역할을 하면서) 아버지는 마음에 '저 녀석이 그래도 그렇게 했던
것에 대해서 돌이키고 왔구나. 잘못에 대해 인정하고 용서를 구하는구나.'라
는 마음에 살아 돌아온 것이 기쁘고, '자식이 완전히 망가지지 않았구나.'라
는 생각에 마음이 좋을 것 같아요.

상담자: 작은아들에게 어떻게 하고 싶은가요?

내담자: 내 아들답게 만들어야겠죠. 씻기고 입히고 먹여서 사람 꼴을 만들어야죠.
내 아들이 죽지 않고 살아왔어요. 정말 나한테 왔어요. 내 자식으로 왔어요.
이 아들을 자랑할 수 있을 것 같아요.

내담자가 소망하는 모습을 상징으로 경험하는 잉여현실을 꾸미게 하였다. 돌
아온 동생에게 잘해 주시는 아버지에게 섭섭했던 마음이 정화가 되고, 동생을

여유 있게 수용할 수 있는 심리적 공간이 생겨났으며, 큰아들로서의 당당함과 동생을 포용하는 변화를 보이고 있다. [그림 11-2]의 잉여현실 꾸미기는 내담자가 아버지로서 작은아들에게 해 주고 싶은 것들을 꾸민 것이다.

**[그림 11-2] 잉여현실 꾸미기**

상담자: 작은아들에게 해 주고 싶은 대로 바꾸어 볼까요?

내담자: (자동차, 집, 피아노, 케이크 등의 상징물을 가지고 옴) 다 털어먹고 갔어도 내 아들이잖아요. 내 아들에 걸맞은 위엄을 찾아 주어야죠. 차도 사 주고 먹고 살아야 하니까 열심히 일하라고.

상담자: 작은아들! 마음이 어떤가요?

내담자: '돌아오길 잘했다. 내가 돌이키길 잘했다. 거기 있었으면 굶어 죽었을 텐데.' 내가 나쁜 마음을 먹지 않고 지난 잘못한 일에 대해서 아버지의 처분에 맡겼더니 아버지가 이렇게 주셨잖아요. '나에게 새로운 인생을 살 기회가 주어졌구나.' 하고 기쁠 것 같아요.

상담자: 아버지께 꼭 하고 싶은 말 한마디를 한다면요?

내담자: "아버지, 저를 받아 주셔서 고맙습니다. 제가 앞으로는 잘하겠습니다. 나한

테 주어진 것들에 만족할게요. 아버지와 함께 인생을 살게요."

상담자: 이 작은아들, 어떻게 보이세요?

내담자: 잘하고 살 것 같아요.

상담자: 큰아들은 어떤가요?

내담자: 괜찮은 것 같아요. 처음에는 서운했는데 그 아버지가 나를 믿는다고 했으니까, 사랑한다고 했고 표현한다고 하셨으니까, 그리고 내가 주워 온 자식이라 했을 때 '내가 너다. 나는 너를 믿는다.' 했으니까.

상담자: 전에는 아버지에게 서운해했었지요. 아버지가 동생을 챙기시는 모습을 보면서 많이 서운하셨었죠.

내담자: 어쩌면 철없고 망나니 같은 짓을 했는데도 아버지에게 돌아와 용서를 구하니까 아버지가 새롭게 출발할 기회를 주셨어요. 나는 아버지한테 스스로 열심히 해 왔다고 생각해요. 그리고 아버지는 나한테 더 많은 것을 채워 주지 않을까 하는 기대가 생겨서 이 정도쯤 동생에게 주는 것은 이제 배 아프지 않아요.

상담자: 그럼 동생에게 형으로서 어떤 말을 해 주고 싶으세요?

내담자: "동생아, 잘 왔어. 처음에는 많이 화가 났는데, 아버지 모습을 보니까 내가 속이 좁았나 봐. 새롭게 다시 출발했으니 잘해 보자."

상담자: 형님에게 한마디?

내담자: "정말 정말 미안하고 정말 고맙습니다. 제가 생각을 잘못해서 잘못된 행동을 했는데, 아버지가 받아 주시고 형도 받아 주셔서 저한테 이렇게 말씀해 주시니 고맙습니다. 아버지한테 얘기한 것처럼 잘할 수 있도록 노력할게요. 고맙습니다."

## 3) 성찰 단계: 살아 있는 말씀이 주는 의미

세 번째 단계는 성찰 단계이다. 진행된 전체 과정에 대해서 다음의 질문 내용들로 '나누기'를 진행한다. 이 단계에서 성경의 본문이 자신의 삶과 연결되어 해석되면서 내담자의 자기성찰이 이루어진다. 성경의 말씀이 내담자의 삶과 만나면서 삶을 읽어 내는 살아 있는 말씀이 된다. 다음은 성찰을 위한 질문들이다.

질문 1) 다양한 역할을 해 보면서 감정이 일어나게 한 역할들이 있었는가?

질문 2) 현재 나의 삶과 연관된 역할은 어느 것이라고 할 수 있는가?

질문 3) 성서 이야기로 자신을 이해하게 된 부분이 있었는가?

질문 4) 이 말씀이 나에게 주는 의미는 무엇인가?

상담자: 오늘 작업한 이 장면에 제목을 붙인다면?

내담자: 즐거운 가족. 결론은 즐거운 가족.

상담자: 즐거운 가족. 지금 마음이 어떠세요?

내담자: 맘이 편해요. 성경 본문에서 나왔던 것을 읽으면서 사실 좀 '뭘 그렇게까지…… 집 나간 자식한테…… 무슨 동생한테 그렇게까지.' 이런 생각이 들었는데…… 이렇게 이야기하고 역할을 바꾸어 보니까…… '충분히 상황이 그렇게 바뀔 수 있겠다. 그럴 수 있겠다.'는 마음이 들었어요. 지금 마음이 편해요.

상담자: 현재 내 삶에서 어떤 부분과 연결 지어지면서 느껴지는 것이 있나요?

내담자: 지지해 주는 아버지에 대한 고마움인 것 같아요. 저의 형은 이렇지 않거든요. 나이 차이도 많이 나고 이런 모습은 아니지만, 오늘 느낀 것은 아버지에 대한 생각은 내 나이와 상관없이 믿어 주고 지지해 주는 모습들이 특별히 생각이 나요.

상담자: 나의 아버지가 나를 지지해 주고 믿어 주었다는 것을 특별히 느끼는 시간이었다는 것이죠. 새롭게 이해된 부분이 있었나요?

내담자: 이해된 부분은 이 친구(형)인 것 같아요.

상담자: 아, 형.

내담자: 이 둘(동생과 아버지)과의 관계에서 소외된, '왜 동생만……' 그런 마음들. 성경만 놓고 보면 '형은 왜 이렇게 속이 좁아……' 그런 마음이었는데 이제는 충분히 이해돼요. 내가 형이어도 그런 마음이 충분히 들었겠다는 마음이 들

어요.

상담자: 형의 마음이 이해가 되었다는 거죠. 내가 그 입장이어도 그런 마음이었 겠다.

내담자: 이렇게 이야기할 수 있어서 좋았어요. 부담스럽기도 해요. 이야기하는 것 이…… 그런데 이야기하면서 다른 사람 이야기일 수도 있고 나의 이야기일 수도 있잖아요. 역할을 바꾸는 그런 과정을 통해서 상황을 이해하고 그 상황 을 반전시키고 그런 것들을 통해서 일치되는 부분이 있을 때는 해소되는 그 런 느낌들이 좋은 것 같아요. 이것 자체가…… 다른 것은 잘 모르겠어요.

상담자: 해소되는 느낌이셨군요.

내담자: 이런 역할도 되어 보고 역할을 바꾸어 보기도 하고 인형으로 배치해 보는 것들이 좋은 것 같아요.

상담자: 오늘 다양한 역할을 하면서 표현 많이 하셨어요. 표현을 정말 잘하셨어요.

내담자: 환경 탓인지, 교육의 문제인지, 아니면 제가 가지고 있는 기질적인 것 때문 인지…… 지금은 의도적으로 표현을 하려고 많이 노력해요.

상담자: 오늘 정말 표현 잘하셨어요.


비블리오드라마를 'I'와 'me'의 상호작용 중심으로 살펴본 이 사례에서 내담자 의 내면이 투사된 여러 가지 다양한 상징물은 객관적인 대상이 되고 외적인 현 실과 내적인 현실이 만나는 중간대상이 되었다. 상징으로 표현된 다양한 내면 의 요소와 역할들을 취하면서 잉여현실의 경험은 전인적 체험이 되고 역할확장 이 일어났다. 내담자는 큰아들 역할을 하면서 아버지에게 섭섭한 마음을 표현 할 수 있었고, 현재 삶에서 인정받고 싶었던 자신의 마음과 만났다. 형 역할로 동생과 대화하면서 동생의 입장을 헤아리고 이해해 줄 수 있었다. 또한 아버지 의 역할을 하면서 현재 자신의 삶 속에서 마음을 그때그때 표현하지 못한 아쉬 움과 미안함을 전달하였고, 상대방에게 마음을 표현하는 것이 중요함을 성찰하 게 되었다. 상담 과정에서 억압된 정서들이 해소되고 언어를 통한 다양한 역할 들의 표현경험이 잉여현실이라는 전인적 체험의 시간이 되었다. 많이 읽고 알고 있던 탕자의 비유 이야기였지만 상징으로 역할연기를 하면서 성경이 삶과 만나지는 경험을 하였으며, 보다 넓은 관점으로 각각의 입장을 공감하고 이해할 수 있게 되었다.

## 📝 미주

[1] 최금례, 2020.
[2] 송태현, 2007.
[3] Hewitt, 2001.
[4] 손장권, 1994.
[5] 최영민, 2011: 63.
[6] Dayton, 2012.
[7] Moreno, 2011.
[8] Moreno, 2011.
[9] Dayton, 2012.
[10] Turner, 2016: 20.
[11] 최금례, 2018.

## 💡 참고문헌

손장권(1994). 미드의 사회심리학. 서울: 일신사.
송태현(2007). 이미지와 상징. 서울: 라이트 하우스.
최금례(2018). 모래놀이치료를 활용한 비블리오드라마의 개인상담적용 사례연구. 한국기독교상담학회지, 29(4), 147-174.
최금례(2020). I-me 상담: 드라마치료의 개인상담적용. 서울: 액션메소드연구소.

최영민(2011). 쉽게 쓴 자기심리학. 서울: 학지사.

Dayton, T. (2012). 상담 및 집단치료에 활용하는 사이코드라마 매뉴얼 (*The living stage: A step-by-step guide to psychodrama, sociometry and experiential group therapy*). (김세준 역). 서울: 시그마프레스. (원저는 2005년에 출판).

Hewitt, P. (2001). 자아와 사회: 상징적 상호작용주의 사회심리학 (*Self and society: A symbolic interactionist social psychology*). (윤인진 외 공역). 서울: 학지사. (원저는 1976년에 출판).

Moreno, Z. T., Blomkvist, L. D., & Rutzel, T. (2011). 사이코드라마와 잉여현실: 드라마치료의 기원과 실제 (*Psychodrama, surplus reality and the art of healing*). (황헌영, 김세준 공역). 서울: 학지사. (원저는 2000년에 출판).

Turner, A. (2016). 모래놀이치료 핸드북 (*The handbook of sandplay therapy*). (김태련, 강우선, 김도연, 김은정, 김현정, 박랑규, 방희정, 신문자, 신민섭, 이계원, 이규미, 이정숙, 이종숙, 장은진, 조성원, 조숙자 공역). 서울: 학지사. (원저는 2005년에 출판).

제12장

# 경험의 서사적 표현과 자기치유과정:
## 독서치료프로그램에서의 비블리오드라마 적용 사례

이동희

　최근 들어 빠르게 고령화 시대에 접어들면서 우리 사회는 노인 문제에 대한 사회적 관심이 증가하고 있으며, 더불어 노년기 삶의 질에 대한 관심이 높아지고 있다. 최근 한국 노인의 정신건강에 대한 연구에 의하면 60세 이상의 노인 중 80% 이상이 자살 충동을 느낀 적이 있으며, 그중 72%가 노인성 우울 증세를 보인다고 하였다. 이는 노인의 삶의 질에 있어서 신체적 건강만큼이나 정신적 건강이 중요함을 반증한다고 할 수 있다.

　에릭슨(Erikson)은 심리사회적 관점에서 노년기에 이루어야 할 발달과업이 자아통합감을 이루는 것이라고 하였다. 자아통합이란 노년기에 직면하게 되는 쇠퇴와 상실을 수용하고 극복함으로써 내적 갈등을 조화롭게 통합하여 성숙한 경지에 도달하는 것으로, 자신의 삶 자체를 수용하는 것을 의미한다. 즉, 자신의 삶에 나름의 의미를 발견하고 보람을 느낌으로써 인생의 참다운 지혜를 얻게 되어 한 차원 높은 통합을 이룰 때 성공적인 노화로 나가게 되고, 이를 이루지 못할 때 절망감을 경험하게 된다.

　노년기의 심리적인 문제를 감소시키고 자아통합감을 이루기 위한 방법은 다양한 치료 분야에서 시도하였다. 주목할 점은 노년기의 특성인 회상을 사용하여 자아통합감을 방해하는 요인을 노년기의 심리적인 문제와 연결한 프로그램을 실행하였다는 것이다. 이에 대한 연구는 미술치료[1]와 원예치료[2] 등 예술적 매체를 사용하거나 회상 기법[3]만을 적용한 프로그램을 실행하였다. 또한 노인 대상 자전적 글쓰기 프로그램에서는 회상을 통해 과거의 기억을 재구성하고 그 것들을 글로 남기는 작업이 자기 자신의 삶에 대한 성찰과 정체성 확립에 영향을 준다고 하였다.

## 1. 경험의 서사적 표현

에릭슨(Erikson)은 노년기의 자아통합이라는 발달과제를 달성함에 있어서 회상(reminiscence)이 중추적인 역할을 한다고 하였다. 회상은 모든 연령층에서 일어날 수 있으나, 특히 노년기에 접어들면서 보편적으로 일어나는 현상으로 죽음과 노화라는 불가피한 현상을 자각하기 시작하면서 지나온 일생을 회상하여 재조직·재통합하려는 행동 경향이다. 버틀러(Butler)는 회상이 인생 회고 과정을 형성하고 과거 갈등의 중재를 촉진하는 등 다양한 적응적 기능을 가지고 있기 때문에, 노년기의 회상은 과거로의 도피가 아니라 정상적인 심리적 적응을 향상시키는 인지적 과정으로 보아야 한다고 주장하였다. 또한 부정적 과거 경험이나 해결되지 않은 갈등이 회상을 통해 재고되고 재통합될 수 있으며, 재통합이 성공적으로 이루어지면 노년기의 두려움과 불안이 경감되어 자신의 삶과 죽음을 준비함에 있어 새로운 의미를 부여할 수 있다. 회상은 의미 있는 과거 경험을 고찰하는 것으로 각자의 인생을 되돌아보는 내적 경험 또는 무의식적이고 비선택적인 과정이며, 단순히 이야기를 나누거나 정보제공의 기능뿐 아니라 생애 회고의 한 수단으로서의 기능과 현재의 자기정체감을 마련해 주는 근원으로서의 기능도 가지고 있다. 따라서 회고의 과정은 과거의 경험을 재조직화 또는 재구성한다는 것을 의미한다고 할 수 있다.

인간의 경험은 의미 있는 사건으로 구성되며, 인간의 서사 행위는 그것에 대한 이해와 해석으로부터 발생한다. 자신의 경험을 돌이켜 생각하고 이야기하는 것은 현재 '나'의 관점에서 과거의 '나'를 객관적으로 돌아보는 행위이며, 이는 단지 과거에 겪은 일을 이야기하는 차원과는 다른 자신의 정체성을 정립하기 위해 '내'가 대면하고 있는 것들을 서사화하는 과정이라고 할 수 있다.

자기 경험을 서사적으로 표현한다는 것은 과거 자신의 경험과 만나고 그것을 사건으로 구성하여 경험하는 주체와 행위, 그리고 그들의 관계 등이 포함된 글쓰기와 극활동을 의미한다. 경험의 서사적 표현은 치료과정에서 상담자와 참여자 간의 상호작용을 통해 참여자가 글쓰기를 하면서 자신의 삶을 의미 있게 구성하고 이를 바탕으로 참여자가 극활동을 하면서 자신의 삶을 성찰하고 회복하는 계기를 마련하는 것이다.

백정미와 이민규는 글쓰기가 인간의 기본적인 욕구인 자기표현의 욕구를 충족시켜 줄 뿐 아니라 부정적인 정서를 발산하고 인지적인 이해를 증진시키는 등의 긍정적인 치료적 효과가 있다고 하였다.[4] 글쓰기의 과정을 거치면서 자연스럽게 과거에 대한 미해결된 감정과 생각들을 정리하면서 현재에 대한 만족과 감사의 마음이 생겨나게 된다. 폴 리쾨르(P. Ricoeur)는 기억을 바탕으로 글을 쓴다는 것은 현재의 '나'가 과거의 기억을 평가하는 것이라고 하였다.[5] 기억의 서술을 통해 과거의 일을 평가하는 것은 그 기억이 현재의 주체에게 다양한 감정적 반응을 불러일으킴과 동시에 자기성찰을 통해 미래의 가능성까지 설계할 수 있다는 것을 의미한다.

극활동에서 비블리오드라마(b) 과정은 현실과 유희적인 관계를 맺는 공간이다. 이 관계의 특징은 사건과 결과 그리고 기존의 생각에 대해 보다 창조적이고 유연한 태도를 가지게 한다. 또한 참여자들은 다양한 활동을 하면서 작품의 사건과 친밀해지고 상상력과 재연을 통해 사건의 일원으로 동참하면서 '지금-여기'라는 현재 당면한 문제 안에서 자신의 이야기가 무엇인지 알게 된다. 나아가 참여자는 자신의 경험에 대해 유의적이고 실험적인 태도를 가지고 본질적인 삶의 문제에 접근하는 계기를 마련하게 된다.

## 경험의 서사적 표현의 단계

경험의 서사적 표현은 3단계로 이루어졌다. 경험의 서사적 표현 1단계는 자신의 경험 회상하기이다. 1단계에서 제시된 문학작품을 통해 참여자는 자신의 과거 경험 중에서 어느 지점을 기억하고 있는지 확인한다. 이때 상담자는 "기억에 남는 장면이 있나요?" "왜 그 장면이 기억에 남았나요?" "그때 어떤 기분이 들었나요?" 등의 관련 질문을 사용하여 참여자가 과거의 경험을 회상하는 데 도움을 준다. 그리고 참여자가 기억에 남는 장면 중에 하나를 선택하여 '장면 조각하기'를 한다. 여기서 주목할 점은 참여자의 현재의 당면한 문제가 문학작품의 문제 상황과 공명하면서 자연스럽게 과거 경험을 떠올리게 되고 이를 장면으로 만들면서 나에게 어떤 의미가 있는지 이미지를 해석한다는 것이다.

경험의 서사적 표현 2단계는 설화의 서사로 글쓰기이다. 2단계에 제시된 설화는 인간의 인생화두와 관련되어 있다. 설화는 인간관계의 문제, 세계와 자아의 문제, 자연과 인간의 문제 등으로 인해 발생하는 사건과 갈등을 담고 있으며, 해결할 수 있는 길을 모색하게 하는 삶의 서사지도라 할 수 있다. 우리가 설화를 향유하며 주제와 지혜만 얻는 것이 아니라 이야기에 내재된 서사 원리로 기나긴 세월에 걸쳐 만들어진 삶의 방식까지 체득하는 것이기 때문이다. 상담자는 관련 질문을 활용하여 참여자가 설화를 읽고 인상 깊었던 대목에서 그 장면이 자신에게 어떤 경험을 촉발하게 하는지를 생각하고 등장인물의 행동에 대해 서사적으로 공명할 수 있는 부분은 무엇인지 살펴보게 한다. 2단계에서 중요한 점은 참여자가 자신의 경험을 설화의 서사 맥락에 따라 쓸 수 있도록 하는 것에 있다. 이는 참여자가 자신의 경험을 글로 표현하는 데 어려움을 주지 않기 위함이며, 동시에 서사적인 맥락을 자연스럽게 익힐 수 있다. 그리고 참여자가 '역할 바꾸기'를 통해 나와 상대의 위치를 바꾸어 상대의 감정과 욕구를 탐색하고 서로를 이해하는 데 도움을 얻게 된다.

경험의 서사적 표현 3단계는 표현하는 삶의 문학이다. 이 단계에서 중요한 것은 무엇을 그리고 어떻게 쓸 것인가에 있다. 1단계에서 자신의 경험 조각을 현실에서 살폈고, 2단계에서는 설화의 서사 맥락에 따라 자신의 경험을 글로 써 보는 경험을 하였다. 3단계에서는 자신의 경험 중에서 현재 나에게 영향을 주는 것을 선택하고 그 경험을 어떤 맥락의 글로 쓸지를 결정하는 것이다. 참여자가 자신의 경험을 재구성하여 글로 쓰고 이를 바탕으로 역할극을 하는 것은 자신의 삶의 경험과 마주하게 되는 과정이라고 할 수 있다. 과거에서의 일을 '지금-여기'에서의 일로 재연하여 과거의 불완전한 기억을 재구성하고 미해결된 감정을 해소하게 된다. 이때 참여자는 자신의 삶의 경험을 인정하고 위로받는 경험을 하게 된다. 또한 3단계에서는 다른 사람의 글을 감상할 수 있는 기회가 주어지는데, 이로써 다른 사람들의 이야기를 통해 남들도 나와 다르지 않다는 것을 깨닫기도 하고 지금까지의 자신의 생각과 행동방식 등을 객관적으로 바라보며 자신에 대한 평가를 새롭게 할 수 있다. 이러한 과정을 통해 참여자는 긍정적인 것뿐만 아니라 부정적인 부분까지 있는 그대로의 자신을 받아들이게 된다.

경험의 서사적 표현 단계를 정리하여 제시하면 [그림 12-1]과 같다.

[그림 12-1] 경험의 서사적 표현 단계

## 2. 노인집단프로그램 '책으로 여는 행복한 여정: 표현하는 삶의 문학'

### 1) 참여자 이해

#### (1) 집단 정보
- 대상: 복지관 프로그램에 참여한 노인집단
- 성별: 남성 5명, 여성 2명
- 연령대: 60대 3명, 70대 3명, 80대 1명

#### (2) 검사 내용
- 검사도구: 자아존중감 척도, 행복감 척도
  - 자아존중감 척도: 자기 자신에 대해 평가하는 자아상을 자아존중감의 반영으로 보고 이를 측정하는 것이다. 참여자 7명 중 5명은 자신에 대한 평가를 긍정적으로 나타냈고, 2명은 부정적으로 자신을 평가하였다.
  - 행복감 척도: 자신의 삶에 대한 만족감을 측정하기 위한 것으로 주관적 안녕감(subjective well-being)과 관련된다. 참여자 7명은 대체적으로 자신의 삶에 만족한다고 평가했지만, 예전 같지 않은 자신의 모습에 불안감을 나타냈다.

### 2) 목표와 전략

#### (1) 목표
- 다양한 이야기를 듣고 자신의 경험을 이야기할 수 있다.
- 이야기를 통해 자신의 경험을 글로 쓸 수 있다.
- 자신의 글을 역할극으로 만들어 경험한다.

## (2) 전략

- 참여자가 이야기를 듣고 자신의 생각을 표현할 수 있는 기회를 제공한다. 이를 통해 기억력뿐만 아니라 표현능력의 향상을 기대할 수 있다.
- 글쓰기와 신체활동 등의 상호작용적인 다양한 표현 방법을 제공하여 참여자들이 자신의 다양한 측면을 탐색할 수 있다.

## 3) 상담 과정과 내용

### (1) 상담 과정

초기 단계에서는 참여자와의 신뢰감을 형성하는 것이 중요하다. 로저스(C. Rogers)는 내담자와의 초기 관계 형성 단계에서 상담자의 태도에 대해 중요하게 언급하면서 진솔성, 일치성, 무조건적 긍정적 존중, 정확한 공감을 핵심 요소로 들었다.[6] 따라서 상담자는 참여자에 대한 긍정적 지지와 수용의 태도로 참여자가 어려움 없이 프로그램에 임할 수 있도록 하여 자신의 느낌이나 생각을 편안하게 표현할 수 있도록 하였다. 이는 작품을 읽고 자신의 경험을 회상하고 자신을 이야기하는 것과 연결된다.

프로그램 초기 단계에 사용된 그림책『오른발 왼발』은 손자에게 걸음마를 가르쳐 준 할아버지가 중풍으로 쓰러지고 손자는 할아버지가 일어나 걸을 수 있도록 도움을 준다는 이야기이다. 참여자는 이야기를 듣고 자신과 연결하여 생각하고 이야기하는 과정을 통해 자연스럽게 자신의 경험을 회상하게 된다. 또한 기억에 남는 장면을 이야기하면서 내담자가 관심을 가지고 있는 부분이 무엇인지 인식하게 한다. 설화 〈젊어지는 샘물〉을 사용하여 참여자가 이야기 듣기의 즐거움을 알게 하였다. 이 이야기는 보다 직접적으로 참여자가 자신의 삶의 경험을 돌아보게 하며 '장면 조각하기' 활동을 통해 참여자가 자신의 경험을 이미지로 만들고 그 의미에 대해 이야기 나누게 한다.

중기 단계는 참여자가 자기인식을 통해 자기주도적인 태도를 가질 수 있도록 하였다. 프로그램 중기 단계에 사용된 시 〈내 마음에 별이 뜨지 않은 날들이 참

오래 되었다〉로 가족관계를 점검하고 자신의 꿈에 대해서 나누었다면, 설화 〈내복에 산다〉는 가족관계에서 비롯된 어려움과 그 안에서 가족의 역할에 대해서 이야기하면서 자신의 경험이 현재와 어떻게 연관되어 있는지 작품을 통해 경험의 층위를 깊이 생각해 볼 수 있게 하였다. 특히 삶의 문제 지점을 글로 쓰는 과정과 '역할 바꾸기' 활동을 통해 자신의 경험을 구조적으로 객관화해서 거리를 두고 바라보게 한다.

종결 단계는 참여자가 자신을 인식하고 적절하게 표현하여 예전과 달라진 자신의 모습 속에서 자신의 소중함을 느낄 수 있도록 하였다. 프로그램 종결 단계에 사용된 설화 〈내 복에 산다〉는 중기 단계에 사용된 설화로 참여자들이 삶의 문제 지점을 화소로 만들어 창작하는 데 도움을 준 작품이다. 종결 단계에서 다시 설화 〈내 복에 산다〉를 사용하여 인생의 중심 사건을 설화를 통해 이야기 나누고 설화의 서사로 글쓰기를 하였다. 글을 쓰고 읽고 감상을 나누는 과정과 '역할극' 활동을 통해 참여자는 자신의 경험을 재구성하고 그 안에서 해결되지 못한 감정을 해소하게 된다. 이는 참여자의 현재뿐만 아니라 이후 자신의 삶을 긍정적으로 바라보게 하는 힘을 만들어 준다.

회기별 프로그램의 내용을 정리하여 제시하면 〈표 12-1〉과 같다.

〈표 12-1〉 회기별 독서치료 프로그램

| 회기 | 단계 | 책 이름 | 활동 | 준비물 |
|---|---|---|---|---|
| 1 | 초기 단계 | | • 오리엔테이션과 자기소개 | 이름표, A4용지, 필기도구 |
| 2 | | 그림책 『오른발, 왼발』 | • 이야기 듣고 기억에 남는 장면 이야기하기<br>• 장면 조각하기 | 이름표, A4용지, 필기도구, 색연필, 사인펜 |
| 3 | | 설화 〈젊어지는 샘물〉 | • 이야기 듣고 기억에 남는 장면 이야기하기<br>• 장면 조각하기 | 이름표, A4용지, 필기도구, 색연필, 사인펜 |

| 4 | 중기 단계 | 시<br>〈내 마음에 별이 뜨지 않은 날들이 참 오래 되었다〉 | • 기억에 남는 부분에 대해서 이야기 나누기<br>• 역할 바꾸기 | 이름표, A4용지, 필기도구, 색연필, 사인펜 |
|---|---|---|---|---|
| 5 | | 설화<br>〈내 복에 산다〉 | • 이야기를 듣고 나의 생각 이야기 나누기<br>• 짧은 글쓰기<br>• 역할 바꾸기 | 이름표, A4용지, 필기도구, 색연필, 사인펜 |
| 6 | 종결 단계 | 설화<br>〈내 복에 산다〉 | • 내 인생의 중심 사건 글쓰기 | 이름표, A4용지, 필기도구, 색연필, 사인펜 |
| 7 | | 드라마 만들기 | • 내가 쓴 글 읽고 감상 나누기<br>• 역할 누누기 | 이름표, A4용지, 필기도구, 색연필, 사인펜 |
| 8 | | 감상하고 소감 나누기 | • 역할극하기<br>• 프로그램 마무리하기 | 이름표, A4용지, 필기도구, 색연필, 사인펜 |

## (2) 회기별 내용

### ① 초기 단계(1~3회기)

초기 단계는 참여자들이 독서치료의 현장에서 편안함을 느끼고 상담자에게 마음을 열 수 있도록 개방적인 분위기를 만드는 데 중점을 두었다.

3회기에서는 참여자에게 설화 〈젊어지는 샘물〉을 이야기하고, 관련 질문을 사용해 '내 앞에 젊어지는 샘물이 있다면 샘물을 얼마나 마시고 싶은가?'를 물었다. 참여자들은 대체로 자신이 인생의 정점에 도달했던 시기로 되돌아가고 싶다고 대답하였다.

> 나는 옹달샘의 물을 두 잔 마시고 40대로 돌아가고 싶어. 그때 일도 많이 하고 능력도 인정받고 내가 할 수 있는 일이 많았던 시기야. 바빴지만 그때로 돌아가고 싶어. (장○○)

나는 샘물 세 잔 마시고 50대로 돌아가고 싶어. 그때가 참 좋았어. 아이들은 시집 장가 다 가고. 편안했어. (정○○)

상담자는 〈젊어지는 샘물〉의 결말 부분을 빼고 참여자에게 이야기를 들려주었고, 이야기를 나눈 후에 〈젊어지는 샘물〉의 결말을 자유롭게 쓰도록 하였다.

김 씨 부부는 이 상황에 대해 매우 황당한 생각이 들었다. '욕심이 많은 박 씨가 어린애가 되었으니 이 일을 어쩌나. 이왕 이렇게 된 거 데려다가 욕심 없는 좋은 아이로 키우는 게 우리가 해야 할 일 아닌가.' 김 씨 부부는 박 씨를 훌륭하게 키웠다는 이야기가 전해져 내려옵니다. (장○○)

젊어지는 샘물이 있다면 늙어지는 샘물도 있을 것을 확신한 김 씨 부부는 온 산을 헤맨 끝에 지성이면 감천이라고 원하는 샘물을 찾아 김 씨 부부와 박 씨는 젊어지는 샘물을 먹은 만큼 늙어지는 샘물을 마셔 모두가 예전대로 40대와 60대로 되돌아갔다. 박 씨는 예전과 달리 욕심을 버린 착한 사람이 되었고, 이들은 정다운 이웃으로 서로 돕고 부자가 되어 행복하게 살고 있다. (이○○)

한 참여자는 젊어지는 샘물을 마시고 자신이 인생의 정점에 도달했던 시기를 장면으로 조각하였다. 다른 참여자들의 도움을 받아 자신의 성공 경험을 장면으로 완성한 참여자는 지금까지 혼자 힘들게 살아왔다고 생각했는데 장면을 만들면서 옆 사람이 자신을 도와주고 있다는 것을 알았다고 하였다. 특히 그 참여자는 늘 자신의 옆에서 조용히 자리를 지켜 준 아내가 생각났고, 집에 가서 고맙다고 말하겠다고 하였다.

② 중기 단계(4~5회기)
중기 단계에서는 현재 자신의 모습을 긍정적으로 인식하기 위해 작은 것에서 성공감을 느낄 수 있도록 하였다.
4회기에서는 시 〈내 마음에 별이 뜨지 않은 날들이 참 오래 되었다〉를 읽고 가장 기억에 남는 부분에 대해서 이야기를 나누었다. 한 참여자는 "~별처럼 얼마나 신비롭고 빛나는 존재이었던가"라는 부분이 마음에 남는다고 하면서, 자신은 별처럼 빛난 적이 있었는가 하는 생각이 들었다고 하였다. 그리고 자신은 어릴 적 처녀 때까지 집 밖으로 나가지 않았고, 연애도 해 보지 못하고 결혼했고, 지금까지 못 해 본 것이 많아 후회스럽다고 했다. 다른 참여자는 "오늘 저녁 아내는 내 등에 붙은 파리를 보며 파리는 업어 주고 자기는 업어 주지 않는다고 투정을 부린다"라는 부분이 기억에 남는다고 하면서, 자신의 아내가 참 귀한 존재이고 지금 건강이 좋지 않아 염려스럽다고 하였다. 기억에 남는 부분에 대해서 이야기를 나눈 후에 그 부분을 종이에 그대로 옮겨 적고 이어서 글을 써 보도록 하였다. 이는 작품을 읽고 난 후 자신의 생각을 정리하는 활동으로, 내가 왜 이 부분에 집중하고 있는지 그리고 자신의 생각이 어디에 머물고 있는지를 살펴 현재 자신의 모습을 인식하도록 하였다.

그대 아내도 지금처럼 무겁지 않았다. 삶이 힘겨운 만큼 아내도 조금씩 무거워지며 나는 등에서 자꾸 아내를 내려놓으려 했던 것은 아닐까?

결혼할 때 아내는 무거웠다. 55kg 정도였고 나도 55kg였다. 오랜 삶에 힘겨운 생을 살아온 아내는 지금 35kg이고 나는 68kg이다.

아침마다 아내의 여윈 손목을 잡아 보며 그동안 51년을 같이 살아 준 것에 대해서 고마움을 표하며 나보다 건강하게 나보다 오래 살라고 마음속에서 기도하여 본다. 벗겨진 이불을 덮어 주고 조용히 방을 나온다. 잠을 깨우면 안 되지. (김○○)

그녀도 처음에는 저 별들처럼 얼마나 신비롭고 빛나는 존재였던가.

기억이 없다. 내가. 얼마나. 빛나는 존재였는지.

엄마, 동생들 때문에 살기 바빠서 일찍부터 동생들을 돌보며 아픈 엄마 때문에 내 자신은 생각할 여유도 없고 밤하늘의 별을 아름답다고 생각한 적이 없다. 외롭고 슬플 때만 밤하늘의 별을 보며 원망만 했던 거 같다. 나에게 별은 기쁨과 고난 같다. (조○○)

설화 〈내 복에 산다〉를 참여자들에게 들려주고 가장 기억에 남는 부분과 그이유에 대해서 이야기를 나누었다. 한 참여자는 〈내 복에 산다〉에서 아버지가 셋째 딸을 내쫓는 장면이 가장 기억에 남는다고 하면서 셋째 딸이 자신의 누이와 닮았다고 하였다. 지금도 자신의 누이를 생각하면 마음이 아프고 아버지가 그렇게 누이를 이상한 사람과 결혼을 시키지 않았으면 지금도 살아 있을 것같다고 했다. 참여자에게 누이가 결혼을 하지 않고 살아 있다고 생각하고 설화의 화소를 따라 글을 써 보도록 하였다.

다음은 〈내 복에 산다〉에 나오는 '막내딸'이라는 핵심 화소를 통해 〈내 복에 산다〉의 막내딸과 자신의 누이를 견주어 쓴 글이다.

> 집이 가난했다. 그래서 아버지는 입을 하나 덜려고 누나를 시집보냈다. 누나는 고등학교를 다니고 싶어 했다. 학교도 안 가고 일을 해서 보탤 테니 시집은안 가겠다고 했지만 아버지는 누나를 시집보냈다. 5년 후 군대를 제대하고 어머니가 누나의 편지를 주며 주소를 찾아 누나의 집에 가 보라고 했다. 부산으로갔고 누나는 다 허물어져 가는 집에 살고 있었다. 누나는 6개월 후에 병으로 죽었다. 죽기 전에 누나의 남편은 놈팽이었다. (이○○)

'막내딸'이라는 핵심 화소를 통해 글을 쓴 참여자는 '역할 바꾸기'를 통해서 누나의 마음을 더욱 절실하게 알게 되었고, 누나가 살아 있었으면 좋겠다고 하였다. 그리고 누나를 시집보낸 아버지가 원망스럽기만 했는데, 아버지의 입장이되어 보니 가난한 형편에 많은 가족을 보살펴야 하는 아버지의 마음을 알게 되었다고 하였다.

③ 종결 단계(6~8회기)

종결 단계는 타인과 이야기를 나누면서 예전과 달라진 자신의 모습 속에서 긍정적인 면을 발견하고 자신의 소중함을 느낄 수 있도록 하였다.

6회기에서는 설화 〈내 복에 산다〉의 내용을 기억하는지 참여자에게 묻고 지난 5회기에 설화의 화소를 따라 자신의 경험을 글로 쓰고 어떤 생각을 하게 되었는지 물었다. 셋째 딸이 자신의 죽은 누이와 닮았다고 한 참여자는 글을 써서 그런지 마음이 편해졌다고 하였다.

이 참여자에게 5회기에 쓴 글을 토대로 다시 글을 쓰도록 하였다. 이때 설화 〈내 복에 산다〉의 내용이 어떻게 참여자의 핵심 경험으로 연결되는지 관련 질문을 통해 인식하게 하였고, 이를 바탕으로 글을 쓰도록 도왔다.

설화 〈내 복에 산다〉의 내용이 참여자의 경험으로 연결되는지 계열화하면 [그림 12-2]와 같다.

| | |
|---|---|
| 〈내 복에 산다〉 화소 | 아버지는 자신의 생각과는 다른 셋째 딸을 내쫓아 버림 |
| 연결지점 | 아버지는 자신과 생각이 다름을 인정하지 않음 |
| 경험 회상 | 아버지는 결혼하기 싫어하는 누나를 억지로 결혼시켰고 끝내 병으로 죽게 된 누나를 기억함 |
| 글쓰기 방향 | 누나가 셋째 딸처럼 자신의 뜻대로 살아서 삶의 주인공으로 어떻게 살아갈 수 있는지 이야기 만들기 |

[그림 12-2] 참여자의 경험 계열화

참여자와 지난 시간에 쓴 글을 바탕으로 어떻게 글을 쓸 것인지에 대해서 이야기를 나누었다. 여기서 〈내 복에 산다〉의 셋째 딸과 참여자의 누이의 비슷한 점과 다른 점에 대해서 물었고, 참여자는 셋째 딸과 누이가 아버지에게 집에서 쫓겨나는 모습이 닮았다고 했다. 다른 점은 셋째 딸은 집을 나가서 잘 살았는데 누이는 시집을 가서 병에 걸려 죽었다는 점이라고 했다. 그리고 '만약에 누이가 시집을 가지 않았다면 어떻게 되었을까?'라는 관련 질문으로 이야기를 나누고 참여자와 함께 글의 방향을 만들어 갔다.

다음은 참여자가 자신의 경험을 설화를 통해 회상하고 이를 설화와 연결하여 쓴 글의 내용이다. 참여자는 이 글을 쓰고 누이가 지금 살아 있는 것 같아서 기분이 좋다고, "아마도 누이가 살아 있으면 공부도 많이 하고 아주 잘 살았을 것이다."라고 하면서 마음이 많이 편해졌다며 미소를 지었다.

누나는 매일 아침 내 도시락과 나보다 두 살 어린 남동생의 도시락을 싸 주었고 남은 밥과 반찬으로 자신의 도시락을 싸서 부엌을 나왔다. 그 모습을 보는 아버지의 눈길은 곱지 않았다. 집을 나서는 누나의 뒤통수에 아버지는 "없는 형편에 여자가 배워서 무엇 한다고 저리도 학교에 다닌다고 고집을 부리는지." 하며 혀를 찼다.

며칠 전 매파가 집에 왔다. 매파는 아버지와 어머니에게 우리 집보다 형편이 좋은 혼처가 있는데, 누나가 결혼하면 밥은 굶지 않는다고 했다. 아버지는 누나를 불러 집안 형편이 좋지 않으니 너라도 밥 굶지 않게 결혼을 하라고 했다. 누나는 혼자서 밥을 먹으면 무엇 하냐고 하면서 자신도 가족들과 함께 밥을 굶겠다며 결혼을 하지 않겠다고 했다. 누나의 말에 화가 난 아버지는 우리 형편에 너까지 공부시키기 어렵다며 학교를 그만두라고 했다. 아버지의 말에 누나는 울면서 공부만은 그만둘 수 없다고 사정했지만, 아버지는 누나의 책과 가방을 아궁이에 넣어 버렸다.

다음 날 아침 어머니께서 내 도시락과 남동생의 도시락을 싸 주었다. 학교에서 돌아온 나는 누나를 찾았지만, 집에 없었다. 어머니께 누나에 대해 물었지만, 아무 말 없었다. 아버지께는 겁이 나서 누나에 대해서 묻지 못했다. 그렇게 시간이 지나갔고 난 군대에 갔다. 제대를 하고 집에 갔을 때 아버지는 병원에 입원해 있었다. 어머니께서 나에게 누나의 편지를 주면서 누나를 찾아가 보라고 했다.

아버지가 누나의 책과 가방을 아궁이에 넣은 그날 밤, 누나는 입을 옷 몇 가지를 챙겨 집을 나간 것이다.

나는 부산행 열차를 탔다. 물어물어 도착한 곳은 방직공장. 누나는 그곳에 있었다. 누나는 낮에는 일하고 밤에는 야간 학교를 다닌다고 했다. 누나는 5년 전보다는 수척해져 있었지만, 씩씩해 보였다.

이 글을 바탕으로 참여자들이 역할극을 하였고, 이 글을 쓴 참여자는 남동생 역할로 참여하였다. 참여자는 역할극에서 누나가 집을 떠나는 장면이 마음이 아팠고, 누나를 도와주지 못한 미안한 마음에 눈물이 났다고 하였다. 그래도 누이가 씩씩하게 살아가고 있는 모습이 위로가 되었고, 지금도 누이가 잘 살아 있는 것 같아 마음이 편안해졌다고 하였다.

## 4) 사례에 대한 평가

참여자에 대한 정보 수집 방법은 관찰과 검사로 이루어졌다. 특히 초기 단계에서 참여자들과의 상호작용과 관찰을 통해 정보를 더욱 정확하게 얻을 수 있었던 점이 프로그램의 효과를 높여 주었다. 사전검사에서 부정적인 자기평가를 했던 참여자가 프로그램 이후 검사에서 긍정적인 자기평가로 변함을 살필 수 있었으며, 무엇보다도 노년기 자신의 모습의 변화에 불안감을 나타냈던 참여자들이 자기 표현을 통해 차츰 안정감을 찾아 현재 자신의 삶에 관심을 가지게 된 것이 큰 성과라고 할 수 있다.

## 📝 미주

[1] 최은영, 박창제, 김경희, 이승미, 2007: 268-296.
[2] 김경숙, 임은희, 2012: 394-422.
[3] 김말선, 2010: 97-113; 노길희, 2009: 7-34; 이현림, 배강대, 정미예, 2007: 31-45.
[4] 백정미, 이민규, 2005: 444-445.
[5] Ricoeur, 1999: 28-80.
[6] 노안영, 2005.

##  참고문헌

김경숙, 임은희(2012). 사할린귀한 시설노인의 자아통합감을 위한 집단원예치료 효과. 정신보건과 사회사업, 40, 394-422.

김남원(2010). 회상집단 상담이 노인의 자아통합 및 생활 만족도에 미치는 영향. 명지대학교 사회복지대학원 석사학위논문.

김말선(2010). 회상을 통한 집단상담 프로그램이 어르신의 자아통합감 증진에 미치는 효과. 동서정신과학, 13, 97-113.

노길희(2009). 한센노인에 대한 집단회상요법에 관한 연구: 자아존중감과 자아통합감을 중심으로. 노인복지연구, 43, 7-34.

노안영(2005). 상담심리학의 이론과 실제. 서울: 학지사.

백정미, 이민규(2005). 포스터 발표: 글쓰기를 통한 자기 노출이 외상 경험에 미치는 효과. 한국심리학회 연차 학술발표논문집, 444-445.

심정아(2009). 몸으로 성서읽기의 이론과 실제. 감리신학대학교 신학대학원 석사학위논문.

심정자(2015). 노인의 자아통합감 증진을 위한 의미치료 프로그램 개발. 서울불교대학원대학교 박사학위논문.

오수진(2011). 노인 여가활동으로서의 비블리오드라마효과. 한국사이코드라마학회지, 12, 91-111.

윤혜정, 이재모(2012). 노인의 집단 자서전쓰기 프로그램이 자아존중감, 생활만족도, 우울, 무망감에 미치는 효과. 한국균형발전연구, 3, 29-35.

이봉섭(2015). 비블리오드라마가 대학생의 심리적 안녕과 불안에 미치는 영향 연구. 영남대학교 대학원 박사학위논문.

이현림, 배강대, 정미예(2007). 회상을 활용한 지지적 집단상담이 노인의 자아통합감과 죽음불안에 미치는 효과. 노인복지연구, 35, 31-45.

정운채, 강미정, 하은하, 성정희, 나지영, 방유리나, 윤미연, 조은상, 박민, 강서영, 김혜미, 김정희, 박재인, 노진희, 황현주, 이운형(2009). 문학치료 서사사전(설화편) 1~3. 서울: 문학과치료.

주용일(2016). 내 마음에 별이 뜨지 않은 날들이 참 오래 되었다. 서울: 오르페.

지행중, 한정란, 박성희(2011). 노인 자서전쓰기 교육 프로그램 사례 연구. 한국노년학, 31, 223-241.

진영선, 김연경(2011). 기억 향상 요소를 강화한 노인집단 자서전 쓰기 프로그램 효과. 한국노년학, 31, 401-417.

최은영, 박창제, 김경희, 이승미(2007). 여가활동프로그램으로서의 미술치료가 농촌 노인
　　의 자아통합감 증진에 미치는 효과. 노인복지연구, 36, 268-296.
한국정신문화연구원 편집부(2002). 한국구비문학대계 1~85권. 서울: 한국학중앙연구원.

Paola, T. (1999). 오른발, 왼발 (*Now one foot, now the other*). (정해왕 역). 서울: 비룡소.
　　(원저는 1999년에 출판).
Ricoeur, P. (1999). 시간과 이야기 1 (*Temps et Recit.1*). (김한식, 이경래 공역). 서울: 문학
　　과 지성사. (원저는 1984년에 출판).

# 찾아보기

## [성경 인명]

바로 222
베드로 213
삭개오 212
아담 199, 215, 217

아브라함 262
야고보 218
요셉 221
요한 218

이삭 199, 261
하나님 262
하와 212, 213, 215, 217, 218

## [내용]

biblion 149, 156
dran 156
I-me 역할 바꾸기 놀이 283
TCI 27
therapeia 149

**감**정 정화 124
개인심리학 이론 153
거울 기법 53, 282
거울뉴런 282
거울자아 281
거울자아 me 281
검은 글씨 207
검은 불꽃 106, 134, 207, 223
게슈탈트이론 153
결말 157, 158
경험 나누기 205
경험의 서사적 표현 302
경험의 서사적 표현 단계 303
경험하는 자아 280
경험 회상하기 302
공동체 행위 17
공명 302
공적신학의 방법론 129
과정 중심 17
관련 질문 302
관찰학습 158
교사 32
극적 놀이 202
극화활동 151, 155, 162
극활동 301
글쓰기 301
기독교 123
기독상담 123

**내**담자 중심 이론 153

내적인 현실 296
노년기 299
노년기의 회상 300
노아의 방주 113, 115
놀이 102, 139
뇌신경학 47
느림 36

**대**면 58
더블 215
도서드라마 143
독백 57
독서요법 150, 151
독서치료 149, 150, 154
독일 비블리오드라마협회 72
독자반응이론 153, 154
동일시 159, 161
동태적인 자아 280
드라마 124
디렉터 111, 158, 228

**로**코그램 61

**만**남 221
머리 위주 124
메아리 58, 213
모리아 산 262, 264
모티브 68, 74, 81
몰입 111
몸 130
몸으로 경험 133
무의식 286
무조건적 긍정적 존중 305
문제 중심의 성서교육 99
문체 159
문학상담 151
문학치료 151

미드라쉬 30, 32, 103, 104, 105, 106, 131

**발**달적 독서치료 150, 151
방법론 123
변증법적 해석학 모델 21
병치 질문 162
보조자 228
보조 자아 54
복음훈육 97
분화 280
비블리오드라마 51, 55, 124, 156, 158, 160, 301
비블리오드라마 본문 선정 157
비블리오로그 30, 103, 105, 157, 160, 162
빈 공간 35, 37
빈 의자 212
빈 의자 기법 57

**사**이코드라마 134, 156
사회관계성 측정 141
사회원자 59, 142
사회적 자아 279
사회학습이론 153
살아 있는 인간문서 128
삼중 구조 37
상관론적 방법론 125
상담 123
상담모형 123
상상력 206
상징 279, 286
상징적 상호작용론 280
상호교류 154
상호융합 18
상호작용 34, 37, 301

# 저자 소개

김현희(Hyun Hee Kim, Ph.D.)
한국독서치료학회 · 한국어린이문학교육학회 · 한국비블리오드라마협회 초대회장

고원석(Won Seok Koh, Dr.Theol.)
장로회신학대학교 기독교교육과 교수, 비블리오드라마교육연구소장

김윤주(Yun Ju Kim, Psy.D.)
이든샘심리상담센터 소장

김희영(Heeyoung Kim, M.Div.)
대한 성공회 사제, 춤추는나무누리 대표

손성현(Sung-Hyun Sohn, Dr.Theol.)
창천감리교회 청년부 목사, 감리교신학대학교 기독교교육과 객원교수

이동희(Dong Hee Lee, Ph.D.)
예담상담심리연구소 소장

이미숙(Mi Sook Lee, Ph.D. 수료)
액션메소드연구소 실장

이봉섭(Bongseob Lee, Ph.D.)
한남대학교 학제신학대학원 기독교상담과 겸임교수

이영미(Youngmi Lee, Ph.D. 수료)
액션메소드연구소 대표

최금례(Kum Rye Choi, Psy.D.)
서울신학대학교 한국카운슬링센터 부소장

황헌영(Henry H. Whang, Ph.D.)
서울신학대학교 상담대학원 교수

교육 · 상담을 위한
# 비블리오드라마의 이론과 실제
Bibliodrama for Education and Counseling: Theory and Practice

2020년 8월 25일 1판 1쇄 인쇄
2020년 8월 30일 1판 1쇄 발행

엮은이 • 한국비블리오드라마협회
지은이 • 김현희 · 고원석 · 김윤주 · 김희영 · 손성현 · 이동희
　　　　이미숙 · 이봉섭 · 이영미 · 최금례 · 황헌영
펴낸이 • 김진환
펴낸곳 • (주) **학지사**
　　　　04031 서울특별시 마포구 양화로 15길 20 마인드월드빌딩
대표전화 • 02)330-5114　　　　팩스 02)324-2345
등록번호 • 제313-2006-000265호

홈페이지 • http://www.hakjisa.co.kr
페이스북 • https://www.facebook.com/hakjisa

ISBN 978-89-997-2154-0　93180

정가 18,000원

이 도서의 국립중앙도서관 출판시도서목록(CIP)은 서지정보유통지
원시스템 홈페이지(http://seoji.nl.go.kr)와 국가자료공동목록시스템
(http://www.nl.go.kr/kolisnet)에서 이용하실 수 있습니다.
(CIP 제어번호: CIP2020031947)

출판 · 교육 · 미디어기업 **학지사**
간호보건의학출판 **학지사메디컬** www.hakjisamd.co.kr
심리검사연구소 **인싸이트** www.inpsyt.co.kr
학술논문서비스 **뉴논문** www.newnonmun.com
원격교육연수원 **카운피아** www.counpia.com